百家經典

周易話解

【清】劉思白　著
子平　注釋

關於・劉思白。

清末河北鹽山縣常金鄉賈金村人，與近代著名教育家、方誌學者賈思絨是同鄉。只知他幼年師從馬鑅璘（柳亭）先生受業，復又鑽研《易經》，頗有心得，哲人生卒年代已無從考，大致可以確定的是跨越兩世代（清末民初）的學者。

關於・周易話解。

《周易》即是我們所熟知的《易經》，也是十三經的第一經。而劉思白的《周易話解》是近代最為寶貴的易經白話解讀文本，劉君一生致力於易經的研習，他以日常生活的經驗來詮釋易經的內涵，令人一新耳目，易懂易學。本書糾正了諸多研究專家引喻失當，辭難達義的缺失，以及迷於占卜、離諸人事等誤區。因此，本書重現有讓易學界，不啻撥雲見日，仿若滄海遺珠綻放光明，並啟開了新白話易經之鑰！

序一

　　易學精微，天人貫焉，是作析繁抉隱。簡而賅，深而顯，博涉而約舉，後進之津梁也。文中子謂「《易》也者，聖人用以乘時」，茲所謂《話解》者，固亦乘時之作，而尋揚聖譯，功在經苑矣。劉君思白，出此見示，為識數語。

乙亥秋日 水竹邨人

　　編按·徐世昌，字卜五，號菊人，又號水竹邨人。清末北洋政府協理大臣，1918年，獲段祺瑞控制的安福國會支持，選為第二任中華民國大總統。

序二

　　《易》書廣大，讀者偏希，夷考其因，大抵有二。一在於先儒注釋，文言深奧，且對於河洛圖書、太極儀象及大衍占筮等學說，其講演愈益神奇而不易研求，後學不解，於是手厭心生，而學遂輟。二在於門戶雜出，如道、釋、儒術各派別，互相駁詰，注釋紛歧，莫衷一是，學者以無所適從，遂竟束而置之不問。有此兩因，以我中華最精純之經學，且未遭受暴秦之劫火，而傳之今日竟至有淪為廢籍之趨勢。

　　劉子思白，嘗攻此學，而深為之俱，因見其他經史子集多有白話注解，以淺近之詞說為後學之導師，欲維經學，莫善於此。遂本其夙昔之根柢，更肆力研究數載編為《周易話解》一書，匯諸家之精義發揮，而顯明之其有難以貫通之處，即參以己見牌往昔紛紜之說歸於一致，務期徹底明曉，將以上所謂兩因概行捐除。雖經過不少困難而竟底於成，存國粹於斯學將墜之時，廣經傳於婦孺能解之地，即其六位一表尤為苦心孤詣發數千年不傳之秘，實足以當易學之指南，前有功於列聖，後有稗於學者。

　　　　中華民國二十有四年歲次乙亥中元　巨野奇叟　魏大可

　　編按‧魏大可（1878-1959年）字漢卿，字奇叟，山東巨野人。曾任好學校校長，商會會長，1916年當選為山東省議員。

序三

　　自漢魏唐宋以來，注《易》者無慮數十百家各本獨詣之精神，欲以嚮，遺後學，而遞嬗至今，終苦於索解無從焉。其故在理深辭奧，領略為難也。夫《易》之為字，上日下月也。人無一日不在日月照離之下，即無一日不在易道範圍之中。然若不得其解，雖日手義經一編庸有裨耶。

　　劉君思白研究易學至四十餘載，今欲本其所得以貢獻於世人，乃著為《周易話解》，開數千年注《易》之新紀元，深者淺之，晦者顯之，有難言詮之處，則引古人古事，以比附而佐證之，苦口婆心，務使人了解而後已。觀其「緒言」、「概略」，固已得其大凡。而六位一表，尤為先儒所未發明，誠易學之階梯，持身涉世之輪轂也。值此語體方興之日，亦尊古者提倡讀經之時，此編一出，有不先睹為快者哉。

　　　　　中華民國二十有四年歲次乙亥中秋 玉田 史菡

　　編按・史菡是直隸玉田人，緒乙酉科舉人。曾任長春坰捐局總理，宣統元年出任吉林省檢察廳廳長。

序四

　　《易》以天地、水火、雷風、山澤概括萬有，而萬事之錯綜變化，亦不能出乎萬有之外。是以聖人作《易》，以陰陽為卦之質，以三畫為《易》之體。八卦既定，重之為六十四，用以究極陰陽、奇偶之變，即以推附於錯綜萬事之理，而莫不相應。又各係以彖爻諸辭，以定其吉凶。而其標準，實以仁義中正之道，播之人事繁變之中，得則為吉，失則為凶。俾一世是非，均不謬於易道，而後可以維萬世之安。然則《易》也者，治天地萬物人事於一爐，而以人事為歸者也。故《易》之作也，非為卜筮而設。而卜筮適足為人事用《易》之階梯。夫子不云乎，加年學《易》，可無大過。《易》之初於人事也，亦彰彰矣。

　　吾鄉劉子思白，易理深通，洞識本原，著為《話解》，先理而後數。俾世知《易》之為書，專明人事，非言天道；專為眾人言，非為聖人言。又以語錄體行之，視著述之唯恐人知者，用心公私，相去不可以道理計。凡學《易》者，得是書為之先導，更以比互旁通以求象數之由來，其於《易》也思過半矣。

民國乙亥仲冬　　鹽山　賈恩紱

　　編按・賈恩紱（1865-1948）字佩卿，中國近代著名教育家，方誌學家，河北鹽山縣人。

序五

《易》之為書，大函天地，細入無間，而要歸於持世，其於修身寡過之道，三致意焉。聖人之微意可知矣，而自來箋注者。研幾極深，然索之愈深，為說愈繁，其去人事也轉愈遠，是豈聖人持世之旨哉？

劉子思白，懼後學索解難，而作《易》之旨之終晦也。本其研索所得，釋以淺近之詞，成《周易話解》，都為四卷。友生周完堯與讓校之役，書成，丐余一言，余以其為說《易》簡，足以傳世行遠無疑。而當茲國家大事故，作新斯民之會，得是以通消長之機，識進退之故，其於挽風俗正人心，所稗補不憂大乎，故樂為之序。

中華民國二十三年十二月　太谷　孔祥熙

編按·孔祥熙（1880-1967），字庸之，號字淵，山西太谷縣人。祖籍山東曲阜，孔子第75代孫，曾任中華民國國民政府行政院長兼財政部長。銀行長、資本家，妻子為宋家三姐妹的宋靄齡，與宋子文、蔣介石是姻親，主理國民政府財政，改革中國貨幣制，建設中國銀行體系。

目錄

緒言

《周易》一書，係我中華古代最精純的文化，極奇奧而富於法則。韓昌黎所謂「易奇而法」是最簡當的批評，但先儒注釋都是文言，且人各一說，互相駁詰，以致後學無所適從，幾疑陰陽變化，便是天書，以故易學遂日就湮沒而不彰。餘恐數千年首屈一指的國粹，或消滅於無形，故特切實研究，著為《話解》。俾令融洽貫徹，而歸於一致，希望學者易於了悟，為《易》書保存其命脈，而不至廢絕。區區的意思在此。

但近今學者每談學術，都以科學為依歸，並將自然科學與社會科學分析研究。今閱此《話解》，見對於天地、人物混合研究，且種種解釋概沿用舊學說，或視為陳腐而不屑道，將不免又受一番重大的打擊，此不可不先為說明。余本昌明古學的主義，為此白話注解。學者應思，注古人書，自當以古人為主體。我但把古人的文辭進解明白，教人一看便能了然，就算達到目的。若注古書，把古時的制度俗全都撇開，強用新學說牽引附會，恐削足納履，必至越發無有頭緒。沿用舊學說一層者，是不能不望學者諒解的。

又，世人自昔即多以《周易》為卜筮之書，更因江湖術士借此糊口，遂故神其說以相誘惑。於是乎更授人以迷信的口實，以致近今學者益無人過問，此尤不可不亟為辨明而祛其疑。考《易》書六十四卦，純是教人因時因地立身做事的一些法子，其

道無方無體，仁者見仁，智者見智。然其大旨，終不外理數二字。先聖所製揲蓍求卦的方法，實為數學的鼻祖，其占筮惟以陰陽變化、盈虛消長處斷，並絲毫無有神將星煞那些事。若能明乎易數，愈可將易理追求入細。蓋聖人作《易》，是言人事，非言天道，是為眾人言，非為聖人言。聖人「眾人所欲不逾矩」，本無疑惑，何待蓍占？惟眾人臨事難決，故聖人制為此法。以蓍數的七、八、九、六，示人事的進退存亡，教人知所趨避安分守己，行動都無過失，犯上作亂的事，更無由而起。此為聖人的本旨。可見以蓍求卦，純是理數並重，切實的學問。學者若能悉心研究，便可了解聖人所說「學《易》可以無大過」的旨趣。

又，前人注《易》，每先畫太極、兩儀、四象、河圖、洛書等於卷首，講《易》的也先從此入手。抑知後學對於《周易》，心中早有難解的印象，若入手便講者些難解的故事，講得若稍含混，便易近似神話，恐把以先難解的印象，更坐實了。本《話解》有見於於，故將以上各項，統列在《繫辭上傳》「《易》有太極」各節以下，是因學者研究至此，已有相當的認識，此時隨畫隨講隨讀，自然就不難了解了。所以不列太極等項於卷首，而列於《繫辭上傳》第十章。

一卦有六爻，爻是活動的；一卦有六位，位是固定的。六十四卦每卦六爻，陰陽錯綜，變化無定，所以說爻是活動的。其固定的六位，六十四卦同是一理。特製一表，並先加以說明，以嚮讀者。什麼叫作六位呢？就是每卦由初至上的那六位。此六位固定的解釋，如初、三、五三位，是單數，為陽剛位；二、四、上三位，是雙數，為陰柔位。二，在下卦位居中，為地位，臣位；五，在上卦位居中，為天位、君位。初合四，二合五，三合上，都是一陽一陰兩位相應，有交相援助的關係。二、三、四三位，

為下互卦；五、四、三三位，為上互卦。初、二、三為下卦、內卦；四、五、上為上卦、外卦。上位乘下位，有使令的權力；下位承上位，有供奉的義務。學者務將以上六「位」所有固定的各解釋，認定記清。再把下列六位表照抄下來。擱在案頭，並備如小銅錢的東西數十枚，讀《易》時，便將所讀的這一卦爻，用小銅錢按位擺上，把爻合位、對照察閱。如陽爻居在表的陽剛位上，便當位，為正；陽爻居在表的陰柔位上，便不當位，為不正。例如，需（☷）、訟（☰）兩卦，「九五」一爻，皆陽爻居陽剛位、當位、正位，正且合中，故爻辭皆吉，《小象》皆曰「以中正也」。履卦（☰）「六三」一爻，是陰爻居陽剛位，不當位，不正，且不中，故爻辭凶，《小象》曰「位不當也」。姑舉其例，可以類推。再，六爻居於六位，其乘承，互應，剛柔，上下內外，天地君臣，位合爻均有切實關係及作用。研《易》明此六位表，如開鎖的鑰匙一般。此非編者信口侈談，讀者一經切實研究，便知所言非虛了。表列如下：

爻位	乘承	應	象位	下互	上互	當位	內外卦
上	乘五	下應三				偶、陰柔位 六當位、正	上三爻為上、外卦
五	承上乘四	下應二	君位 中 天位		上	奇、陽剛位 九當位、正	
四	承五乘三	下應初		下	互	偶、陰柔位 六當位、正	
三	承四乘二	上應上		互	卦	奇、陽剛位 九當位、正	下三爻為下、內卦
二	承三乘初	上應五	臣位 中 地位	卦		偶、陰柔位 六當位、正	
初	承二	上應四				奇、陽剛位 九當位正	

概略

凡書內局部的組織、源流及各重要名辭、體例，若不將其概略先為述明，深慮學者讀《易》時，對於各問題茫然莫解，必至輟而不讀，故特逐項述明概略如下。

第一，畫卦。伏羲氏仰觀俯察，見萬物都有單雙（奇偶），便悟出單數陽，雙數為陰。遂畫一「—」單畫為陽的符號，畫一「--」雙畫為陰的符號。自下而上，加到三畫，像天、地、人三部分，名曰「三才」。更以陰陽符號支配為八個樣式的三畫，遂成八卦。其卦式、名稱、次序為乾一（☰），兌二（☱），離三（☲），震四（☳），巽五（☴），坎六（☵），艮七（☶），坤八（☷）。其方位，為乾南，坤北，離東，坎西，東南兌，西北艮，西南巽，東北震。是為先天八卦。

又在三畫八卦每卦以上各加八卦，重而為六十四卦。其時雖象外無字，然陰陽變化、消息盈虛、剛柔動靜、尊卑貴賤均寓其中而有跡可尋。後經文王、周公、孔子三聖各繫以辭，遂成為有關千秋世人立身故事純圓到的一部大經書。（按：「經以《易》為大」——楊子雲語）

第二，彖辭。世謂為文王被囚於羑里時所作。當時觀玩卦象，見逐卦具有精義，便逐卦個繫以辭，名曰彖辭，又曰卦辭。每卦首一節便是，並以伏羲八卦次序方位，純是自然的對待偏而不全，還有應該亟須發明的，遂精思深索，重定八卦的次序方

位。其重定的大致係將八卦所屬的五行——金、木、水、火、土，分播於春、夏、秋、冬四時。東震為首，次東南巽，均屬木，為春；次南離，屬火，為夏；次西南坤，屬土，為伏日；次西兌，次西北乾，均屬金，為秋；次北坎，屬水，為冬；次東北艮，屬土，為臘日，反為成終成始的一卦，至此一歲告終，而震又開始。五行相生，四時流行，寒暑往來，無有窮期，其關於人事作用的憂多，難以盡述。此為後天八卦。八卦對於天人的關係，極為密切，無有一時、一地、一事能離開的，其擴大竟至如此（參看《繫辭上傳》第十一章，及《說卦傳》第五章及十一章）。此因敍述文王彖辭的原委，遂及於後天八卦的概略。

第三，爻辭。世謂為周公東征時所作。周公玩索卦象及彖辭，見綱領雖具，若非逐爻發揮，恐後人領略為難，有用的書，仍歸無用，於是逐爻繫辭。切實示人以「時上則止，時行則行」的一些法子，名曰爻辭。六爻的次序，第一爻為初，向上挨次為二、三、四、五，至第六爻，稱為「上」。陽爻都稱九，陰爻都稱六。例如乾卦六爻皆陽，便稱初九、九二、九三、九四、九五、上九，坤卦六爻皆陰，其挨次稱六，自不必贅述了。何以但稱「九、六」不稱「七、八」呢？係因「九」為老陽，「七」為少陽，「六」為老陰，「八」為少陽，老變而少不變，易道重在變化，所以稱「九、六「不稱「七、八」。然「九、六」又何以為老陽、老陰，「七、八」又何以為少陽、少陰呢？係因易道原生乎數，一、二、三、四、五為五個生數，六、七、八、九、十為五個成數。除十為盈數不計，餘皆有當於易。如五生數內的一、三、五三個單數，合為九，都為陽數；五生數內的二、四兩個雙數，合為六，都為陰數。例如吾人一身，衰病壯健，全在血氣。血氣便為陰陽，陰陽停匀，血氣必充，故健；陰陽偏枯，血

氣必弱，故衰。九以三陽數所合而成，陽中並無一陰；六以兩陰數所合而成，陰中並無一陽。陽無陰佐，陰無陽輔，毫無生機，勢將不久由衰而病而死。物至於死，還不是重大的變化麼？以九、六為老陽、老陰，即是此理。既明此理，七、八兩數所以為少陽、少陰，即不難迎刃而解，蓋七以兩二、一三所合而成，八以兩三、一二所合成，陽中有陰，陰中有陽。人身陰陽停勻，血氣充足，其壯健是當然的。物既壯健，自能保持原狀，不生變化，故以七、八為少陽、少陰，確無疑義。凡物有變化，才有作用，《易》書辭義，全由變化而出。因九、六有重大的變化，七、八不生變化，所以卦爻但稱「九、六」，不稱「七、八」。此節為研究《易》書最要的關鍵，學者務要格外注意。

第四，《彖傳》。孔子自衛反魯，見時無可為，遂肆力著述，以傳其道於天下後世。對於《易》書，尤特加注意，期在易道大明，於是作為「十翼」。此《彖傳》係解釋文王的彖辭，為一、二兩「翼」。原自為一編。後儒以便於誦讀講解，遂分屬於各卦，加一「《彖》曰」以志別，如乾卦《彖》曰「大哉乾元」至「萬國咸寧」便是，並依上、下兩經，分為上、下兩傳。

第五，《象傳》。此傳應別為二。例如乾卦中「《象》曰：天行健，君子以自強不息」及各卦中照樣的這一行，是為全卦象下的《象傳》，專解釋全卦象中的意義。如每卦每爻後各有「《象》曰」一節，是為爻象下的《象傳》，係解釋每爻象中的意義，也隨上、下兩經分為上、下兩傳，為十翼中的三、四兩翼，此《象傳》原也自為一編，後儒以便於誦讀，遂分列於《彖傳》及爻辭以後，各加「《象》曰」以志別。全卦象下的又名《大象傳》，六爻象下的又名《小象傳》。

第六，《繫辭傳》。彖辭傳文王所繫，爻辭為周公所繫，孔

子以所繫各辭，都有切實發揮的必要，於是作《繫辭傳》，也分為上、下兩傳。此為十翼中的五、六兩翼。

第七，《文信傳》。孔子以乾、坤兩卦為《易》書的門戶，涵蓋全書，於是作《文信傳》，反覆發揮其義不厭求詳，為十翼中的第七翼。後以另為一編，不便講誦，故階別附列於乾、坤兩卦以後。

第八，《說卦傳》。孔子因以蓍求卦，及重三成六的意旨，近身遠物等取象，先天、後天各位次，《繫辭傳》雖曾述及，究未明顯，故作《說卦傳》備揭各說，巨細靡遺，此為十翼中的第八翼。

第九，《序卦傳》。六十四卦每卦銜托處，皆有至理，故孔子本各卦象義的表理，作《序卦傳》。前後聯串，宛如貫珠，乾、坤為萬物的父母，故上經首乾、坤；咸（☳）為人類的父母，故下經首咸。乾、坤便是天地，咸便是夫婦。天地為萬物本，夫婦為人倫始。相提並論，秩序緊嚴。此為十翼中的第九翼。

第十，《雜卦傳》。上篇《序卦》，是孔子依文王所列各卦的次序而明其義。此《雜卦》是孔子更以己意明兩卦相對，或錯或綜的精義而為次第，並暗藏互卦相連屬的次第，作為一傳，名為《雜卦傳》。先儒也名為《互卦傳》，此為十翼的最後一翼。表面似無甚難解，而錯綜交互等例，若不說明，恐學者不知其說，於《易》書終難徹底了悟。茲特將其概略說明如下。

何謂「錯」？就是兩卦顯然相反，如乾卦六爻皆陽（☰），「☰」一錯而六爻皆陰，「☷」便為坤。又如中孚（☱）上下四陽，中間兩陰，一錯而上下四陰，中間兩陽，「☶」便為小過。這是「錯」的解釋。由此可以類推，何謂「綜」？就如織機上籠

著經線，此上彼下那兩片拼一般，如水雷屯（䷂）震下坎上，一倒轉坎下艮上，「䷃」便為山水蒙。這是「綜」的解釋。

由此可以類推。至於互卦的解釋就是一卦中間四爻，上卦從第五爻下數至第三爻。下卦從第二爻上數至第四爻。例如比卦（䷇），從五至三，便為上互艮（☶）；從二至四，便為下互坤（☷），合起來便為山地剝（䷖）。凡與比卦連屬的數卦，大概皆互剝（䷖），大畜（䷙）以後數卦，大概皆互復（䷗）。後以此類推。先儒講解《雜卦傳》，對於錯綜及互卦研究及此，其智慮何等精微，茲特撮要解釋，俾學者容易入門，入門後再把先儒各種的講解盡力討論，便可入細了。又本傳大過（䷛）以上五十六卦，或錯或綜，皆係連接的兩卦對敘。大過以下的八卦，其例全改。先儒所注此節尤好，謂為特別互卦體例，於《雜卦傳》後列具詳細圖說，茲不先錄。

第十一，名稱。以四大聖人精心創造，成此既奇且法的一部大經典。經分上、下兩篇，連十傳，共為十二篇，統名為《周易》。何以稱「易」呢？易有交易、變易兩義。以對待說，如天氣下降，地氣上騰，便是交易。以流行說，如陽極變陰，陰根變陽，便為變易。全書盡此兩義，故名為「易」。又以書內所有的文辭，都是周代三聖人所繫，且須與夏《連山易》、商《歸藏易》顯示區別，故名為《周易》。

《易》卦共六十有四，上經卦三十，下經卦三十四。

卦名列下：

【上經】

乾為天　坤為地　水雷屯　山水蒙　水天需　天水訟　地水師

水地比　風天小畜　天澤履　地天泰　天地否　天火同人

火天大有　地山謙　雷地豫　澤雷隨　山風蠱　地澤臨

風地觀　火雷噬嗑　山火賁　山地剝　地雷復　天雷無妄

山天大畜　山雷頤　澤風大過　坎為水　離為火

【下經】

澤山咸　雷風恒　天山遯　雷天大壯　火地普　地火明夷

風火家人　火澤睽　水山蹇　雷水解　山澤損　風雷益

澤天夬　天風姤　澤地萃　地風升　澤水困　水風井

澤火革　火風鼎　震為雷　艮為山　風山漸　雷澤歸妹

雷火豐　火山旅　巽為風　兌為澤　風水渙　水澤節

風澤中孚　雷山小過　水火既濟　火水未濟

凡例

一、《周易》益人，遠勝他經，即偶值一時一地，均有相當的指教，然人若不解，益便無從而得，故特創為「話解」，為淺近的解釋，前後務期貫徹，程度在高小（即國小六年級）以上的，就能了解而受益。是為編者本旨。

二、本《話解》正文次第，概依朱子《本義》舊例。

三、本《話解》採用先儒注釋的意旨，概不注先儒姓名，此非掠美，係因《話解》務在貫徹，即數句中，每至引用數家，注不勝注，是以不注。

四、原書中所有錯誤處，非經先儒認定必須改正增刪的，如《文言傳》「九四」「重剛而不中」，係多一「重」字，《話解》即直書「剛而不中」，不再寫「重」字，坤卦《象》曰「履霜堅冰」，本應作「初六履霜」，《話解》即直書「初六履霜」，不再寫「履霜堅冰」，直捷了當，後依此例。

五、《易》書本係理數並重，恐學者多好奇異，或偏信數，故於六十四卦所有吉、凶、悔、吝、咎、厲等字樣，概作立身行事當與不當的結果，均不以占斷論，即聖人也懼學者程度不夠，若偏信數，必至誤事。故於六十四卦也不侈談占筮，至《繫辭傳》，聖人才有「尚占」、「占事知來」，「幽贊神明而生蓍」等說辭。是因學者，此時已深明易理，才敢談及易數，然雖係言數，卻總不離乎理，可見理數純為實學，不可偏重，也不可偏廢也。

卷一·

上經

乾卦

乾上乾下
以「九五」為卦主

乾。元亨利貞。

一卦六爻，純陽不雜，則健至極，確是天體。但聖人作
《易》，是以正當立身作直的法子教人，不像說神話的那種書，
故意的令人驚為神奇，所以卦名為乾，不名為天。乾作恒久、不
懈解，是天的性情，人所能學的。人學這一卦，須具有至剛極健
的精神，無一時半刻的懈怠，立身作事，都能大通，不至發生一
點障礙。然太剛健了，就怕有強橫武斷的行為，所以「元亨」下
緊繼以「利貞」。元，是大；亨，是通；利，是應該；貞，是正
而堅固。「元亨」是乾的效果；「利貞」是既得了大通的效果，
就應該堅守正道，才能把效果保持得住（「元亨利貞」至孔子才
分為四德）。

初九。潛龍勿用。

「潛」是藏。龍是水中純陽極靈的動物，初以陽爻居陽位，
是有德守正的君子。在野的時候，故以「潛龍」取喻。按三才
說，「初」與「二」兩爻為地，初在地下，地下有水，故曰「潛
龍」。龍潛地下，雖純陽極靈，也毫無作用。如虞舜鰥居、玄德

種菜，其所處是最宜潛伏，不宜有所動作的。本爻變巽（☴），巽為隱伏，故曰潛。

九二。見龍在田，利見大人。

「二」在「初」上，是龍已不潛而見了。「二」在地面，故曰「田」。此爻陽剛得中，陽為大，按人事說，是大人一經出世，雖不在位，德澤也能及人。如「虞舜耕歷山，歷山人皆讓畔（『畔』是地界）；漁雷澤，雷澤人皆讓居；陶河濱，河濱器不苦窳（苦窳，讀作『古語』，作粗惡解）」。大德所在，俗頓移，利益既多，歡迎自眾，故曰「利見大人」。此爻變離（☲）為目，故「利見」。

九三。君子終日乾乾，夕惕若，厲，無咎。

「三」按三才說為人位，又陽爻，故稱君子。在下乾以上，故曰「終日」。「夕惕」是謹懼，「厲」是不安。「三」以陽居陽，重剛過中。地位在下卦以上，很不安穩。如虞舜「納於大麓，烈風雷鮮弗迷」，便與此爻「厲無咎」辭意正合。蓋此爻雖過剛不中，然自處甚正，且能一天到晚小心謹慎。地位雖險，故也能轉危為安，不至有過。此爻變，下互離（☲）為日，故云日。下乾緊接上乾，故云「乾乾」。

九四。或躍在淵，無咎。

「四」也為人位，然按實際上說，並已離地在人以上了，故曰「躍」；固無定，故曰「或」。「九」陽爻，「四」陰位，陽主進，陰主退，是進退無常。「四」已到上卦，本可上進，然在上卦以下，又不敢遽進，也是進退無常。此是學問德行，具有根

柢。**躍躍欲試**，如龍躍淵中，風雲一作，便可扶搖直上。人法此爻，或進或退，斟酌盡善。進非貪爵慕祿，退非釣譽沽名，才可無過。此爻從變巽（☴），為進退、為不果取義。

九五。飛龍在天，利見大人。

按三才，「五」為天位，故言天。「初」龍潛，「上」龍亢，「二」在田，「三」過中須乾惕，「四」不及中而或躍，獨「九五」剛健中正，有天德而居天位，如龍飛天上，甘雨隨施。按人事說，有此德，有此位，自能「正己而物正」，萬民引領，熱列歡迎，當然是值得的。又有在上求賢，「利見大人」，是利見賢臣的一說，如商湯見伊尹、高宗見傅說（商代古虞國人）。賢臣便指「九二」，說也可通。此爻「利見」句，取象與「九二」同。

上九。亢龍，有悔。

「上九」位高極，性剛極，故云「亢」。「亢」是過高而不能謙下，此爻可比作帝國的太上皇身份雖貴，無有爵位，居處雖高，不管人民，或所有的文武官吏，都慮有嫌疑，也無有敢來親近的。如唐明皇幽居南內，供奉無人，月夜淒涼，長吁短嘆。那便是「亢龍有悔」了，此爻變兌（☱），為毀折，過亢必折，故「有悔」。

用九。見群龍無首，吉。

「無首」作不爭先出頭解。「九」是天德，聖人體會乾卦六爻的大義，法天德以立身，對於陰陽調劑，彷彿群龍動靜。若都謙退不肯爭先出頭，是剛中有柔，自合中道，無事不吉。若遇事

生風，動輒爭勝，是剛過而競，其凶自不待言了。全《易》六十
四卦，獨乾、坤兩卦，純陽純陰，然陽極變陰，陰極變陽，剛柔
互用，是自然的調劑，毫無偏執。聖人慮人疑乾、坤為陽自陽、
陰自陰，故特以「用九」、「用六」立辭表示。

《彖》曰：大哉乾元，萬物資始，乃統天。

此為孔子所作的《彖傳》。乾純陽，是天象，觀乾便知天
德，惟天為大，其大何在？在乎造物，萬物都依賴其工作，為發
生的起端，其大故無可與比。然乾道便是大道，言乾便可把天包
括得起來，可見乾更大而無外了。此節是解釋彖辭的「元」字。
「資」作依賴解。「統」作包括解。

雲行雨施，品物流形。

此二句釋彖辭的「亨」字，「雲行雨施」是膏澤洋溢的光
景。「品物」是物象品類不一。「流形」是品物流動自然，形形
色色，生機暢發，還不是亨通極了麼？

大明終始，六位時成，時乘六龍以御天。

「終」是貞，「始」是元。聖人把乾道的終始，徹底明曉，
就按著六爻的地位、六爻的時機，終有終的條理，始有始的條
理，布置得都合了身份，大功便告成了。聖人治化了到這個地
步，便如乘駕六龍飛行天空，真算得大通特通了。《書》云：
「若朽索之馭六馬。」與此「乘六龍以御天」意正相反，從反正
兩面看，更易解了。此三句是合釋「元亨」二字。

乾道變化，各正性命。保合太和，乃利貞。

「變」是化的苗頭，「化」是變已成熟，上天付給的為「命」，萬物接受到了自己身上便為「性」。「各正性命」是動植物各有正當的性命，其生長皆由乾道變化而來，絲毫不能混亂。「保合」是保存，「太和」便是正當的性命。「保合太和」是言萬物生成以後，各有的正當性命，應該保存堅固，不教他有一點傷損，這才是「利貞」的解釋。

首出庶物，萬國咸寧。

這二句是總起來說，聖人法乾治世，萬物都在其覆蓋之下。他居在萬物以上，是為「首出庶物」，其萬國的領袖，皆為聖人一人所設置。是各領袖雖在聖人一人以下，卻在他本國萬人以上，也是「首出庶物」。所以聖人法乾的政令，萬國一線穿成，自然便一致安寧了。乾道的作用，法乾的效力，如此。

《象》曰：天行健，君子以自強不息。

這是全卦象下的《象傳》。乾象天，天行一日一周，片刻不停，萬古無改，非極強健，那能如此。君子觀象取法，具充分剛健的精神，無些許鬆懈的情事，自與乾道相合，也便與天道相合了。「天行健」，是天的乾；「自強不息」，是君子的乾。上句是卦象，下句是學《易》的人事，六十四卦都是此例，此「息」字作「止息」解。

潛龍勿用，陽在下也。

這是每爻象下的《象傳》。本卦此《象傳》，未分列於每爻以下。故每節也未加「《象》曰」，仍是自為一編的體例，略存

古本的樣式，恐學者對此數節，或有疑問，故特說明。卦初爻為陽，故云「陽在下」。「陽」是「九」，「下」是「初」，是有龍德的君子，隱而未見的時候。

見龍在田，德施普也。

陽氣發見地上，生機便能普遍天下，是如有龍德的君子，有所設施，其德化便能普及全國。

終日乾乾，反復道也。

乾而又乾，一天到晚，反來復去，無一時一刻敢離正道，故得無咎。

或躍在淵，進無咎也。

待到該進的時候再進，是以無過。

飛龍在天，大人造也。

「造」當「作」字解，聖人作而居天位，德流化洽，而天下治。就如「飛龍在天」，「雲行雨施」，而天下平。「大人」便是「龍」；「造」便是「飛」。

亢龍有悔，盈不可久也。

「盈」是亢，「不可久」是戒人初不可久於處盈。地位、時勢、人事三項，都有盈滿的時候，一到此時，便當謙退，稍遲一日，災禍臨身，後悔就晚了。

用九，天德不可為首也。

「九」為陽，陽便是天德，天德既為陽，陽極必變為陰。陽剛陰柔，陽先陰後，剛柔互用，先後循環，純出自然，決無強行為首的情事。若剛而不柔，遇事爭先，便非天德，故曰「天德不可為首」。周公、孔子對「用九」立言，各有用意。周公「見群龍無首」，是從立身上說；孔子「天德不可為首」，是從作事上說。

《文言》曰：元者，善之長也；亨者，嘉之會也；利者，義之和也；貞者，事之幹也。

文王卦辭中的「元亨利貞」有關係天一方面的，有關係人一方面的。如「元」為生物的起點，便是天地的大德，按天時說為春，按人事說為仁，仁為眾善中第一美德，故曰「善之長」。「亨」是生機已暢，按天時說為夏，按人事說為禮，行禮周旋揖讓，行列秩然，如桑麻成行、嘉禾粲列，眾美薈萃，文明莊嚴，故曰「嘉之會」。「利」是生物各得其所，各無妨害，按天時說為秋，按人事說為義，凡事都有合宜的安排，自無爭執牽混的流弊，故曰「義之和」。「貞」是生物已成，一切事理都包藏蘊蓄於其中，如果仁穀粒，含存生機，到時才大顯其作用，此「貞」字按天時說為冬，按人事說為智，深藏若虛，大智若愚，故曰「事之幹」。

君子體仁，足以長人，嘉會足以合禮，利物足以和義，貞固足以幹事。

君子法乾體仁作事，度量寬宏而慈祥，自可為眾人的領袖而無愧。眾美薈萃，次序秩然，自能百凡合禮而無慚，利益均平。

物並育不害，道並行不悖，自無有不義氣和美的。洞明正道，貞固以守，毫不游移，才能幹事；若無定見，無主義，那還能幹事麼？

君子行此四德者，故曰乾「元亨利貞」。

「元亨利貞」在文王作為乾道的作用及效果，是串起來講。孔子說為四德，是換一個初近實體的說法，用君子行「仁義禮智」，解乾「元亨利貞」，這是孔子讀《易》獨有會心，與文王撇開先天八卦，創為後天八卦，事同一轍。（以上「文言」第一節。）

初九曰「潛龍勿用」，何謂也？子曰：「龍德而隱者也，不易乎世，不成乎名，遯世無悶，不見是而無悶。樂則行之，憂則違之。確乎其不可拔，潛龍也。

此為問答體文法的鼻祖。「龍德」是聖德，聖德在隱而未顯的時候，不隨世俗為轉移，不在世上求知名，雖人不見諒，而遯跡山林，非笑由他非笑，也只從吾所好，概不抑鬱而動心。合吾道便樂、便行，違吾道便不樂、便不行，其操守如鐵石堅確而不可拔，其不躁於見用如此，故喻為「潛龍」。

九二曰「見龍在田，利見大人」，何謂也？子曰：「龍德而正中者也。庸言之信，庸行之謹。閑邪存其誠，善世而不伐，德博而化。《易》曰：『見龍在田，利見大人。』君德也。」

這一爻有聖德而正合中道，龍雖「見」、「在田」而不在天，德雖「正中」、「有下」而不在上，有君德，無君位，其言行恰合其身分。言為庸言，卑無高論；行為庸行，動必小心。凡

邪僻不正的事，防閑不令其入，誠實無妄的心，保存不令其失，善足熏一世，有而若無。德足化萬物，博而能周。此有聖德而安於臣位，愈尋常而實行愈難。文王事殷，正合此義。「庸」是常；「閑」是防。邪從外入，故防；誠在心中，故存。「伐」是自誇。

九三曰「君子終日乾乾，夕惕若，厲無咎，何謂也？子曰：君子進德修業，忠信，所以進德也。修辭立其誠，所以居業也。知至至之，可與幾也；知終終之，可與存義也。是故居上位而不驕，在下位而不憂。故乾乾因其時而惕，雖危無咎矣。

地位不安，很是難處。君子處此境遇，只知進德修業，分外的事，一概不管。然所以進德，必須忠信；所以修業，必須修辭立誠。「忠信」是實地進德的事，「修辭立其誠」是實地居業的事。「修辭」是出言有章，「立誠」是腳踏實地。前言「修業」，此言「居業」，是因業貴有恒，宜居而不宜遷的意思。「知至至之」是知道做事到什麼地步才好，便做到什麼地步，才「可與幾」，「可與幾」是可與人道，這為始條理。「知終終之」，是知這一件事有何等圓滿的結果，就一做到底，才「可與存義」，可與存義「是動必合宜，操守堅固，這為終條理。知至能至，知終能終，始終具有條理，所以可上可下，不驕心憂，雖處危地，也可無咎。

九四曰「或躍在淵，無咎」，何謂也？子曰：「上下無常，非為邪也。進遲無恒，非離群也。君子進德修業，欲及時也，故無咎。」

上下進退，無常無恒，是地位的關係。「非為邪」是言非故

意索隱行怪，走入邪路。「非離群」是言非故意攀高妄想，離了同群。此爻是進德修業，大人事備，心中躍躍欲試，正在斟酌時宜。「無常」、「無恒」是自無成見、及時而動的意思。動而及時，自可無過。

　　九五曰「飛龍在天，利見大人」，何謂也？子曰：「同聲相應，同氣相求。水流濕，火就燥；雲從龍，風從虎。聖人作而萬物睹，本乎天者親上，本乎地者親下，則各從其類也。」

　　國家興衰關係一人，一人若是聖人，聖與賢同聲同氣，相應相求，便是一類的聖賢。那國便可以興。蓋物同便合，合便能同聲相應、同氣相求。如水流濕地，火焚乾柴，「龍吟景雲出（景雲是祥雲），虎嘯谷風生（谷是山谷）」，「鳶飛親上，魚躍親下」，皆是「各從其類」。「各從其類」，俗話說就是一物向一物。至於「聖人作而萬物睹」，是無一物不親。蓋聖人本為三才的宗主，為萬物的天地。所謂出乎其類的，出乎其類，便能統乎萬類。《彖傳》所云「首出庶物，萬國咸寧」，即是此義。「聖人作」是「飛龍在天」，「萬國睹」是「利見大人」。

　　上九曰「亢龍有悔」，何謂也？子曰：「貴而無位，高而無民，賢人在下位而無輔，是以動而有悔也。」

　　「上九」處境在君位以上，雖貴雖高，而無位無民。從「初」至「四」皆從「五」，不能越「五」而從「上」，故更「無輔」。如此還想妄動，哪能無悔呢？（以上《文言》第二節。）

潛龍勿用，下也。

此就人事上再釋爻辭與「用九」，「勿用」是因地位在下，只宜隱遁，勿為世用。

見龍在田，時舍也。

何為「在田」，以時宜居止不可躁進，故曰「時舍」。「舍」作舍館的舍字解。「時舍」就是「可以止則止」。

終日乾乾，行事也。

終日敬慎，以進德修業為事，行所當行，不愧君子。

或躍在淵，自試也。

自己先試試可與不可，再定奪進退，「試」如雛鳥試飛，正解躍字。

飛龍在天，上治也。

飛龍在天，便雲行雨施而天下平，聖人在上，便德流化洽而天下治，故曰「上治」。

亢龍有悔，窮之災也。

「窮」是亢，「災」是悔。物窮災隨，亢龍安得無悔？

乾元用九，天下治也。

九是天德，陽極變陰，健中有順，剛而能柔，作用與天同功，天下定能大治無疑。（以上《文言》第三節。）

潛龍勿用，陽氣潛藏。

此下是發明乾道合天的大義。陽氣初生的時候，最宜潛滋暗長，不可盡量宣泄，所以取象「潛龍」；而戒以「勿用」，如人正在潛修的時候，也與潛龍一樣，遵時養晦，是要緊的。

見龍在田，天下文明。

有大德的聖賢，雖居止於田間，每發一言，做一事，都從真實學問裡表現出來。其表現的，便可熏其一鄉，使一鄉文明，由一鄉而推及天下，也將進於文明了。如虞芮爭田，化為讓田，是為一征。（典故出自「虞芮讓畔」）

終日乾乾，與時偕行。

天時終日不息，「九三」進修，也與天一致行動，終日不息，故曰「與時偕行」。

或躍在淵，乾道乃革。

革是改革，下三爻為下卦。到第四爻便改為上卦，下乾告終，上乾開始。下初為潛，上初便革「潛」為「躍」。革卑近尊，故曰「乾道乃革」。

飛龍在天，乃位乎天德。

五為天位，此爻剛健中正，稱天德。有天德居天位，才能相稱。「位」上著一「乃」字，很有聲色，是言這天位專為位置有天德的。無天德的，如夏桀、商紂實不配居在這個位子上。

亢龍有悔，與時偕極。

消息盈虛，各有相當的分際，就應各有相當的動作，差一點就要壞事。「九三」在下卦以上，故危屬。然因能進德修業，與時偕行，便無咎。「上九」在上卦以上，高極盛極，是處境與時偕極，再亢而不謙，是不明消息盈虛的道理，哪能無悔呢？

乾元用九，乃見天則。

不說乾卦「用九」，而說「乾元用九」，是將乾道統歸「元」內。「元」是乾道變化的起點，也便是天道變化的起點。聖人法乾「用九」，行仁義禮智，適當其可，便如天道春夏秋冬，各有一定的限度。在這「用九」上，便把天的標準認識明白，可見乾便是天，天便是乾了。「則」是標準，與《詩經》「伐柯伐柯，其則不遠」的「則」字一般解。（以上《文言》第四節。）

乾元者，始而亨者也。

「始」便是元，此又反復說「元亨利貞」的奧妙，「乾元」是萬物亨通的開始。

利貞者，性情也。

性主靜，情主動，萬物由「元亨」的極動，到了收斂歸藏，那便極靜。然由此極靜中，又含著明春發生的動機，是動靜兼有，故言利貞為性情。

乾始能以美利利天下，不言所利大矣哉。

這一節是說元而亨，乾卦元始的效用，能以其優美的利益，

普利萬物，至其利益如何優美，萬物如何承受其利益，因極多極備，誰也不能指名細說。便是聖人，也只稱贊其大，其所以的大處，也不能指出名來。

大哉乾乎，剛健中正，純粹精也。

冠冕全《易》，非乾不能。乾實不易稱贊，姑且贊他為大。既曰「大哉乾元」，又曰「大哉乾乎」，為什麼如此說他為大呢？是因其德剛健中正，純而無一點陰氣相雜，粹而無一點思念相混，不雜不混。至精而無一點瑕疵，非乾又安能至此？

六爻發揮，旁通情也。

六爻各繫以辭，以發揮其精義，其不能於正面上發揮的，就此辭設喻。由旁面以通其旨趣，不使其情稍隱，致有勝義。

時乘六龍以御天也，雲行雨施，天下平也。

「九五」德位相悄，一人首出，駕馭群英，如乘駕六龍運行天上，龍飛便與雲下雨，膏澤普及。聖人得位以美利利天下，天下立見太平，也自不待言。「九五」聖德能統各爻，興會漓淋，他爻無此情狀，此節故以「九五」爻義為結束。（以上《文言》第五節。）

君子以成德為行，日可見之行也。潛之為言也，隱而未見，行而未成，是以君子弗用也。

以下是逐爻申明法乾立身作事的法子，在心為德，在外為行。君子的行為，內修成熟，才有表見於外的日子。「初九」雖潛，而龍德已具，然潛隱而不見，不過是地位的關係，其行而未

成。是如大舜側微未登庸的時候。時未至，君子是不急於求用的，若把「行而未成」一句，作操行尚未成就解，便不合。

君子學以聚之，問以辨之，寬以居之，仁以行之。《易》曰「見龍在田，利見大人」，君德也。

必能把萬事萬物的原理全都明了，才可應付萬事萬物。學以取善，故希望聚積而無遺；問以明善，故希望辨明而無誤；寬以居心，才不至量小不能容物；仁以行事，才能慈祥而合天理的大公。學問為德行的府庫，寬仁為德行的車輿。「九二」的君子，府庫充實，而車輿嫻熟。雖不在高位，而確有君德，天下幸而得見此人是可利賴於無窮的。

九三重剛而不中，上不在天，下不在田。故乾乾因其時而惕，雖危無咎矣。

「三」陽爻居陽位，故曰「重剛」。一卦只二、五兩爻得中。「天」指「五」，「田」指「二」，此「九三」一爻上既不在天，下又不在田，不合中道，地位不安，故必須隨時小心謹慎，處此危地，才可無咎。

九四剛而不中，上不在天，下不在田，中不在人，故或之。或之者，疑之也，故無咎。

三、四兩爻，都為人位。然三正在地上，故稱君子。四已離地，空中非人所處，故曰「中不在人」。「中不在人」是釋「或」字。然孔子仍恐人不甚明了，故又曰「或」便是疑。「疑」，作遲回審量解。三、四緊接，三位卑下，向上為難，故必須動慎憂懼，只差這麼一點。故不必憂懼，便可無咎。

夫大人者，與天地合其德，與日月合其明，與四時合其序，與鬼神合其吉凶。先天而天弗違，後天而奉天時。天且弗違，而況於人乎？況於鬼神乎？

　　此贊「九五」的大人，天地覆載無私，而人人仁民愛物，便與天地合其德，日月照臨無私，而大人洞悉情偽，便與日月合其明；四時運行無私，而大人動靜有常，便與四時合其序；鬼神禍福無私，而大人恩威悉當，便與鬼神合其吉凶。大人先天而作事，如堯舜天命未改而禪讓，而天心毫不相違。大人後天而作事，如文王三分有二而事殷，至武王才遒奉天時而伐，而天心也毫不相違。先天而天合大人，後天而大人合天，天與大人，一而二，二而一。人與鬼神，是不能違天的，還能違大人麼？

　　亢之為言也，知進而不知退，知存而不知亡，知得而不知喪。

　　「上九」所以亢極有悔，正因不知進退存亡得喪的緣故。若能備知，雖處於極上，也必不至於亢。

　　其惟聖人乎？知進退存亡而不失其正者，其惟聖人乎？

　　此節開口便說「其惟聖人乎」，是孔子看著但能知進退存亡，不算甚麼難事。所以躊躇著說，莫非能知者進退存亡的總得聖人麼？此起句是問的口吻。若既知進退存亡，就進而能退，存而不亡，斷乎不失正道，如此動靜適宜，剛柔相濟，能知能行，這是獨有聖人才能做到的。

坤卦

坤下坤上

以『六二』為卦主

　　坤。元亨，利牝馬之貞。君子有攸往，先迷後得主。利西南得朋，東北喪朋。安貞吉。

　　坤為地體，生物與天同功，卦德柔順，與乾卦剛健配合適當。乾六爻皆陽，坤六爻皆陰，純陽純陰，其德同純，故其作用同為「元亨」。但不曰「利貞」，而曰「利牝馬之貞」，是何故呢？是因坤與乾既為敵體，乾以龍取象，坤本為牛，龍行天最快，牛行地最遲，若拘拘以牛取象，坤與乾那就配不上了，故只得以行地最快的馬來取象，略可與龍相似。然馬屬陽，與坤未合，故標明為「牝馬」，而曰「利牝馬之貞」。是乾坤既可匹敵，而性質也不相混，「易奇而法，」於此可見一斑，牝馬是母馬。何謂「有攸往」、「先迷後得主」呢？凡事陽先陰後，才為正當，陰若爭先出頭，胸中無強健的主張，勢必入於迷途。若在陽後得，陽為主。再得西南兩方同類的（離、巽、兌都屬陰，同類故為「得朋」）良朋，共同助理，所行自無往不利。至於東北兩方皆陽（指乾、坎、艮、震說），本是應該相似的，但正當做事的時候，須把陰陽相求的心，暫時喪棄了，安守作事的正道

才能得吉。

《彖》曰：至哉坤元，萬物資生，乃順承天。

乾稱「大哉」，坤稱「至哉」，嚴尊卑的身分，明出陰不得僭陽來。大能無外，至便有極。乾元萬物資賴以生，坤元萬物資賴以成。始是氣的元始，生是形的元始。然坤生物，也不是自己單獨有此能為，是順以承天，乃能成此大功。

坤厚載物，得合無疆。含弘光大，品物咸亨。

乾道無疆，坤德厚能載萬物，與乾道的無疆適合，故曰「德合無疆」。至坤道包含寬弘，發於外的英華而光，充於內的博厚而大。其用其休，不炫（顯露）不息，故其所生品物，咸能亨通而無有窒塞。

牝馬地類，行地無疆。柔順利貞，君子攸行。

牝馬柔順而健，與坤地性質相類。行地甚速而遠，自然也有無疆的性質。蓋柔順為坤體順天行事的本分，也正是法坤的君子不剛不柔正當的行為，故曰「柔順利貞，君子攸行」。

光迷失道，後順得常。西南得朋，乃與類行。東北喪朋，乃終有慶。

坤道主成，成宜在後，故有所作，先行必迷，必乾先坤後，合了順序的常理，才能有得而無失。再有西南兩方同類的良朋，攜手進行，尤為得力。至「東北喪朋」，是從類別一方面說，因著作事的時候，如被情感糾纏，必至敗事。對於群陽，概須棄置不理，若從生物上說，陰陽終必相從，天地間才有生理說到這個

問題上。對於東北，不但不能「喪朋」，還要變作「得朋」；且不止「得朋」，結果還要成了眷屬，大家拱手稱慶了。

安貞之吉，應地無疆。

地體安靜貞正，人能如此，便與「無疆」的地道相合，哪能不吉？「無疆」有二解，一是作廣大無疆，一是作悠久無疆。「應」作「合」字解。

《象》曰：地勢坤，君子以厚德載物。

天以代運，故曰「天行」。坤以形載，故曰「地勢」。地勢極厚，故載萬物而不嫌重。君子法坤，以博厚的度量，把世間一切事物都能擔當得起來。百姓庶民，相依力命。飛潛動植（天上飛的，水中潛游的動植物），賴而得安（樹木非時不伐，禽獸非時不殺），法坤的作用如此。

初六。履霜，堅冰至。

乾「初九」陽始生於下，坤「初六」陰始生於下。陽生於下，曰「潛龍勿用」，言時宜隱而未可以進。陰始生於下，曰「履霜，堅冰至」，言勢量微而必至於盛。觀聖人立言的分別，可以知君子恬退誰進，而小人得勢易張。在位的，應思所以求君子於草野（民間人士），而防小人於平時。霜由陰氣初結而成，此爻變震（☳）為足，故云「履」。

《象》曰：初六，履霜，陰始凝也；馴致其道，至堅冰也。

凝是結聚，馴是順從。「馴致其道」，是言若不早防，順著他的道走起來，日甚一日，必至成了堅冰無疑。

六二。直方大，不習無不利。

乾圓坤方，是一定的。直、大是乾德。「二」柔順中正，處處從乾，先效其直，立定腳根，終與同大，恰到好處。因直以成其方，因方以成其大，順乎天理自然，成為坤道能事。不待學習演習，斷然無有不利。此爻變坎（☵），坎彖辭為習坎，以在順體，故不習（坤順，故曰順體）。

《象》曰：六二之動，直以方也；不習無不利，地道光也。

「六二」承天而功，無論飛潛動植，各神各類，一致生成，毫無偏私，是直而無曲。無論甚麼物的形狀，永遠照樣生成，毫無走板，是方而有定。此等功作，光明正大，形形色色，一概公開，這才是大公無私的地道。

六三。含章可貞，或從王事，無成有終。

「含章可貞」，是胸羅萬有，含其光明而不自炫，守其貞正而始終如一。「或從王事，無成有終」，是辦官家事，不敢自居成功，不敢自有成見，然總要辦到終了，到底不懈。此爻變艮（☶），艮成終，故云。

《象》曰：含章可貞，以時發也；或從王事，知光大也。

含是待時而發，並非不為或無所作為。「或從王事」，不擅專，不中綴，敬事識時，見解光明，謀慮遠大。「六三」有作大事的氣魄。

六四。括囊，無咎，無譽。

「四」在危疑的地方（「四多懼」，見《繫辭下傳》第九

章），稍有不檢，便難免過，必須謹慎緘默，一言也不妄發，如「括囊」而不露，自能無咎。然以「括囊」，才學定不能顯，譽也是無有的。

《象》曰：括囊無咎，慎不害也。

能緘默如「括囊」，（閉口不言）當然無害。

六五。黃裳，元吉。

黃是中色，裳是下服。「六五」雖為尊位，然坤自是臣道、妻道，故「五」若能守中而謙下，便「元吉」。元吉是大吉，若妄自尊大，如王莽以臣而篡位，武曌以婦而為君，是大悖此文，為非常的變故，災害且至，哪能有好呢？

《象》曰：黃裳元吉，文在中也。

文美在中，謙抑不露，正是「六五」黃裳的身分。

上六。龍戰于野，其血玄黃。

「上六」陰極，陰極傷陽，勢須爭戰。然不曰陰陽相戰，而曰「龍戰」，是聲陽陽來征陰，為《春秋》尊王的筆法。本爻在外卦以上，戰爭時稍一追逐，便到野外，故曰野。天色玄，地色黃，「其血玄黃」，是兩敗俱傷了。「上六」的血戰，其兆已現於「初六」履霜，彼時怕鬧到這個地步上，所以便有「堅冰至」那種警告。

《象》曰：龍戰于野，其道窮也。

陰極傷陽，非戰不可，再無別道可走了，實逼處此，故曰

「其道窮」。

用六。利永貞。

坤本安貞，變作乾，便為「永貞」。「安」是順而不動，「永」便健而不息了。蓋乾變坤，剛而能柔，故乾「用九」吉在「無首」。坤變乾，是柔而能剛，故坤「用六」利在「永貞」。乾、坤「用九」「用六」，其微妙至此。

《象》曰：用六永貞，以大終也。

陽大陰小，陰極變陽，故「以大終」。

《文言》曰：坤至柔而動也剛，至靜而德方。

至柔動剛，是言坤本順天行事，天給以一氣的生理，坤承受著便生生不已。非動而能剛，哪會如此？至靜德方，是言乾無論如何運轉，坤總安然不動，所以為至靜。坤方對乾圓說，至靜而方，是坤德。柔靜為坤的本體，剛方為坤的大用。

後得主而有常。

坤道在退後，若爭先便失常，能一意處在乾後，順乾行事，得所主便有常了。

含萬物而化光。

坤本包含著萬物的生理，所以一經接受陽氣，陰陽相合，便能成就化育光明的大功。

坤道其順乎，承天而時行。

以上是申言《彖傳》各節的語文。至柔而動也剛，是申明「厚德載物，德合無疆」兩句。「至靜而德方」是申明「安貞」句。「後得主而有常」是申明「後順得常」句。「含萬物而化光」是申明「含弘光大，品物咸亨」兩句。「坤道其順乎，承天而時行」就是「乃順承天」。「時行」是時時以天的行動為行動，正是讚美坤道的好處，只在乎順。

積善之家，必有餘慶；積不善之家，必有餘殃。臣弒其君，子弒其父，非一朝一夕之故，其所由來者漸矣，由辨之不早辨也。《易》曰「履霜堅冰至」，蓋言慎也。

一小善，一小不善，也萬不可不著意。蓋一小善積起來，一家便有慶。一小不善積起來，一家便有殃，且報應還不僅在一時。餘慶餘殃，傳留下去，關係甚大。就是臣弒君、子弒父極大的變故，也是日積月累，由來已久，才至於此極。若早看清了為臣子的人性不好，早先把他處分了，那還能釀成弒逆的大禍麼？「初六」所說「履霜堅冰至」，就是教人對於小人特別審慎，辨清察明，預先提防，是最要緊的。

直其正也，方其義也。君子敬以直內，義以方外。敬義立而德不孤，直方大不習無不利，則不疑其所行也。

「直其正」是直便能正；「方其文」是方便合義。君子能守敬，內而存心無私曲；能行義，外而作事不逾矩。既以敬義立德；其大自與乾同。大德必有鄰，斷無有孤立的。「六二」對於「直方大」三項，若有做不到的，人便要疑惑他非君子了。今所行的既如以上所云，「直方大」三項，都做得極端圓滿，不但人

不見疑，自己也堪自信，所以不用學習演習便無有不利。

陰雖有美，含之。以從下事，弗敢成也。地道也，妻道也，臣道也。地道無成，而代有終也。

陰道無論有甚麼美事，都宜含而不露。若從公給在上的辦事，應由在上的總其大成，自己決不敢稍有成見，陰道從王事如此。地道、妻道、臣道都是如此。然地道雖不能有成見在先，而其代天作事，總須有終結於後。臣代君作事，妻代夫作事，都與地道相同，如大禹不矜伐，周公不驕吝，舉此可例其餘。

天地變化，草木蕃。天地閉，賢人隱。《易》曰「括囊，無咎，無譽」，蓋言謹也。

天地變化，二氣能夠交通，草木也能蕃盛。若天地閉塞，萬事都不可為，國家也將多難，亂邦不居，賢人遁跡。此時近臣如不能恝然遠引，也只有緘口不談時政。坤「六四」「括囊，無咎，無譽」，明哲保身，真不可及。此如閔子辭費宰而不為，便得；蔡邕依董卓為顯宦，便失。

君子黃中通理。

「黃中」便是「文在中」。通是脈絡貫通，理是條理井然。脈絡貫通，便無私欲窒塞；條理井然，便無私欲混雜。從「君子黃中通理」至「美之至」也，皆釋「六五」爻辭。

正位居體。

「正位」是言「五」為高位，居高位，而心愈謙下，故所居適合大體。此「六五」「黃裳」，所以「元吉」。

美在其中，而暢於四支。發於事業，美之至也。

守中而謙下，「六五」的美德。充於中，斯形於外，故「暢於四支」而美其身，「發於事業」而美其行，故曰「美之至」。「暢」是通達，「四支」是手足。

陰疑於陽必戰，為其嫌於無陽也，故稱龍焉。猶未離其類也，故稱血焉。夫玄黃者，天地之雜也，天玄而地黃。

「疑」，作勢均力敵、真假難辨解。陽大陰小，陰本不能與陽作戰，今已盛極。公然敢與陽敵，因著嫌他心目中太無陽了，所以聲罪致討。鄭重稱龍，這是扶陽抑陰，以健龍制牝馬的意思。然陰雖盛，卻不能離了他的本類。就如曹瞞勢力雖大，總得稱臣。武曌雖據帝位，總是女流。既未離開他那一類，所以稱血。血屬陰，是欲把流血不幸的事，專屬於陰一方面。然那血色業已混雜，玄黃都有。天玄地黃，是眾目共睹，容易分辨的。陽一方面，同有不幸，那也毋庸諱言了。聖人對於「上六」反覆論異議，很是注重。本意總是說兩方流血，鬧得天昏地暗，這都是因著未能預防的緣故。若在「初六」以冰霜警告的時候，早先審查明白，不動聲色，斷然解決，省事饒人，兩得便宜，那才合周、孔兩大聖人的心思。

屯卦

震下坎上

以『初九』『九五』為卦主

　　屯《序卦傳》：「盈天地之間者唯萬物，故受之以屯。屯者，盈也。屯者，物之始生也。」屯所以次乾、坤。卦坎在上，震在下，是雲雷已作，將雨未雨，天地同充滿了鬱悶的氣象，故名為屯。若震上坎下，是雷行天，雨降地，痛快淋漓，那便不屯而解（☳）了。

屯。元亨，利貞。勿用有攸往，利建侯。

　　「屯」字象形，是草穿地欲出象。本卦以震初動，便遇坎險，未能通暢，故為『屯』。但陽氣震動，剛健有力，是暫時雖屯，不久便通，故曰「元亨」。然物屯能亨，時屯也能亨。而時屯能亨，必須有相當的作用。其作用約有三種。第一自己宜正，自正才能正天下那些不正的，故曰「利貞」。第二須不求速，不躁進，才能濟大事，故曰「勿用有攸往」。然這句活，不是不教人有所往，是教人勿妄動。第三須廣樹援，得多助，才能成大事，故曰「利建侯」。如漢高帝（劉邦）平秦亂，為義帝發喪，除秦苛法，只約法三章，那便是屯的利貞；不在關中為王，隱忍

就國，不妄不躁，那便是屯的「勿用有攸往」；會固陵，見諸侯不來，便趕緊的立韓信、彭越等為王，那便是屯的「利建侯」。其結果終成為屯的「元亨」。

《彖》曰：屯，剛柔始交而難生。

剛柔便是乾坤。乾交於坤，一索得震，震主動。坎險在前，一動便陷於險中，故曰「難生」。

動乎險中，大亨貞。

動指震，險指坎。陷於險中，就怕不能動。震陽卦，不但能動，且能善動，能動乎險中，自能出乎險外，故曰「大亨貞」。

雷雨之動滿盈，天造草昧，宜建侯而不寧。

震力雷，坎為雨。天造，就是天運。草，是從震為蕃草取象。昧，是從坎為隱伏取象。雷雨初動，歷亂晦冥的氣象，充滿於天地間，是天下大亂的光景。此時主持平亂的人，宜為國求賢，使為將相，和衷共濟，晝夜勤勞，終能成靖難的大功。若如更始（更始帝，名劉玄，字聖公，兩漢之際被綠林軍擁立為更始政權的皇帝，史稱玄漢）、後主（三國時期的蜀漢第二位皇帝劉禪）等，一登君位，便驕奢安逸起來，一敗塗地，無怪其然。

《象》曰：雲雷，屯。君子以經論。

《彖傳》言「雷雨」，是言其動。《象傳》言「雲雷」，是言其體。坎在上為雲，故屯曰「雲雷，屯」。坎在下為雨，故解（☳）曰「雷雨作」。雲而未雨，所以為屯。「經論」，是治絲的工作。千頭萬緒，或合或分，有條不紊，是治絲恰到好處。君

子平難的工作，始終條理，綱舉目張，正與此等。

初九。磐桓，利居貞，利建侯。

「磐」，是大石，「桓」，是大柱。「初九」剛正而居於下，如周姜尚、漢諸葛，有剛正可以為國家柱石的大才。正在釣渭水、臥南陽的時候居正守己，故曰「利居貞」。此時在上的必須將他聘請出來，寵以公侯爵位。俾令相助為理，自能宏濟艱難，勝任愉快，故曰「利建侯」。居貞的利，利在己；建侯的利，利在國。

《象》曰：雖磐桓，志行正也；以貴下賤，大得民也。

當屯難的時候，柱石人才，雖穩重不動，其心中未嘗不拳拳存有行其正道的志願。周公言居貞，是恐居而不正便無德；孔子言行正，是恐行而不正便無功。有此兩說，濟屯的功德，才能全備。易道貴陽賤陰，今一陽在二陰以下，故曰「以貴下賤」。「初」剛正雖在下位，其才可以平難，且能自處謙下。一經有人援引，立見成功，其大得民心，自不待言。

六二。屯如邅如，乘馬班如。匪寇，婚媾。女子貞不字，十年乃字。

「六二」柔順中正，上與「九五」為正應。一陰一陽，理立早成婚媾，但與「初九」密比，被其糾纏，所以不得及時命駕前往，與五」結合。「屯」「邅」是難行。「班如」是遲回不進。「寇」指「初九」。「匪寇，婚媾」，是言若不是「初九」強暴搗亂，早就和「九五」成為眷屬了。但「六二」有決心，就算一生不嫁，也定要保守貞操。然久而久之，苦盡甘來，終能成力正

式婚配。此如王導相晉，有強臣王敦作梗於其間，導處此難境，以寬大堅忍的計劃，相機應付；雖乘剛遇寇，而守止不撓，下不比於敦，上不危其國，久而久之，寇自平，君深信，而國也得安。此正與「六二」處境相同。女子許嫁以後，便稱「字」，故女嫁人曰「字人」。十年，是舉成數說。

《象》曰：六二之難，乘剛也；十年乃字，反常也。

「二」處於屯時，而下乘陽剛，牽扯不得自由，是「六二」之難，因乘剛而起，故云。果能堅忍待時，公理終當戰勝，反歸常道，故曰：「十年乃字，反常也」。可見惡霸不過行於一時，常道是萬古不磨的。

六三。即鹿無虞，惟入于林中。君子幾，不如舍，往吝。

「六三」以陰居陽，不中不正，且居震上，性極好功，又無正立，是才力不足。妄想濟屯的「即鹿」是逐鹿，喻求功。「虞」是虞人，掌管山林的官吏。「無虞」喻無正立欲求功，自己力既不足，而又無援手的，是功萬不能求。正如無人引路，而鹿入深林，鹿是萬不能逐的。君子當此，舍而退，便知幾而無悔；往而進，便遇險而取羞。蓋功不能妄求，業須有賢助。郭林宗不仕漢，管幼安不仕魏，都是「知幾」的君子。

《象》曰：即鹿無虞，以從禽也；君子舍之，往吝，窮也。

既無人指引，仍從禽而不捨，是必非「知機」的君子。若君子處於此時，便能臨崖勒馬，斷不至走人窮途，而自取羞辱。

六四。乘馬班如，求婚媾。往吉，無不利。

「四」近「九五」，是大臣負有濟屯責任的。以陰柔才短，故乘馬不進。然「初」在下而剛明，「六四」與為正應，往而求助，定得同意。借彼長才，共濟時難，其吉可以預決，「求婚媾」便是求助。

《象》曰：求而往，明也。

「六四」求助而往，是有知人的明見，而無自專的私心。魏無知封陳平，徐庶對諸葛，近似。

九五。屯其膏，小貞吉，大貞凶。

「屯其膏」，是君國初定，膏澤未加於人的時候。此時凡有法令，都宜從易從簡，如漢高帝約法三章，小小的設法化導才易入彀，故曰「小貞吉」。若秦始皇初統一的時候，便焚書坑儒，銷兵器，徙富豪，操切逼迫，人民未受國恩，先已飽受警懼，日處於嚴刑峻法以下，不思逃亡，便要作亂了，故曰「大貞凶」。此「貞」字，作正己、正物的「正」字解。

《象》曰：屯其膏，施未光也。

陽剛居在尊位，有所設施，本應赫然有光。但本爻正陷在險中，為明所掩，故曰「未光」。

上六。乘馬班如，泣血漣如。

屯到極處，本應亨通了，而「上六」陰柔又無正應，脫險無計，援手無人，就算有馬可乘，也是走投無路，遲回不前（卦至極上，前無餘地，故說元路，又說不前）。窮困至極，哪能不

「泣血漣如」呢？坎為血卦，又為加憂，故「泣血漣如」。下震力馬，上坎也為馬，故屢言「乘馬」。

《象》曰：泣血漣如，何可長也？

窮極到了泣血，何可長久如此，此等口吻，不但憐憫，且有望著「上六」雖柔必強，力圖振作的意思。

蒙卦

坎下艮上

以『九二』『六五』為卦主

「蒙」,作幼稚而未通達解。外艮山在外,坎水在內。水是必行的,忽被山阻,內既陷險不安,外又行不過去,故象蒙。《序卦》:「屯者,盈也。屯者,物之始生也。物生必蒙,故受之以蒙。」蒙所以次屯。

蒙。亨。匪我求童蒙,童蒙求我:初筮告,再三瀆,瀆則不告。利貞。

蒙何以言亨呢?是因入幼時雖蒙,將來定能開通,萬無終蒙的道理,故曰「蒙亨」。「匪我求童蒙,童蒙求我」,是教者無求於學者,道才能尊;學者有求於教者,言才能入。教者無求,非驕;學者有求,非屈。然學者若本著初一發動的誠心而來,便有問而必告,故曰「初筮告」。其心若不誠,而有二有三,如孟子云「一人雖聽之,一心以為有鴻鵠將至」的那種情形,便近於瀆慢,有同也必不告,故曰「再三瀆,瀆則不告」。蓋學者心誠,一告而入,其蒙易升,自是正當教誨。至瀆慢便不告,然也有深意,是因學者若以不告而生憤,蒙也能開。這便如孟子所說

不屑教誨，也是教誨的意思。蓋有問必告，是教者應用的正道；是教者應用的正道，有問其瀆而不告，也是教者應用的正道。總而言之，教者必以正，故曰「利貞」。

《彖》曰：蒙，山下有險。險而止，蒙。

用卦象、卦德解釋卦名。退困於險，進被山阻。進退都難，所以名蒙。

蒙亨，以亨行時中也。匪我求童蒙，童蒙求我，志應也。初筮告，以剛中也。再三瀆，瀆則不告，瀆蒙也。蒙以養正，聖功也。

「蒙亨」，是用亨道去行開蒙的事，蒙自能亨。蓋開蒙的中道，在乎時，《禮記·學記》云：「當其可之謂時。」譬如草木萌芽初生，力弱不能出土，若有人把那地皮略一鬆活，其萌芽便可立現。這便是誨人的中道，所最重的時機，為「九二」所能行的。「匪我求童蒙，童蒙求我」，此如《禮記·曲禮》云：「禮聞來學，不聞往教。」彼來求學，此便迎著他的動機，施以教誨。是學者有志，教者立應，故曰「志應」。「剛中」指「九二」，「九二」本其剛中以誨人，所以人本誠意來學，便無不切實相告。「瀆」為瀆慢，又為褻瀆、瑣瀆。學者若有再三，其志不一，同既褻，若也相告，是告也褻。褻於同，其志既褻瀆；褻于告，在蒙學不但無益，轉必也以為瑣褻了，故曰「瀆蒙」。卦辭言「利貞」，是言教者最要緊的是一個正，孔子更申言曰「蒙以養正」，是言童蒙在天真爛漫的時候，若嚴厲訓教，動要撲責，非為正道，必須以正道徐徐的誘掖。如植花木，能善養其根荄，將來也定能長成碩果嘉本。如此教誨童蒙，是預施一作聖的

功夫，將來也定可以作聖，故曰「蒙以養正，聖功也」。

《象》曰：山下出泉，蒙。君子以果行育德。

山性止，泉性行，此行而彼止，不能遽達，故曰蒙。雖然泉既出斷難終止，潰決便不可禦，淳積便不可測。不可禦，君子師其意以果其行；不可測，君子師其意以育其德。

初六。發蒙，利用刑人，用說桎梏。以往，吝。

蒙利於發，發貴乎早，所以周公對於蒙初，便重發蒙。發的亦法，是教人在於有典刑（即典型），而可為表率。己正於上，人觀於下，出迷途，得明路，如囚遇赦，而桎梏乍釋，何等鬆快，故曰「利用刑人，用說桎梏」。人當蒙昧乍開，有此樂趣，刑便是法。《堯典》「刑於二女」，即是此義。「以往，吝」，是言過此以往便吝。又如「堯舜率天下以仁而民從之」，也就是刑人的意思。「說」讀作脫，「桎」是腳撩，「梏」是手鎊。

《象》曰：利用刑人，以正法也。

以正法示人，是發蒙應該利用的。

九二。包蒙吉，納婦吉，子克家。

「包蒙」是包羅眾蒙而施教。《論語》「自行束脩以上，吾未嘗無誨焉」便是包蒙。「婦」指眾陰說，「納婦」是言能容納眾陰。包眾蒙，納眾陰，都致以止，焉得不吉？然「六五」「童蒙」，有求於「九二」，「九二」無求於「六五」，而何以說「子克家」呢？蓋臣事君，如子事父，責難納誨，陳善閉邪，就如伊尹、周公，也是臣子分內的事，也如為子的「幹父之蠱」

（承擔父親的事業）而克家（治理家業），故云「子克家」。

《象》曰：子克家，剛柔接也。

「二」與「五」為正應，剛柔正相接洽，所以「二」得行剛中的教道，成立發蒙的大功。然「二」雖為師傅，也是臣子，臣能格君，便如子能治家。

六三。勿用取女，見金夫，不有躬，無攸利。

「三」陰柔不中不正，是女人好妄功的，女以本爻變巽（☴）言。坎主淫，互震，好功；坎性下流，女動而淫，為下流，故取象如爻辭所云。又其正應在上，理應遠從，乃近見「九二」為群蒙所歸順，極有聲勢。再看見他那本夫，栖止岩阿，無爵無位（「三」與「上」為正應，上為艮山，又上爻無爵位，故云），係屬閒員，所以就捨了他那本夫，而來就有勢利的金夫。捨身失節，實有百害而無一利。「金夫」是腰纏甚富的。

《象》曰：勿用取女，行不順也。

婦人以順從為正，「六三」捨正應而從金夫。此等行為，太不順了。

六四。困蒙，吝。

開蒙宜求學，求學宜親賢。「四」以昏蒙的資質，而與上下二陽剛中篤實（剛中指「二」，篤實指艮）的賢人，相違甚遠。宜乎其困，窒塞為困，鄙嗇為吝。吝疾的避醫，吝過的避師。蒙既困而更吝於親賢，所謂「困而不學，民斯為下」。

《象》曰：困蒙之吝，獨遠實也。

陽實陰虛，他爻都與陽近，獨「六四」距陽較遠，故曰「獨遠實」。

六五。童蒙，吉。

「六五」以人君至尊，有巽順美德（「五」變為巽），自以為童年蒙稚，下學於剛中的大賢，是不以至尊而忘學。如殷高宗以「其德弗類」，而學於傅說；周武王以「不知彝倫」，而訪於箕子。此正為養正聖功，自是吉道。艮，少男，故曰「童」。

《象》曰：童蒙之吉，順以巽也。

上互坤為順，五爻一變為巽（☴），仰順「上九」，相與親比，俯從「六二」，誨言能入（巽為入），正與「六四」「遠實」相反。

上九。擊蒙，不利為寇，利禦寇。

蒙至極上，愚蒙過甚，又以陽居陰，不中不正，如蠢頑為亂，自成痛擊。然擊他，是抵禦他不使為寇，就算完事。如舜征有苗，不為已甚，若窮兵黷武，非把苗民滅了不可，那便是我上苗民那兒為寇去了，兵連禍結，還有完麼？故我擊蒙不可太過，若太過便等於為寇，就有害無利了。只抵禦著不使他蠢頑為寇，才有利而無害。此便是俗話說的「省事饒人得便宜」。

《象》曰：利用禦寇，上下順也。

「利用禦寇」，寇止便了。上不過暴，下能就範。上禦寇，辭順；下蒙開，心順。上下俱順，禦寇的固無不利，彼為寇的愚蒙大開，也就無有不利了。

需卦

乾下坎上

以『九五』為卦主

　　需《序卦》：「蒙者，蒙也，物之稚也。物稚不可不養也。故受之以需。」需與須同，有所得的意思。以卦象論，水在天上，必須蒸潤時久，膏澤才能下降，膏澤降即長養萬物。然人所恃以為養的，莫如飲食，需為「飲食之道」，故以需次蒙。以卦德論、乾性是必進的。上為坎陷，未能遽進，也有必須待時（等待時機）的意思。

　　需。有孚，光亨，貞吉，利涉大川。

　　本卦以乾遇坎，本應有害，而光且亨且吉且利，是何故呢？是因「有孚」而貞，故能無害。蓋下卦乾純陽，性實誠而能正；上卦坎下流，性險邪而且詐。而乾以誠待詐，詐術窮而誠意自達，此是「有孚」的好處。乾以正待邪，邪道詘而正誼自伸，是能貞的好處。如此人能誠正，不動便罷，動便能亨能吉，雖大川也能涉而且利。劉玄德所謂「操以作，吾以誠；操以暴，吾以仁」，就是此義。「光」，從互離（☲）取象。大川指坎。

《彖》曰：需，須也，險在前也。剛健而不陷，其義不困窮矣。

以乾遇坎，而能不陷不困窮，是剛健的能力。剛健若主義在靜，便不可移；若主義在動，便不可阻。靜不可移，遇險便能堅忍以待其衰；動不可阻，遇險便能決放以濟其窮。能如此還有能陷、能困、能窮住他的那種道理嗎？

需，有孚，光亨，貞吉。位乎天位，以正中也。利涉大川，往有功也。

需道最大，必到位乎天位為止境。然位乎天位，也不能徒尚空談，必有正中的大德，才能做到位乎天位的地步。然雖有大德，若無所憑借，濟險終難成功，如伯夷也不近避紂罷了。若並無德，如陳涉等也不過自取滅亡。必如文王、武王有所憑借，且必待時，與需道正合，是以濟險一往便成大功。正中，天位，指「九五」。

《象》曰：雲上于天，需。君子以飲食宴樂。

乾為天，坎為雲。雲上於天，久才成雨，故為需。君子德成名立，也必待時方能出世。當其需待的時候，君子並不以用世時時存心。不過日以飲食養其身，日以宴樂怡其情。如顏子陋巷簞瓢，謝安東山絲竹。此為君子待時的舉動。然此也非君子不能，若凡夫俗子，那就要流連荒亡了。

初九。需于郊，利用恒，無咎。

「郊」是曠遠的地方。初在下，去險還遠，且陽剛得正，不肯冒險前進，所以取象「需於郊」。然始需終懈，也非需道。乾

德深能知險（乾德知險，見《繫辭下傳》第十二章），所以能利用其恆德，知險用恆而不犯難，故有利益而無過咎。

《象》曰：需于郊，不犯難行也；利用恆無咎，未失常也。

「不犯難行」，是絕不冒犯險難以前進。「未失常」，是不失安守待時的常道。若穆公伐鄭，夫差伐齊，便是犯難失常，焉能無咎呢？

九二。需于沙，小有言，終吉。

近水便有沙，離險已近了。雖尚不至大有禍害，然已不免小受譏刺，故曰小有言。往大處說，此時天下已有險象。避世的人，以潔身遠去為是。如見賢者待時用世，就如長沮桀溺，希望子路從其避世。其言如彼，用世的人，知「九二」有剛德而合中道，就責望他救民水火，以為「斯人不出，如蒼生何」。其言又如此，然「九二」居柔守中，置身坦途，終抱待時的主義，絕不為偏見所激動，而終得吉道。

《象》曰：需于沙，衍在中也；雖小有言，以吉終也。

「衍」作寬坦解。「衍在中」言其胸中寬衍平坦，絕不為一切偏見小話所煽功，所以能「以吉終」。

九三。需于泥，致寇至。

「泥」逼近於水，未溺於水，是因坎險尚在外（在外卦）。「九三」在乾上，過於剛健，險在外，自不小心而逼於險。是水不溺人而自去狎水，狎水而死於水，其過不在水；彷彿由自己招惹了賊寇來，不能怨賊寇，應該怨自己，為什麼招惹呢？聖人以

「九三」剛健大過，故特加警誡如此，「初」需郊，「二」需沙，「三」需泥，是以去坎遠近而言。

《象》曰：需于泥，災在外也；自我致寇，敬慎不敗也。

「災在外」，是言坎險尚在外卦，「三」剛健太過，不知稍避，反去逼近，彷彿賊寇未來，自己偏去招惹一般。然「三」精神強健，能沉住氣，既聞寇由己招的警告，便能格外敬慎而提防，也自可以立於不敗之地。然寇既至，員以敬慎提防，不至大敗，總不如不去招惹。為「九三」的，敬慎於先，勿「致寇至」，最為上策。

六四。需于血，出自穴。

坎為血，又為溝瀆、隱伏、穴象。「四」居上卦的初爻，已入坎體，是已置身險地。然「四」與「初」為正應，「初」乾體至健而知險，故一見「四」已人險，將要重受傷害而至於流血，便急速援手把他拖出穴外，立使出險。

《象》曰：需于血，順以聽也。

「六四」柔而得正，能順從「初九」，而聽其指揮，所以入險不險。坎為耳，故言「聽」。

九五。需于酒食，貞吉。

「九五」陽剛居中得正，而位乎位，德位相稱，能致天下無險不平，無難不濟。庶民相安無事，鑿井而飲，耕田而食，涵養休息，有日用酒食的大樂，無倉廩匱乏的憂虞。王道無近功，需至若干歲時，而始得有此景象。食為民天，故以此繼屯、蒙，斯

為需卦正義，其吉自不待言。

《象》曰：酒食貞吉，以中正也。

「九五」居中得正，位乎天位，故得貞吉。

上六。入于穴，有不速之客三人來，敬之終吉。

「六」陰柔居上，變巽（☴）為入。在坎體，入穴象。「速」是催請。「上六」下應「九三」，陽與陰合，陽性上進，故不待催請而自來。「上六」為中，九三為客，卜卦三陽同體。「九三」一動，連帶攜手一同前來。「上六」已「入於穴」，正在被困的時候，很盼有人援救，故一見三客不速而來，喜極特別致敬；而三客至健知險，很有拯救急難的能力。「上六」既特別致敬，三客自然就不肯袖手，援救出穴，立即轉危為安。「上六」雖「已入穴」，故終能得吉。

《象》曰：不速之客來，敬之終吉；雖不當位，未大失也。

需「初九」、「九五」兩爻都吉，自不待言。其餘如「九二」「小有言，終吉」，「六四」「順以聽」，「上六」有「不速之客三人來，敬之終吉」。大概天下事，急忙必錯，若處處能得需義，從容佈置，安心待時，事緩則圖，自然無有大失。此言不當位，不是陰居陽位、陽居陰位的那種不當位，應作「上六」所居未當安全的地位解。然位雖不當，而以「三」為正底，偕同志前來援應，「上六」特加敬禮，遂得不至大失。如此解釋，較為直捷。

訟卦

坎下乾上
以『九五』為卦主

　　訟是爭辯訴訟，本卦坎下乾上。以卦象論，天運乎上，水流乎下，兩情相背，所以成訟。以卦德倫，上以剛凌下，下以險蒙上，所以興訟。以二人言，此險而彼健，險與健相持不下，都願求勝，所以必訟。《序卦》云：「飲食必有訟，故受之以訟。」有飲食斯有貨物，便為爭議的媒介品，訟所以次需。

　　訟。有孚，窒惕，中吉，終凶。利見大人，不利涉大川。
　　孚是信實。按兩方面說，此方實在有理，彼方窒塞不通，隔閡已極，有冤難白，不得已而興訟。然訟事雖有正當的理由，而也須憂惕，確守中道，不蔓不枝，可止便止，才吉。若纏訟不休，失事廢時，終是凶道。「九五」陽剛中正，是能聽訟的大人，求其辨明曲直，及早息訟，得見便有利益。若以無理的情詞，冒險涉難，希望幸得勝訴，而作孤注一擲，那便有害而無利了。故曰「利見大人，不利涉大川」。

《象》曰：訟，上剛下險。險而健，訟。

訟每起於兩不相下，險的刁狡而好爭，剛健的恃強而鬥狠，卦以坎險遇乾健，所以為訟。

訟，有孚，窒惕，中吉，剛來而後中也。終凶，訟不可成也。利見大人，尚中正也。不利涉大川，入于淵也。

坎中一陽剛爻，也由乾卦而來，故「九二」謂「剛來」，「二」性剛而險，而居兩陽當中，是其性還能屈抑，處中不失中道，對於訟事尚能警惕，故吉。然訟事一起，專為爭勝，揚人惡事，損己德行，且往往牽掣多人，廢時失事，就算勝訴，也是得不償失，終訟最凶，論是萬不可成的。「九五」陽剛中正而居尊位，是為聽訟的大人，一見而曲直立判，即可了事，故利見。「不利涉大川」，是謂不得已而興訟，只宜平平正正，據實陳訴，若捏造情詞，冒險求勝，必陷於罪，如入深淵，就難達彼岸了。

《象》曰：天與水違行，訟。君子以作事謀始。

天上行，水下注；天西轉，水東流，是天與水的行徑，兩相違背，至於極點。若兩人有此行功，哪能不成訟呢？然兩造興訟，不興於成訟的日子，而興於著手作事的起端。譬如成立一種契約，若先把條件研究明白；交結一個朋友，若先把品行審查明白。事前斟酌盡善，事後自無訟爭。是以君子作事，欲免訟端，必須謀始。

初六。不永所事，小有言，終吉。

訟以早息為上，「初六」陰柔居下，是不能健訟的，故聖人

謂若不永久爭訟，小有辨白，終能得吉。然不言不永訟，而曰「不永所事」，此是聖人不喜言訟的意思。虞芮（兩國）爭田，來周（西伯）候質，而一入周境，便愧悔而罷訟。此即「不永所事」。「小有言」與需不同，需「小有言」是人對己；此「小有言」是己對人。

《象》曰：不永所事，訟不可長也；雖小有言，其辯明也。

「初六」陰柔在下，是知訟事不可延長的。既知不可長訟，又上有陽剛的正應相助為理，小有辯論，也就可以曲直分明了。

九二。不克訟，歸而逋。其邑人三百戶，無眚。

二、五相應，然係兩剛，斷難融洽。「九二」以剛險，本欲興訟，然「五」以中正居尊位，「二」星刁狡好訟，能敵得這「九五」嗎？所以說他「不克訟」。然「九二」雖險而不正，而尚剛而得中，一看難與「五」敵，立即退而逋逃。這麼一辦，不但己可免災，就連同邑的人，也可無患了。俗話說：「一家興訟，多家遭殃。」三百戶無眚（音省，指過錯），是極言一經息訟，眾皆得安了。邑人是從變坤取象（坤為土、為眾，書中所有邑國等字，都從坤取象）。下互離，三數，變坤為眾，故言「三百」。坎為眚，一變便無眚了。「眚」是災。

《象》曰：不克訟，歸逋竄也；自下訟上，患至掇也。

「二」知不能和「五」作時，歸而逃竄。下本不能訟上，此逃竄的禍患，實由自取。「掇」是取。

六三。食舊德，貞厲，終吉。或從王事，無成。

「三」所處在兩陽當中，陰柔不敢妄劫，危懼不敢有爭，與「上九」為正應。事事服從而不自居成功，故能保全祿位而終吉。「食舊德」是保全祿位。「貞厲」是常存危懼的意思。「從王事」是從「上九」。

《象》曰：食舊德，從上吉也。

「三」能保全祿位，從上而不以成功自居，如此便無爭訟而得吉。

九四。不克訟，復即命，渝安貞，吉。

「九四」與「初六」為敵而訟「初六」，以上訟下是挾貴而訟，以強訟弱，是挾力而訟。「初」本不與「四」敵，然「四」既與訟，「初」遂以「四」所訟，上質「九五」剛明中正的大人，而「九五」對於「四」概不祖護。「初六」雖「小有言」，其曲直一辨而明，「四」遂不能勝訴，故曰「不克訟」。然「四」究竟剛明，一見不能取勝，立即回頭，守分安命，一變其平日挾貴挾力的行為，而安於貞固，故曰「復即命，渝安貞」。如此勇於改過，也能不失吉道。「渝」作變解。

《象》曰：復即命，渝安貞，不失也。

從前好訟，未免有失。今既歸依正理，大改舊習，安守正道，便不至有失了。

九五。訟，元吉。

以中正的大人，平天下的訟爭，中而不偏，正而無禮，冤白

枉伸，化鬥爭為仁讓，耕讓畔，行讓路，刑具不設，監獄一空，人至無爭，吉在天下。天下的吉事，無有再大於此的了。「元」是大。

《象》曰：訟，元吉，以中正也。

「中」聽訟不偏。「正」斷案不屈。「九五」所以為大人而使人利見。

上九。或錫之鞶帶，終朝三褫之。

「上九」是訟而終凶的。或錫之鞶帶，榮在可有可無。而「終朝三褫」，辱何其速而且多呢？是言倘或訟而勝而至於受賞，因訟得來，也算不了甚麼光彩；而況不久便被褫奪，可見好訟是終無好處的。雖未言凶，其凶自可想見。「或」是未必然的意思。「錫之」即賜給。「鞶帶」是大帶，官服上的裝飾。乾為衣、為圜、帶象，乾君互巽為命令，變兌為悅，又為口，是發令錫服象。下互離（☲），居下卦，朝日象，離三數，乾上爻變兌（☱），為毀折，「終朝三褫」象。「褫」作剝奪解。

《象》曰：以訟受服，亦不足敬也。

因訟受賞，也不足敬。況立見褫奪麼，可見訟不可終。

師卦

坎下坤上

以『九二』『六五』為卦主

師《序卦》：「訟必有眾起，故受之以師。」師興由於有爭，所以次訟為卦。坤上坎下，內險外順，險道順行，是用兵雖險，而堂堂正正，為本卦正義。按六爻說，五陰順從一陽，為將師統兵象，所以名「師」。

師。貞，丈人，吉，無咎。

師，是給人以兇器，驅人於險地，何以能吉且無咎呢？然為人民禦寇盜，為國中平外患，為天下除殘暴，去兵是不行的。興師合道，帥師得人，便能吉且無咎。何謂合道？在乎正。何謂得人？在乎賢。「丈人」，是年高有德的賢人，指「九二」。若姜尚八十，方叔無老，可當此稱。蓋興師不貞正，便無名。師非丈人，便誤國。卦辭寥寥數字，便得選將行軍的要領。

《彖》曰：師，眾也。貞，正也。能以眾正，可以王矣。

周官所定的軍制，從五人為伍起算，一層一層的，到二千五百人為一師，所以說眾。正，是以正道去正那不正的，少數人力

量薄弱，正不過來，於是乎用眾人的力量去正他，故曰「以眾正」。八百渚侯，三千軍人，齊心伐紂，是伐紂非武王一人。諸侯王皆欲擊弒義帝的，是擊項羽非高帝一人。武王、高帝特因眾心皆正，便用他去正不正，是真能以眾正的。以此而王天下，不愧堂堂之鼓、正正之旗。

剛中而應，行險而信，以此毒天下，而民從之，吉又何咎矣。

「剛中」，指「九二」。為將的不剛，便怯敵；過剛，便太猛。而「九二」剛而得中，這是極好的將才。然有此將，若不遇虛心而得中道的君上，是上無應援，而用兵是行險道。若於理不順，是出師無名。而本卦「二」剛中與「五」柔中為正應，行軍雖險，能順人心。以明君得名將，以名將得君心，而興大師，雖出兵動眾，是近於為天下的毒，好像害天下似的，而其實正所以救天下。東征西怨，南征北怨，人民無不歡迎而樂從，是真吉道，還有什麼過咎呢？險，指坎。順，指坤。

《象》曰：地中有水，師。君子以容民畜眾。

君子容民，就如地中容水。既能容受，自能畜聚。孟子曰：「天下莫不與也。」又曰：「所欲與之聚之。」就是這今道理。天下人民，都為君子所容受。大眾都聚集於此，彼寇敵一方面，將見無人了。我得餘，彼無人，不戰而勝，最為上策。

初六。師出以律，否臧，凶。

師出總得有紀律，在初出師的時候，紀律若不整齊，或失於寬，或失於嚴，一有所失，便非行軍的善道。行軍若有不善，那

是極凶險的事。「臧」作善解。

《象》曰：師出以律，失律凶也。

維持軍心，全在於律。如或失律，如晉師爭舟，齊師轍亂，一擊而敗。喪師辱國，那是最可怕的。

九二。在師中，吉，無咎。王三錫命。

師卦一陽為眾明所歸，故以「二」為主。「五」為君位，「二」與「五」為正應，是主將為君上信任，能掌大權制大事的。然為將的也不可太過，在行師的時候，必得中道，故得吉而無咎。若如張桓侯便過威而離了，李光弼便過強而驕了。惟能合中，威而有惠，強而能謙。皇甫嵩、郭子儀有此恣態，君王倚重，寵錫頻加，一而再，再而三，禮貌優隆。能引起全部師旅的興奮來，吉且無咎，不止關係一人，實且關係天下。

《象》曰：在師中吉，承天寵也；王三錫命，懷萬邦也。

天，指王。「九二」承受恩寵，委任甚專，行軍守中而吉。三錫嘉獎的命令，固為酬功，也是教人知道君恩毫不吝惜，借此懷柔萬邦，頓銷兵氣，是君心最希望的。

六三。師或輿尸，凶。

「三」不中不正，柔居剛位，是才能薄弱、心志剛暴的小人。居二爻以上，是「二」為主將，「三」不肯俯首聽命的樣子。「輿」作眾解。「尸」作主解。是言行師，若或事權不一，眾人都主起事來，偏裨（輔佐）擅專，軍旅進止，無所適從，那還不是凶事嗎？如晉荀林父為將，帥師禦楚救鄭，林父主退，而

副將先縠偏主戰，終至大敗。此為本爻鐵證。

《象》曰：師或輿尸，大無功也。

帥師遠征，事權不一，大無功，是勢所必至的。

六四。師左次，無咎。

「左次」是退舍（即軍隊後退紮營）。四柔居陰，是能不躁進作戰的，審察時勢，必須變更戰略。有計劃的退卻，保存實力，不至喪師失利，此是以退為進的辦法，較比「六三」強得多了，所以無咎。

《象》曰：左次無咎，未失常也。

以退為進，兵家常事。聖人恐人以退為怯敵，故曰「未失常」也。

六五。田有禽，利執言，無咎。長子帥師，弟子輿尸，貞凶。

禽害田，利在除禽；寇禍國，利在除寇。伐罪有辭，斯興師有名了。「六五」大君命將出征，執言堂堂正正，毫無過舉。「長子帥師」，長子指「九二」。論「九二」自己的身分，可尊稱為丈人。若論對於「六五」君臣的名分，便可稱為長子。帥師全權歸於「九二」，方能一致。若以弟子參預主事，雖主張的也合正道，而事權不一，總是凶事。故曰「弟子輿屍，貞凶」。弟子，指「六三」、「六四」。齊人伐燕，將取為己有，諸侯遂謀伐齊，可見興師，言不順便有不利，故「利執言」。用淮陰為大將，而三秦便定；用魚朝恩監軍，而九節度軍潰。故帥師必須長

子，若弟子主事，雖出師也合正道，終是凶事。

《象》曰：長子帥師，以中行也；弟子輿尸，使不當也。

行為中正，用以帥師可獲全勝。若再任使他人也來主事，便不當了。

上六。大君有命，開國承家，小人勿用。

上爻已到了軍事告終，報捷凱旋，大君論功行賞的時候。「開國」，是封將帥為侯王。「承家」是任用為卿大夫。「開國承家」，是必如丈人的。大君才有此命，若賞那有功的小人，是不能用此等命令的。

《象》曰：大君有命，以正功也；小人勿用，必亂邦也。

師終功成，大君有命所以賞功。然賞必須正當其功，更須該當其人。若軍旅中的粗暴小人，只可用會帛以酬其勞。若也命其「開國承家」，一定要為人民的禍害。興師為民除害，除一害又添一害，仍是擾亂邦家，所以勿用。

比卦

坤上坎下

以『九五』為卦主

　　比，是親輔。坤下坎上，以卦象論，水在地上，是比附最
切，不能有一絲的罅隙，所以象比。以卦爻論，「五」居尊位，
眾陰群相比附，有一人撫綏萬邦，四海仰望一人的狀況。《序
卦》：「眾必有所比，故受之以比。」比所以次師。

　　比。吉。原筮，元永貞，無咎。不寧方來，後夫凶。

　　《論語》上說「小人比」，此言「比吉」，是何故呢？因此
為上下親比，非小人的朋比。上親下，便得助；下親上，便得
援。故曰「比吉」。然求比不可太速，也不可太緩。何以不可速
呢？在初總要審度謹慎，觀察周洋。其人能具有以下三德，然後
可與親比：一為元，元是氣度大；一為永，永是久而敬；一為
貞，貞是正而固。三德備具，親比起來，才無過咎。何以不可緩
呢？是為自己若先不用心與人親比，到了有緊急不能安寧的事，
非有人幫助不可的時候，然後才想起來與人親比。俗話說：「閒
時不燒香，急時抱佛腳。」此為見事最遲的人。臨事交人，有難
肯理？故曰「不寧方來，後夫凶」。昔太公歸文王曰：「吾聞西

伯善養老者。」馬援歸漢，曰：「不但君擇臣，臣亦擇君。」此皆與「原筮，元永貞」相合而得無咎。萬國朝禹而防風後至，天下歸漢而田橫不來。那便是「後夫凶」了。「原筮」是事先審度。筮不作占筮解。

《象》曰：比，吉也。

《周易本義》謂此三字衍文，宜鈎去，程傳存，來注謂此三字合漸卦（☲）「女歸吉」也一例，較彖辭只添一字也。

比，輔也，下順從也。

輔，是解比字。下順從，是謂五陰從一陽。

原筮，元永貞，無咎，以剛中也。不寧方來，上下應也。後夫凶，其道窮也。

推求先決親比交際的道理，便在「元永貞」。「剛中」謂「九五」。「後夫凶」謂「上六」。因其在未後一爻，故曰「後」。「不寧方來」是謂「上六」因與「九五」相近，又以自居地位甚高，上下密比，臨時有求必應，哪知先不來比，到了窮極再求援手。誰肯如此輕易為人指使？其凶是自取的。此上下底，不是說「二」與「五」應，是「上六」以己在「五」上，「五」在己下，可以有求必底。如此解釋，文順而易明。

《象》曰：地上有水，比。先王以建萬國，親諸侯。

物相親比其間不能有一絲相隔的，就是水在地上。先王法此卦義，以建萬國。上按時巡狩，下按時述職，無有間斷。朝聘往來，親比諸侯，諸侯宣佈天子的恩威，以親人民。天下如一家，

萬民如一身。至比才見出比道的大作用來。

初六。有孚比之，無咎。有孚盈缶，終來有它吉。

初交能誠信不欺，將來自能無過，故曰「有孚比之，無咎」。既有孚而再能質樸充實，終更有其他的良友來與納交，益我出乎意外，吉是當然的，故曰「有孚盈缶，終來有它吉」。「有孚」就是孟子所說的「信人」；「盈缶」就是「充實之謂美」。缶（音否）是瓦器，喻人質樸。「終」對初說，「來」從外來，「它」與他同。

《象》曰：比之初六，有它吉也。

交道重始，始能有孚，終有他吉。「上六」無首，故凶。

六二。比之自內，貞吉。

「二」在內卦陽柔中正，「五」在外卦陽剛中正，上下相立。以「九五」明君，來與「六二」大賢相親比，此是聖主求賢的正道。商湯市聘莘野，玄德三顧南陽，求賢能正大而堅貞，自是千古君臣吉道。

《象》曰：比之自內，不自失也。

中正守道，修己待聘，是賢士身分。修己以充內，願乎其外，守正以俟命，不自失其身。若枉道以求聞達，自失身分，「六二」絕不能有此行為。

六三。比之匪人。

「三」不中不正，「上六」以無首而凶，而三與正應，且所

乘（指「二」）所承（指「四」）的都隱，故為「比之匪人」。如唐河朔藩鎮互結朋黨，相比為奸，其凶自不待言。

《象》曰：比之匪人，不亦傷乎？

聖人不言凶咎悔吝，而曰「不亦傷乎」，惻然憐憫，人應知勉，不要與小人同流合污。

六四。外比之，貞吉。

「四」與「初」相應，因兩陰不能親洽，遂外比「九五」。陽剛中正，是有賢德居尊位的。親賢從上，親比的何等正大，故曰貞吉。「之」指「九五」。

《象》曰：外比于賢，以從上也。

「五」賢而在「四」上，「四」與密比而相從。可謂得所比，得所從了。

九五。顯比，王用三驅，失前禽，邑人不誡，吉。

「九五」陽剛中正，為本卦主。天王聖明，莫不尊親，有「萬國衣冠拜冕旒」的氣象。故曰「顯比」。「三驅」是狩獵僅在三面驅逐，而不四面合圍。「失前禽」是禽獸因網開一面而走去。「邑人不誡」，是禽獸走失，邑人（鄉人）絕不因此大呼小叫，合力窮追。獵事限於三驅，是在上的無必得心。禽獸失而不誡，是在下的也無必得心。上下如此寬大，自是吉道。師、比兩卦都言禽，師「五」「田有禽」，是害物的禽。比「五」「失前禽」，是逃命的禽。在師便要擒獲，是王師伸大義於天下，重在為民除害。在比便聽其去，是大君布仁德於萬物，所以去者不

追。明君因時制宜如此。

《象》曰：顯比之吉，位正中也。舍逆取順，失前禽也。邑
人不誠，上使中也。

顯比所以吉，皆因「九五」中正。比以向背言，去的為逆，
來的為順，而來不拒。去不追，並不預誡親近。嚴密佈防，是上
使下也能中而不偏。天王大度，一視同仁，所以為顯比。

上六。比之無首，凶。

「六」居上，是比道已到終點。「首」，作始字解。凡事有
始還怕無終，未有無始而能有終的。親比最重慎始。「比之無
首」，安得不凶？

《象》曰：比之無首，無所終也。

比道最難全終，就算有始，還怕無好結果。若開首不慎，已
失正道。《詩》云：「靡不有初，鮮克有終。」故曰「無所終」
此也是「後夫凶」的意思。

小畜卦

乾下巽上

以『六四』為成卦主

以『九五』為主卦主

小畜《序卦》：「比必有所畜，故受之以小畜。」物相比附為聚，聚便是畜。畜又有阻止的意思，人相餘比，必有諍說阻止、勸善規過的情事，小畜所以次比。卦巽上乾下，乾德健而上進，巽以柔順，欲諫而止其進。乾本在上，今居巽下，柔能克剛，很可發生效力。然一陰居四，上下五陽都為所畜，以小畜大，力量總嫌薄弱，故為小畜。

小畜。亨，密雲不雨，自我西郊。

卦象內健外巽，「二」、「五」都是陽剛，居上下的中位。剛乾剛不甘居下，總想一往直前。此時縱有諍諫，也難遽然聽從。故以「密雲不雨，自我西郊」為喻。然巽性柔順而能人，柔能克剛，終能令其入耳，所以能亨。

《彖》曰：小畜，柔得位而上下應之，曰小畜。

此說成卦的理由。陰居「四」，柔得正位，上下都欲與

「四」相感。以一陽而畜五陰，畜道萬難持久，是以為小畜。

健而巽，剛中而志行，乃亨。

內健外巽，「二」、「五」剛居中位，乾志在進行不息，是資質本佳。再有人婉言（《論語》所說巽語之言）規諫，雖從前不免稍有遍倚，以諫而能入（巽為入），自能合中道而得行其大有為的志願，故終能得亨。

密雲不雨，尚往也。自我西郊，施未行也。

陰陽交和，才能成雨。今二氣不和，陽氣不能下降而反欲上往，所以暫不成雨。西為陰方，以陰方起雲，所以陰陽不能調和。雨澤暫未施行，然雲騰終能致雨，自西便可徂（往）東，此小畜所以必有亨道。又按卦象上兩爻天位，四爻純陰附天，密雲象。下互兌（☱），澤氣上蒸於天，也像密雲。上巽風，互離（☲）日，故不雨。互兌，故曰西。下乾為郊，故曰郊。

《象》曰：風行天上，小畜。君子以懿文德。

風行天上，風是流動的。俗語「大風刮不多時」，故為小畜。君子本以道德為上，以文德為次，而於窒塞不通的時候，只好羑里演《易》、陳蔡講學。但修美其文德，使小人看著無有大志，不為所忌，方可保身。此君子因時制宜的功夫。「懿」就是美好、美善。

初九。復自道，何其咎，吉。

人有不善，在初發生時，便能阻止，使其復歸於正道，是人已均無過咎，自是吉道。蓋「初」與「四」為正應，「四」畜

「初」，如伊尹於太甲，周、召於成王，都是因其初有不順，即行設法阻止。「四」畜「初」，而「初」能受，有不善隨改而復歸於道，此也如顏子「不遠復」，經此一復，過了已無痕，便成吉德。

《象》曰：復自道，其義吉也。

有不善而能復歸於道，如齊景公所云：「畜君者好君也。」其義甚正，其吉當然。

九二。牽復，吉。

復於「初」，是極好了。「二」比於「初」，而牽連以復，也不失為吉道。蓋「初九」復是自然的，「九二」復是勉強的。然「二」有中德，終非過剛拒諫的可比。聖人許人復過。故周公斷以吉。孔子謂為「牽復在中，亦不自失」。

《象》曰：牽復在中，亦不自失也。

「二」雖剛而猶居中，故能勉復。雖不若初能自復，而也不失，故聖人也以「吉」許。

九三。輿說輻，夫妻反目。

「九三」陽剛，夫道。「六四」陰柔，婦道。「三」過剛不中，因與「六四」密比，不免有強暴霸佔的行為。大凡不正當的夫妻，其初當然親暱異常，久而久之，婦方恃寵而驕，夫方因結合以不正，不能行使夫權，自將事事為妻所制。若感覺難堪，稍有違言，必至反目無疑。「輻」是車輻，乾圓，又健行，在下，輻象；變兌為毀折，脫輻象。乾夫，巽妻，上互離目，下互兌為

口舌，上下互合為睽（☲），反目象。「說」讀作脫。

《象》曰：夫妻反目，不能正室也。

「三」「四」因密比而苟合，己身既不正，哪能正其室呢？

六四。有孚，血去，惕出，無咎。

「四」以一陰欲畜眾陽，以臣子而欲諫阻君上的欲念，惟恐不免如龍逢比干，演出流血的慘劇。不然，也必日夜憂惕，時慮咎戾集於一身。而「六四」偏能使流血慘劇脫去而無害，就是憂懼咎戾，也能除出而歸於無有。這個好處，是在「六四」能以至誠與「九五」相感，陰陽密比上下孚，不詐不欺，才得有此美滿的結果。

《象》曰：有孚惕出，上合志也。

「四」既有孚，「五」就信任，上下志向相合，所以能「血去惕出」而「無咎」。但言「惕出」，便知「血去」，是舉輕見重的筆法。

九五。有孚攣如，富以其鄰。

「五」中正居尊位，能從「六四」的諫止。上下既相感而有孚，且以其富於誠信，不但自己能從諫而去非，且登高一呼，並能牽引眾陽，使其都能去非而從善。無「六四」的「有孚」，不能見良臣的忠愛。無「九五」的有孚，不能見明君的廣大。「攣如」作牽引。「富」作富於理想的富字。「鄰」指眾陽。

《象》曰：有孚攣如，不獨富也。

「不獨富」，是不但自己富於誠信，格去非心，且能牽引同類。「善與人同」，這便是明德新民的工夫。

上九。既雨既觸，尚德載。婦貞厲，月幾望，君子征凶。

「上九」畜極，是畜道已成，物極必反。從前不雨，今既沛然而雨了。從前尚往，今既不往而安處了，其所以能安處，終是一陰畜陽的效力，故其效力至大。然柔順是為婦德，臣畜君，其德固宜如此。然若日在君前，聒絮無已，不但無效，君上便要厭聞了。婦盛聒夫，月盛疑日，臣盛侵君，雖正也危。故曰「婦貞厲」。所說「月幾望」，是說為臣諫君，幸勿太過，如月將至於望。「君子征凶」，是說如可止而仍前進不已，就是君子也必至於凶。

《象》曰：既雨既處，德積載也；君子征凶，有所疑也。

「既雨既姓」，是以柔德感人，積久便載有此等效力。「君子征凶」，是當止而不止，君對臣此等行為，便將有所疑忌，又安得而不凶？

履卦

兌下乾上

以『六三』為成卦主

以『九五』為主卦主

　　履，作禮解，因著禮是人所踐履，須臾不可離的，故曰履。卦兌下乾上，天尊在上，澤卑在下。上下尊卑，分位秩然，故象履。《序卦》云：「物畜然後有禮，故受之以履。」是因為畜聚甚眾，若無上下尊卑的等級，那便凌亂無序了。履所以次小畜。

　　履虎尾，不咥人，亨。

　　人有禮、行遍天下而無阻。大凡有血氣的，皆有爭心。爭心是性質剛強所發見。而世上性質剛強的，以虎為最。然人若能順禮而行，怠慢的見了也要恭謹，悖逆的見了也要和順，爭競的見了也要遜讓，就算是身蹈虎尾，也可不至於噬人。不但不噬人，並可亨通而無礙。卦辭是極喻有禮的效力，乾三陽至剛，故象虎。兌在乾後，故象「履虎尾」。兌和悅梁順，故虎不噬人。咥（音碟）作噬解。

《象》曰：履，柔履剛也。

履以「六三」成卦。「三」下乘二陽，上承三陽。以一柔對於上下。一皆以和悅相周旋，無或失禮，而眾剛自不能以非禮相加。是本卦的好處，全在柔履剛，故鄭重其辭以聲明。

說而應乎乾，是以履虎尾不咥人，亨。

乾性剛猛，而兌以柔順剋抑其剛，以和悅緩和其猛，人能如此，自可處險不險。

剛中正，履帝位而不疚，光明也。

「九五」陽剛中正，身踐天位而無愧怍。光明正大，輝耀一世。《書》云：「心之憂危，若蹈虎尾。」心危然後位安，確為至理。下互離（☲），故光明。

《象》曰：上天下澤，履。君子以辨上下，定民志。

天高地下，高尊下卑，此天地間顯然有象的禮貌，君子取法。以天下的大禍，皆起於人欲，人欲最大的是臣簒君位、以下犯上。類似的事，不能盡述。救濟此弊，必須辨明上下的名分。上下的名分辨明，而後民志定，民志定而後天下安。天下安根本全在乎禮，禮是須臾不可離的。

初九。素履往，無咎。

《中庸》：「素儀而行。」便是「素履往」。「初九」陽剛在下，本無陰私，又上無正應，不至為外物所誘引，正是素位而行的。「素履」作安於現在的地位解。大舜「飯糗茹草，若將終身」；顏子陋巷簞瓢不改其樂。正是此爻身分，自無過咎可言。

《象》曰：素履之往，獨行願也。

素位而行，獨行已願。《詩》云：「無然畔援，無然歆羨。」便是獨行已願，不願乎外。

九二。履道坦坦，幽人貞吉。

「坦」是平坦。「履道坦坦」，是從變震（☳）為足，為大塗、取象。「幽」對明說，「二」人位，在互離（☲）以下，故曰「幽人」「二」剛而得中，可以出為世用，而仍固守山林。幽獨的節操，可謂能貞正而不為外物所擾了，其吉是當然的。

《象》曰：幽人貞吉，中不自亂也。

外物擾人，由於中心自擾。因為「中不自亂」，所以「幽人貞吉」。若中自擾亂，此為庸人，斷非幽人。

六三。眇能視，跛能履。履虎尾，咥人，凶。武人為于大君。

「武人為于大君」，作為「六三」下的第一句，係倒裝文法，較為顯明易解。「眇」，是目有疾。「跛」，是足偏廢。「武人」作人好武斷解。「三」為成卦的主體，因其主事，故曰「大君」。「三」以陰居陽，是以陰險的性情，好為剛強武斷的主張，不中不正，一味胡鬧，就如目眇，自謂能視；足跛，自謂能履，毫無穩健計劃。毫無穩健計劃，胡亂走人險地，一定是要受仿（妨）害的。故曰「履虎尾，咥人，凶」。此爻是全因無禮，故其結果與卦辭相反。

《象》曰：眇能視，不足以有明也；跛能履，不足以與行也；咥人之凶，位不當也；武人為于大君，志剛也。

「目眇」、「足跛」，就是視履尚且勉強，哪能說到目能明、足能行呢？其凶險皆以其所處不中正而來。才弱志剛，履皆非禮，主張武斷，無好結果，是當然的。

九四。履虎尾，愬愬，終吉。

四多懼，上承剛明的大君，也像「履虎尾」。然能日夜畏懼，非禮不履，終能得吉。「愬愬」，就是畏懼。三、四兩爻的分辨，『三』，柔暗而剛猛，不安本分，所以招禍而凶；「四」剛明而恐懼，不敢妄行，所以免禍而吉，立身行事，實堪取法。

《象》曰：愬愬終吉，志行也。

能栗栗危懼，其志才可以行。稍肆而禍且及身，無論何等志願，哪能行呢？《繫辭傳》云：「危者始平。」此爻近是。

九五。夬履，貞厲。

「夬」作「決」字解釋。五陽剛，乾體，居尊位。剛決行事，本是正道，然或剛決太過，獨斷獨行，雖係正道，也很危厲。若虞舜征有苗而班師，漢武伐匈奴而棄輪臺（地名），都是慮有危險，不敢過恃其剛強。故聖人對於陽剛中正的「九五」，尚如此忠告。

《象》曰：夬履貞厲，位正當也。

「九五」陽剛中正而居尊位，故曰「位正當」。「位正當」，還慮其剛決太過（剛復自用）。雖正也危，周、孔兩聖人

誨人周密如此。

上九。視履考祥，其旋元吉。

「上九」履道已成，回視自己以先履行的事，考察能不能獲
得吉祥的結果。這是自省的功夫。大凡履行的事，於禮上說，不
外乎周旋、折旋，若考察都能夠中矩中規，便能無吉。周旋、折
旋的解釋，如君臣的名分，截然不可犯，是以義合，便為折旋。
折旋是方形的，故謂折旋中矩。如父子的情分，怡然不可懈，是
以天合，便為周旋，周旋是圓形的，故謂周旋中規。禮雖有三百
三千，不過折旋、周旋兩事。「其旋」，皆能中矩中規，是所履
的一歸至善，吉事有祥，是當然的。

《象》曰：元吉在上，大有慶也。

履道的結果，至「上九」而得元吉。非禮弗履，君民上下，
一致安寧，吉慶無有再大於此的。

泰卦

乾下坤上
以『九二』『六五』為卦主

　　泰《序卦》：「履而泰然后安，故受之以泰。」泰所以次履。泰的事項很多，天地相交，萬物亨通，是天地一方面的泰；君子道長，小人道消，是人事一方面的泰；小往大來，內陽外陰，是卦象一方面的泰。故名為泰。

泰。小往大來，吉，亨。

　　小，陰。大，陽。從內向外為「往」，從外向內為「來」。泰為至治的景象，自有天地以來，非一聖人的力量所能至此。乾、坤為天地的太初，屯、蒙為人物的太初；有人物非有養不能生活，故需繼以為養；養是生物的本原，也是競爭的禍根，爭端一起，小而訴訟，大而戰鬥；師以除惡，比以附善；畜以生聚，履以定禮；而後至於泰，是斷非一手一足所能做到的。過此泰而否（☷☰），否而泰，一治一亂，那就紛紜變化，一世不如一世了。以上為由乾、坤至本卦序次的大體，然否、泰的美係也無他故，不過陰陽、邪正、大小消長罷了。

《彖》曰：泰，小往大來，吉亨，則是天地交而萬物通也，上下交而其志同也。內陽而外陰，內健而外順。內君子而外小人，君子道長，小人道消也。

天地的形不可交而氣可交，氣交是萬物都能通暢了。上下的分不可交而心可交，心交是君臣的志向相同了。陰陽是從氣上說，健順是從德上說，君子、小人是從類上說，內外是解釋往來，陰陽、健順、君子、小人是解釋大小。舜舉皋陶，陽舉伊尹，便是君子道長。「不仁者遠」，便是小人道消。

《象》曰：天地交，泰。后以裁成天地之道，輔相天地之宜，以左右民。

天地交而陰陽和，萬物自必茂盛，故泰。「后」，是指古聖王。裁，是剪開。成，是成貫。輔相，是佐理。左右也與輔相義同，作佐佑兩字讀。天下大化，本是一氣籠統連續下來的，人君體會天地的變化、寒暑的往來，把天地一周的氣化，裁為春夏秋冬四時，就以一周的四時，成為一年。這便是「裁成天地之道」。又察看天地各有所宜，如春生、秋殺；自然的運用，高岡、下窪。自然的地勢使人當春耕種，占秋收斂。高地種穀麥，窪地種稻粱。這便是「輔相天地之宜」。以此左右人民，天地間便無一物不適其宜，無一人不得其所，泰和氣象，能不爛然？

初九。拔茅茹，以其彙，征吉。

一茅拔，眾根隨；一才舉，群賢歸。「初」以一陽在下，為「四」所拔擢而進用，其同類遂相偕而出。是如堯舉一舜，從而得八凱、八元。遭逢盛世，賢士同登，吉道莫大於此。「茹」是草根，「彙」是同類，「征」是進行。初爻變巽（☴）木，白而

柔，故象茅。在下，故曰「茹」。三陽同類，故曰「彙」。陽主進，故曰「征」。

《象》曰：拔茅征吉，志在外也。

君子志在天下不在一身，故曰「志在外」。

九二。包荒，用馮河，不遐遺。朋亡，得尚于中行。

「二」，陽剛得中，上應「九五」。「五」，柔順得中，下應「九二」。正所謂上下交而志同，致泰以二、五為主，「五」專任「二」。「二」為大臣，其致泰的法子，有大綱一，有細目三。其大綱為「包荒」。「包荒」是度量寬宏，無論何事，都能包容。其三目：一是用人不責以全才，如有馮河的勇氣，也就因材而使用；一是賢人如在遐方異地，只要知道，即便引用絕不遺忘；一是用人概秉大公，惟賢是取，決無朋黨的私見。「九二」能如此主其一而行其三，此其所以能合於大中，而成吉亨泰平的至治（最好的治理）。「馮」即憑字。「遐」是遠。「亡」是無。「尚」作配合解。

《象》曰：包荒得尚于中行，以光大也。

能握得包荒（包容）的大綱，以行其細目，自然光明正大，上下一心。堯舜時代，野無遺賢，有此光景。

九三。無平不陂，無往不復。艱貞無咎，勿恤其孚，于食有福。

「三」居泰中，在諸陽上，是已到了極盛的時候。物理如循環，勿謂時已泰平，稍一含糊，險象就要見了。勿謂小人已往，

稍不防範，其回來也很容易。世無有久泰而不否的，若在泰時，君臣知艱而守正。如周公作《無逸》一篇，以戒成王勿安逸而放誕，不至稍有咎戾，便不用憂恤。相信於前途的修養生聚，也就可以保持得住，長享福利而永無窮期。「陂」是坎坷。

《象》曰：無往不復，天地際也。

陰陽往來，在「六四」、「九三」的中間。天地相交，正當此際。陽雖降下，必須復上。陰星升上，必須反下。屈伸往來的常理，便是世界否、泰的關頭。開元末，天寶初，正是泰「九三」。

六四。翩翩，不富，以其鄰，不戒以孚。

「翩翩」鳥疾飛像。「戒」是告戒。「不富」是誌虛不自滿的意思。卦下三陽，是都能以剛直同心，連類事上的。「四」在上卦以下，上三陽，是都能以謙虛同心連類接下的。「四」當上下連屬的地方，翩然下就，虛心接納。而上二爻，與彼同類，近為比鄰，也就合他作一致行功，故曰「翩翩不富，以其鄰」。不用告戒，自然相從。故曰「不戒以孚」。此爻不說吉凶，是因陽方向內，其勢雖微，總是小人漸次復來，當然不可說吉。然上有柔而得中的大君，與「九二」上下交而志同，世道也未見得遽壞，此時也未為凶，所以不言吉凶。

《象》曰：翩翩不富，皆失實也；不戒以孚，中心願也。

「四」「五」都虛中下交，便是好賢而忘勢。即曾子所悅「有若無，實若虛」，故曰「皆失實」。誠心下交，不待告戒，就得同意，故曰「中心願」。

六五。帝乙歸妹，以祉元吉。

「六五」柔順而居尊位，下應「九二」剛明的賢人，至誠信任，順而無違。如帝女下嫁，降尊紆貴，忘己勢而從其夫。家門和盛，多受臨祉，可謂大吉。考帝女下嫁的禮制，至湯始備。湯嫁妹有辭，曰：「無以天子之富而驕諸侯。陰從陽，女順夫。天下大義，往事爾夫，必以禮義。」湯稱天乙，嫁妹事確有可考，因其為帝，此故稱帝乙。《書經‧多士篇》所說的「帝乙」，與此不同。

《象》曰：以祉元吉，中以行願也。

「六五」以柔中的大君，下從「九二」剛中的大臣，上下執中而行，各如所願，正是「上下交而志同」。

上六。城復于隍，勿用師，自邑告命，貞吝。

「隍」是城壕。掘壕成城，就如治國去否成泰。「上六」泰運已終，否運將至，也如城倒歸壕一般。此時人心不定，維持現狀要緊。雖然兆頭不好，總還未離乎泰而改為否。當此千鈞一髮的時候，若是自己亂了腳步，就要興師動眾，引起大亂來，那就不可收拾了。此時只可沉住氣，暗地裡向自己最親密的邑人，諄諄告命，教他們知道物極將反，平陂城隍，大難將至，預加防範。辦事一出艱貞，如此雖不免小有疵吝，終不至亡國敗家，再能握薪嘗膽，勤求治理，苦心天必不負，到極盛將衰的時候，因時制宜的法子，只好如此。「邑人」，是近人，從坤取象。

《象》曰：城復于隍，其命亂也。

「亂」作武王有「亂臣十人」的亂字解。「命」是浩命的命，是命近人同心治亂，希望暫時維持現狀，再圖徐徐轉圜。

否卦

坤下乾上

以『六二』『九五』為卦主

否《序卦》：「泰者，通也。物不可以終通，故受之以否。」物理循環，泰極必否，所以次泰。卦天上地下，天地二代不交不通。卦象卦義，都與泰反，所以為否。

否之匪人，不利君子貞，大往小來。

「匪人」是言非正經人。「不利君子貞」，是言奸邪以正道為不利於己，遂當作寇讎。如商紂囚文（周文王）、桓魋害孔（孔子），必欲拔去其眼中釘而後快。君子見機而作，攜手同去；小人無所忌憚，結夥而來。世道如此，安得不否？

《彖》曰：否之匪人，不利君子貞，大往小來，則是天地不交而萬物不通也，上下不交而天下無邦也。內陰而外陽，內柔而外剛，內小人而外君子，小人道長，君子道消也。

《雜卦傳》云：「否泰，反其類也。」故否卦《彖傳》都與泰反。天下無邦，便是國無政府。

《象》曰：天地不交，否。君子以儉德辟難，不可榮以祿。

天地不交，世已閉塞，可謂否極。君子處於此時，惟宜設法避難。避難的法子，最要緊的是用儉德。儉德不一，儉其身，儉其行，儉其言論，並儉其聞望，儉至無可再儉的地步，才能避天下不易避的大難。然如此避難，還怕有來以利祿相引誘的，《論語》云：「邦無道，富且貴焉，恥也。」君子心堅如石，無論榮以何等爵祿，欲動其心而使其歆羨，是絕對不可的。

初六。拔茅茹以其彙，貞吉，亨。

泰與否都取茅象，是因群陽群陰，都在下卦，有牽連的形勢。故爻辭大致相同。然本卦以內小人、外君子為致否的原因，此爻在內卦偏為君子的作用，這不是自相矛盾嗎？《繫辭傳》云：「易道屢遷，變動不居，不可為典要，唯變所適。」此種地方是不可拘泥的。當否時，在下的為君子，否三陰上都有應；然在否時，上下不交不通，故不取相應的常法。「初六」陰柔性退，是能與其同類貞固自守，不妄思攀援前進，正是處否的吉道。蓋泰初是欲引其類以有為，故以征進為吉。否初是欲引其類以退避，才能保其身而無礙，故以貞為吉而亨。

《象》曰：拔茅貞吉，志在君也。

處亂世貞固自守，仍是待時的主義。待時用世，便是不忘其君。其志可嘉，故吉而亨。

六二。包承，小人吉，大人否，亨。

「六二」以陰柔的資質，居大臣的地位，下有群小奉為首領，如林甫包庇國忠、仙客；上對大君一意順承，如林甫媚事明

皇、貴妃。此時群小相慶，正是「小人吉」。若大人處於此時，惟道自守，獨善其身，道廢道行，一聽天命，遁世無悶，其身愈否，其道愈亨。

《象》曰：大人否亨，不亂群也。

大人如多寒的松柏，孤芳自賞，時愈否，人格愈顯。若腳步一亂，混入群小隊中，便非大人。

六三。包羞。

三陰將盡而逼於陽，小人的勢利已盈，而將窮了。陰窮促，必復進。若君子處於此等地位，便將見幾而作不至為人所逼，而小人偏戀戀富貴而不忍去，包羞忍恥，實屬難堪。

《象》曰：包羞，位不當也。

陰柔居陽位，陰盡而逼於陽，都可云位不當位。不當而不去，身便將危，包羞還是小事。

九四。有命，無咎，疇離祉。

「九四」當否運稍過的時候，以陽剛而居近臣的地位，是能奉命惟謹，剛柔相濟（陽居柔位），以治否的大君，同救否運。故不但一己無咎，凡同濟共事的並受福祉。大凡君子道行，利益是最能普及的。本爻變巽（☴）為命令，故言命。命指「九五」言。「有命」是言「九四」受命以後，心中常有其命令不敢忽略；且近君，居在多懼的（《繫辭傳》云「四多懼」）地方，容易得咎。今變巽，性柔順，既能遵從陽剛中正「九五」的命令，同心濟否，自能作到，故得無咎。「疇」是眾，指同類三陽說。

「離」讀去，作附麗解。「祉」是福祉。

《象》曰：有命無咎，志行也。

遵奉君命，同舟共濟，否運將過，志已大行，福澤同沾，哪得有咎？

九五。休否，大人吉。其亡其亡，繫于苞桑。

人依木歇息為休，上互巽木，為「五」所依，休象。巽為陰木，性柔，桑象；又為繩，繫象。「五」陽剛中正，居在尊位。大人當國，德位相移，所以能安天下，而使否運休止，漸至泰平。雖然，此時還未免有憂，憂什麼呢？憂的是否雖已休，而上下若不知儆戒，恐仍不免於危亡。必勿恃否運已休，必勿恃休否而吉，時時勿忘有危亡的否運。休否以後，必如此。國家的命脈，那就如繫於苞桑的堅固了。不然，如梁武帝、唐莊宗，身得天下，身失天下。休否而後，是斷乎大意不得的。

《象》曰：大人之吉，位正當也。

有大人的才德，居至尊的正位，故能休天下的否運。若無位，雖才能治否，也是不能施展，故於休否的大人，曰「位正當」。

上九。傾否，先否后喜。

否到極處，是否道已終，故曰「傾否」。「傾否」，是傾去其否，如穢物存於一器，把它倒出去一般。「上九」剛陽也是佐理「九五」治否的，治否責任重大，當否未傾，先以否為憂。已傾而後，事已通泰，才有喜心。先否後喜，就是「先天下之憂而

憂，後天下之樂而樂」，君有「其亡其亡」的儆戒心，臣有「先否後喜」的責任心，國家的否運，斷不至長有了。

《象》曰：否終則傾，何可長也。

天運循環，否終必傾。然理雖如此，也必有剛陽的才略，才能作到。所以否的「上九」，便能傾否；屯的「上六」，便不能變屯。可見，治亂興衰，不能只一味盡都說是天運，人事也是最要緊的。

同人卦

離下乾上

以『六二』『九五』為卦主

　　同人，乾上離下。按二象說，上卦天，是在上的；下卦火，也是向上，是上下性同。按二體說，「五」陽居君位，既中且正，為乾卦主；「二」陰居臣位，也中且正，為離卦主；陰陽正應，是上下心同。他卦也有一陰的，獨這一卦「二」、「五」相應。天火相同。其相親相近，正大光明，故為同人。《序卦》：「物不可以終否，故受之以同人。」是因世道否壞，必群策群力，團結一致，同心共濟，才可挽救。「同人」所以次「否」。

同人于野，亨。利涉大川，利君子貞。

　　「野」，是遠大的地方。「同人于野」是結合同人，宜本大同主義，向遠大處作去，才能亨通。「利涉大川」，是言同人要有縱橫千萬里、上下千百年的那種作用，無論有甚麼危險，無有過不去的。「利君子貞」，就是同人奏合到一處，所主張的都純正而堅實，自然就可以作遠大的事業，就算前途有些危險，也可平安過去。若同人具有朋黨的行為，門戶的私見，那就要為害於社會了，所以「利君子貞」。

《象》曰：同人，柔得位得中而應乎乾，曰同人。

「六二」以陰居陽，故曰「得位」；居下卦中，故曰「得中」；「二」與「五」相應，故曰「應乾」。上下相應，其同至大而公，故為「同人」。《彖傳》取象天火，《象傳》專指「六二」說。

同人曰：同人于野，亨，利涉大川，乾行也。文明以健，中正而應，君子正也，唯君子為能通天下之志。

結合援引，遠大無私；遇有險難，同心共濟。以乾有天德，故有此行為。按二體說，離文明，乾剛健，「二」「五」兩主體，皆大中至正，互相援應，無半點邪曲（不正），非君子無此光明正大的態度。然天下人雖有萬樣，而公正的心理，無人不有。既以正感正，更以正化邪，人同，志即能同，行遍天下，唯君子為能無往而不通。

《象》曰：天與火，同人。君子以類族辨物。

不言「天下有火」，也不言「火在天下」，而曰「天與火」，是因天在上，火性炎上，其性相同，故為同人。天下各類各族，有不能強同的，如君子、小人的黨派，善惡、邪正的人性，蠻貊、夷狄的情狀，飛潛、動植的區別。事事物物，各有各類各族的原理，雖千頭萬緒都粲然可辨。君子既明其原理，便以大同主義，該感的感，該化的化；類族雖各不同，結果同歸於正，雖異也同，此所以為大同。

初九。同人于門，無咎。

「初九」剛正在下，上無立援，心無繫戀，出門同人，海闊

天空，光明正大，自然可以無咎。

《象》曰：出門同人，又誰咎也？

「出門同人」，天地四方，毫無隔膜，又誰能說他有咎呢？

六二。同人于宗，吝。

「宗」作黨解。《象傳》說：「柔得位得中而應乎乾，曰同人。」「二」「五」為卦主，本無吝道，此何以說吝呢？蓋《象傳》是就一卦的全體上說，此是單就一爻說。同人道貴廣遠，今「二」「五」相同，互相援應，此兩爻相同的行為，未免太形狹窄，合「同人于野」的原理太相反了，所以為吝。

《象》曰：同人于宗，吝道也。

同人一卦，「二」「五」陰陽中正，又為正應，他卦如此皆吉。此卦「同人於野」是廣義的，所以為亨。然而「同人于宗」便為狹義了，所以為吝。

九三。伏戎于莽，升其高陵，三歲不興。

「三」以陽居陽而不中，是剛暴而有偏私的。在同人卦只一陰，眾陽都欲合他相同；但「三」與密比，欲獨奪為己有。然「二」中正自守，上立「九五」，「三」雖強欲攘奪，自知無理，不敢公然行搶；但伏藏兵戎於草莽，待時作亂，究竟賊人膽虛，所以常上在高處望望，縮頭縮腦，如此三年，終久不敢舉行。此爻將小人的情形，活畫出來，應以凶斷。因其奸惡未敢實行動作，所以未至於凶。

《象》曰：伏戎于莽，敵剛也；三歲不興，安行也。

「九三」為欲霸佔「六二」，與「九五」為敵；又明知「九五」陽剛中正，萬敵不過，故畏懼伏藏，不敢舉事。然也不肯歇心，如此遲延三年，仍是不敢發作。所以聖人告他說，爾已經胡鬧了許久，應該歇手，勿再妄動。爾的強暴行為，又安能行得下去呢？

九四。乘其墉，弗克攻，吉。

「墉」是牆垣。離中虛，外圍，互巽為高，墉象。「三」為「六二」的墉，「四」在「三」上，故說「乘」。又變巽為不果，「弗克攻」象，四不中不正，也欲強合「六二」相同。然被「三」阻隔，「三」好像「二」的牆垣，為「二」的屏障。「四」又在「三」上，所以有乘墉攻「二」的勢子。然以剛居柔，又思「二」為「五」的正應，又何能攻呢？臨時覺悟，改過不藺，故不失為吉道。因「三」與「四」都有爭奪的行為，所以此兩爻不言「同人」。

《象》曰：乘其墉，義弗克也；其吉，則困而反則也。

「四」剛暴，本欲攻「二」，因居柔不敢強橫到底，一看環境，舉事不合大義，義弗能攻，遂自反而合於法則。呈人喜人改過，故許以吉。

九五。同人，先號咷而後笑，大師克相遇。

「九五」變離為火，火無定休，哭笑不常象。「九五」與「六二」中正相應，本是同心，但為「三」「四」強暴而隔斷，不能遽然相同，此時不免憤忿，甚至號咷。又思邪終不能敵正，

雖暫隔離，久必能合，所以後復自笑。蓋「九五」為君，「三」「四」為臣，君臣名分很重，臣為君梗，是為大逆。逆臣為梗，自宜興師除逆去梗，得與「六二」相遇合，才為正辦。若但號咷，大君的威嚴便失了，必興師把反對派剋掉。明君賢臣，際遇無阻，故曰「大師克相遇」，後笑正為此。

《象》曰：同人之先，以中直也；大師相遇，言相克也。

先所以號咷的，是因著自己中誠理直。偏有人無故的搗亂，不免憤怒而號咷。然搗亂的甚強而難制，必用大師才能把醜類剪除。不然，為其所隔，明君賢臣，那便堆以相遇了。

上九。同人于郊，無悔。

「上」，無所繫應，而「同人于郊」，也算不近，似乎無私了。然終未若於野，故不能亨，僅可「無悔」。綜玩全卦，于野亨，于門無咎，于宗吝，于郊無悔。「三」「四」兩爻因不中正，未免橫生枝節。「四」雖吉，也非本卦的正義。總而言之，一卦六爻，都未能與「同人于野」的卦義相合。成卦的好處，也未有一爻，能發揮得出來。這種特別的情形，全部中只此一卦。

《象》曰：同人于郊，志未得也。

同人僅于郊，而未能于野，便不能通天下之志，故曰「志未得」。

大有卦

乾下離上

以『六五』為卦主

大有《序卦》：「與人同者，物必歸焉，故受之以大有。」卦一陰居尊位，上下眾陽，當然都願與相親比，是各爻都為「六五」所有，如此同來歸依，所以為大有。大有所以次同人。

大有。無亨。

陽大陰小，此卦一陰居君位，而為眾陽所歸，是所有的甚大，本不是陰柔所能有的，然以「六五」謙虛不自尊大，眾陽才能樂為所有。並以此又居離卦的中位，體明心虛，故能元亨。

《彖》曰：大有，柔得尊位大中，而上下應之，曰大有。

「五」以陰柔居尊位，大而合中，上下眾陽都相順立，有「萬物皆備於我」的氣概，所以為大有。

其德健而文明，應乎天而時行，是以元亨。

剛健是乾德文明，是離德。「二」為乾的主體，「六五」與為正應，所以說「應乎天」。能與乾天為一致的行動，所以說

「應乎天而時行」。「是以元亨」，是言有以上的卦德，便為致元亨的原因。

《象》曰：火在天上，大有。君子以遏惡揚善，順天休命。

火高在天上，日光炳耀，萬物皆為其灼見。君子觀其明無不照，能如此善惡都能洞鑒無遺。惡的設法制裁，善的隨時提拔。大凡人性都由天命，有善而無懲，遏惡揚善，正所以順天命。揚那美滿的天工，無有犯上作亂的，自然就可以長保我四海富有，而永迓天休（永遠迎接上天的賜福）了。

初九。無交害，匪咎，艱則無咎。

大有在「初」，還未甚盛，且地位卑下，無有正應，是合人無交，無交自能無害。「匪咎」，就是說一人平平常常，安居獨處，哪能有咎呢？「艱則無咎」，是言人初富有，便易有咎。若在初發的時候，常念創業艱難，不驕不奢，那便終久可以無咎了。

《象》曰：大有初九，無交害也。

「無交害」，是以「九」居「初」，上無正應，初心未變，既無交，故也無害。

九二。大車以載，有攸往，無咎。

「九二」陽剛居中，合「六五」為正應，這是賢人為上位所倚重的。「二」為乾主，既能剛健；居在陰柔位，又能賺虛；且更得中道，而毫不偏倚。德能如此，所以能擔大有的重任，如大車載重物，行遠道，舉重若輕，不疲不敗，是無過咎可指謫的。

《象》曰：大車以載，積中不敗也。

「二」能任重致遠，無論何等重大的任務，堆積在他一人身上，都能擔當得起。舉重若輕，次不至於敗事。不然，以車說，不足為大車；以人說，不足為長才。

九三。公用亨于天子，小人弗克。

「三」居下體以上，在下而居上，是封疆大吏象。《詩》云：「普天之下，莫非王土。率土之濱，莫非王臣。」是凡土地人民，大吏所富有的，都應供給天子享用，一切都不敢自私自利。這是人臣的常道。小人便不能如此，把所有的都歸自己享受，故曰「小人弗克」。

《象》曰：公用亨于天子，小人害也。

公家所有，都用以亨於天子。如諸侯教民，就用為天子的干城；理財，就備作天子的征取。小人不知奉上的大節，以國內所有的都歸自有，往往看著民眾財豐，反要仗恃富強，謀為不軌。小人大有，便要生禍，禍人便是禍己。是大有不但非福，轉把小人害了。廣故謂：「愚而多財，則益其過。」孔子墮三都以此。

九四。匪其彭，無咎。

「彭」，作盛而多解。「九四」已到上卦，是大有已很盛了，過盛就要發生變故。然「四」以剛處柔，是能有若無，實若虛，不恃富有而驕傲，深合持盈保泰的正道，故曰「匪其彭，無咎」。

《象》曰：匪其彭，無咎，明辨晢也。

人有過失，全在見事不明，「四」「匪其彭」，是指在極盛大的時候，也不以自己的盛大而居心自滿，不仗恃、不炫耀故得無咎。「晢」比「明」更深入，有逐條逐件都能更深入明白之意。

六五。厥孚交如，威如，吉。

「六五」當大有盛治的時候，明君在上，執中用柔，虛心接下，而眾志也無不悅從。上下交孚，一出至誠，故曰「厥孚交如」，然柔居尊位，時當大有，人心安易，若一味專尚柔順，恐怠慢心生。大有的現狀，便要難以保持，故又必須「威如」，上下都知畏威而圖振作，才可以保長治久安而完全得吉。

《象》曰：厥孚交如，信以發志也；威如之吉，易而無備也。

此言以一人的誠信，足以發起上下的心志而固結莫解。柔而無威，人將輕易相視，無畏懼戒備的心，那還能夠保持治安麼？故必須「威如」，才能得吉。

上九。自天佑之，吉無不利。

《繫辭上》說：「佑者，助也。天之所助者，順也。人之所助者，信也。履信思乎順，又以尚賢也。」一節，便是此爻的解釋。所說的「履信」就是「六五」的「厥孚交如」；「思順」就是「上九」居尊用柔；「尚賢」就是「六五」對於「上九」，能承接他。「五」有以上各種好處，所以能得天佑，吉無不利。然此既說為「六五」有，何以在「上九」爻內發明此辭呢？是因大

有的吉道，於此觀止，好像作文章的末尾，總結一筆。孔聖人說大有上吉，就是說人能處大有而不自恃為有，此是大有全卦的吉道，此辭不止屬於「上九」一爻。

《象》曰：大有上吉，自天佑也。

「善則歸君。」所以聖人不說「上九上吉」，而說「大有上吉」。大有以「六五」為卦主，說大有便是指「六五」。「六五」為君，說「大有上吉」，便是善則歸君。

謙卦

艮下坤上
以『九三』為卦主

謙艮下坤，上山至高，今居在地下，是謙象。艮止在內卦，止於內而不肯顯露；坤順在外卦，順乎外而卑以下人，是謙義。《序卦》：「有大者，不可以盈，故受之以謙。」是因所有既大，深恐盈滿為災，所以必須謙虛，才能保持長久。謙故次大有。

謙。亨，君子有終。

人能讓遜自處，便無往而不亨通。「君子有終」，是君子以謙退為志。明理達道，能樂天而知足知止；淡泊寧靜，能退讓而不伐不矜。自卑而人益尊，自晦而德益顯，終身不改，非君子更無此恒心。

《彖》曰：謙亨，天道下濟而光明，地道卑而上行。

陽為天道，本應在上，今一陽而居下卦，是「下濟而光明」。地道勢卑，今升居於上，是「卑而上行」。「濟」「卑」是解「謙」字。「光明」「上行」是解「亨」字。「濟」作交際

的「際」字解。

天道虧盈而益謙，地道變盈而流謙，鬼神害盈而福謙，人道惡盈而好謙。謙尊而光，而不可踰，君子之終也。

按天運說，盈的必虧，謙就受益，如日月、陰陽是也。按地勢說，盈滿的就要塌陷而變遷，卑下的就因流積而增填，如陵谷、高下是也。按鬼神感召說，盈的便加以害，謙的便加以福。按人情向背說，盈的群相恨惡，謙的群相喜好。謙是人的美德，極尊貴而光昱。自處愈卑，其德愈高，以此始，以此終，君子的立身如此。

《象》曰：地中有山，謙。君子以裒多益寡，稱物平施。

地體卑下，以高山而在地中，是外觀卑下，高大內含，故為謙。君子觀高的降下，卑的上升。這是損過而益不及。效法這一卦的作用，見有高的就裒去一點，寡的就增益一點。稱物量的多寡，施以均平的處理，謙卦的精義斯得。「裒」作「減」字解。

初六。謙謙君子，用涉大川，吉。

初以柔居下，是謙而又謙的君子。人涉水，貴退後，不貴爭先。若爭先，一或不慎，便將擠落水中。所以涉水宜用謙道。「初六」的秉性，就甘居人後，用此道以涉大川，自然萬無一失，其吉無疑。

《象》曰：謙謙君子，卑以自牧也。

「牧」作養字解。自己修養愈謙卑，其德愈高。君子養德，故以此為基礎。

六二。鳴謙，貞吉。

「二」柔順中正，謙德蘊蓄於中，聲名遠聞於外，安得不吉。「鳴」是聲聞於外的意思，從互震（☳）為善鳴取義。

《象》曰：鳴謙貞吉，中心得也。

至誠充於內，遂發於聲而聞於外，中心不愧不作，無人而不自得。實至名歸，吉莫與比。

九三。勞謙，君子有終，吉。

「三」以剛德而居下體，為眾陽所歸，處當其位。又在下體以上，全體只此一陽，是上為人君所依重，下為人民所托命。有功勞而不自誇耀，故為「勞謙君子」。此如周公當年，上輔幼主，下輔萬邦，中率臣僚，外除奸邪，日夜勞心。對於延接賓客，處理政事，還「一沐三握髮，一飯三吐哺」，終日終年，不肯疏懈。所以後世稱為聖人。郭子儀功蓋天下而主不疑，全始全終，其得力也在此。

《象》曰：勞謙君子，萬民服也。

陽為民，卦只一陽，餘都是陰。「萬民」指眾明說。眾陰歸順一陽，故說「萬民服」。

六四。無不利，撝謙。

「四」居上體以下，柔而得正，上切近君位，下接有大勳勞、上親任、下歸依的功臣。「六四」處於其間，能恭順以事君上，能自卑以讓有功，自然無有不利。「四」的地位，很是難處，故必須施行謙道，才得有此良好的結果。「撝」即施行。

《象》曰：無不利，撝謙，不違則也。

「無不利撝謙」，是行事動作都能合法，才能無有不利。

六五。不富以其鄰，利用侵伐，無不利。

以柔居尊，是在上而能讓的，位高金多，毫不自滿。有勢利的，能這祥以文德與鄰里相親洽，稍有知識的，自然都服從而可為用。故曰「不富以其鄰」。如有不歸服的，那就蠢頑極了。若仍欲以義德感化，過謙也不合禮。《論語》上說：「善人教民七年可以即戎。」有百感不化的，只得用我所可用的人民，肆行征伐。我的人民都樂為用，以順伐逆，當然無有不利。蓋謙道最利於用兵。兵驕必敗，是當然的。周公東征，當以此為實驗的戰略。爻辭是東征時所作，故於本卦略見一斑。

《象》曰：利用侵伐，征不服也。

可以去征服暴道之國，因為人民唾棄暴君，就會來歸順。

上六。鳴謙，利用行師，征邑國。

上六以柔居柔，柔順已極。又處在謙極的地方，是最能謙下的，如句踐事吳，所有嘗糞感恩等事，那便是「鳴謙」。以謙而得反國，以後一舉而滅吳。那便是利用謙道以行師而「征邑國」。老子云：「大國下小國，則取小國。小國下大國，則取大國。」以謙行軍，定可制勝，故周公兩言其利。

《象》曰：鳴謙，志未得也；可用行師，征邑國也。

謙極本願居下，今居上，故「志未得」。然謙道利於行師，故聖人許以「可用行師，征邑國」。

豫卦

坤下震上

以『九四』為卦主

豫《序卦》：「有大而能謙必豫，故受之以豫。」本卦係承接以上兩卦而為次。「豫」作悅樂解。大有且謙，自能豫悅。卦震上坤下，動無不順，故豫。「九四」一陽動而上下群陽都相順應，更豫。震雷坤地，陽氣突出地上，霹靂一聲，何等暢快，尤豫（特別高興）。

豫。利建侯行師。

「建侯」是用作保障。「行師」是維持治安。兩件大事，都能順天理，得人心。諸侯和洽，庶民服從，天下底豫，是斷乎無有不利的。

《彖》曰：豫，剛應而志行，順以動，豫。

「四」為群陽所應，故曰「剛應」。陽志上行，動而上下順從，其志遂可大行而無阻，故曰「志行」。坤順而震動，是順理而動，天子建萬國，聚大眾，若不順理而動，人心哪能樂從？故曰：「順以動豫」。

豫，順以動，故天地如之，而況建侯行師乎？

「順以動」是順著天理而行動，行所無事，無有成心。天地如之，是一言天的運行。地的長養，也是如此。建侯行師，還算是小事，哪能不利呢？

天地以順動，故日月不過，而四時不忒。聖人以順動，則刑罰清而民服。豫之時義大矣哉！

何以說天地如之？蓋天地不能以晝為夜，不能以寒為暑。晝夜準而寒暑時，萬古不差，那還不是順理以動麼？聖人效法天地，不怒而威，不言而信，刑罰廓清，萬民悅服。故聖人推言豫道等於天地，以見其大。

《象》曰：雷出地奮，豫。先王以作樂崇德，殷薦之上帝，以配祖考。

雷是陽氣奮發，陰陽相激薄而成聲，一動出地，通暢至極，所以為豫。先王從知順以動的是天理，出而奮的是天聲，作為樂章。以褒崇紀念一代的功德，而感召吉祥，更盛陳品物以供獻於上帝，而以祖考配饗。天地神人，無不豫悅。凡此也正是師其道，以建侯行師的大結果，才能有此功成作樂、天下底豫的真精神。「殷」作盛字解。

初六。鳴豫，凶。

「初六」陰柔居下，與「九四」為正應。「四」為卦主，「初」以不中不正的小人，為他所寵愛。小人處此境遇，如妾，如妾媵，如嬖人，獻媚取憐，自鳴得意，輕薄如此，安待不凶？

《象》曰：初六鳴豫，志窮凶也。

「志窮」是器小易盈，驕極滿極，其志窮極於一時。然樂極生悲，凶殃是在所難免的。

六二。介于石，不終日，貞吉。

卦只「六二」一爻，合中得正，又無正應。當著安樂的時候，上下都貪戀遊嬉。「二」獨以貞靜自守，其節操耿介，堅勁如石。一見嬉戲的兆頭不好，恐怕自己沉溺下去，立時就去掉這種惡習，一日也不肯敷衍而留連。如此能自立，能決斷，都合正道，安得不吉？

《象》曰：不終日貞吉，以中正也。

娛樂場合，最易溺人，「二」恐流連忘返，遂下決心，去若脫兔，其合中得正，實非他人所能。

六三。盱豫，悔，遲，有悔。

「盱」（音虛），張目上視象。「三」以陰居陽，不中不正，上近「九四」，以「四」為近臣當權，「三」張目上視，仰其鼻息，取憐獻媚，希得要人的寵幸，極一己的歡娛。此種行為，毫無價值，應該早自知悔，倘若遲了，是有過而不改，那就一定有悔。這是聖人給這等人指出一條遷善的路子，勸人速改過的意思。此爻的「盱」與二爻的「介」正相反；「遲」與「不終日」正相反。一中正，一不中正，相反如此。

《象》曰：盱豫有悔，位不當也。

「六三」不中正，故曰「位不當」。

九四。由豫，大有得；勿疑，朋盍簪。

豫以「九四」為主，是豫由「九四」而成，故曰「由豫」。「九四」主動，一動而眾陽以相從，得以大行其志，而使天下大悅。故為「大有得」。此時人既樂從，「四」開誠布公，不疑不忌。良朋聚合，如虞舜舉八元八凱，諸葛「開誠心，布公道」，招來群賢。上有柔順的大君，下有多助的良朋，其足以保持豫道，自無疑義。「盍」讀作合。「簪」用以聚友。「盍簪」作聚合解。

《象》曰：由豫，大有得，志大行也。

《彖傳》「剛應而志行」，就因「九四」立言。此言「志大行」，就如湯興治水的大役，伊尹任伐夏的重責，周公決東征的大計，皆是。

六五。貞疾，恒不死。

「六五」陰居尊位，當豫樂的時候，柔弱無主，便要沉溺下去了。自古人君亡國，大概都亡於宴安豫樂。孟子云：「死於安樂。」「六五」沉溺不返，本無生理。然孟子又云：「人則無法家拂士，國恒亡。」法家，是法度世臣。拂士，是輔弼賢士。豫卦的「九四」，便是法家拂士。「六五」身旁有此等良相，朝夕納誨，自不能為所欲為。雖也不免時尋娛樂，足以致疾。然以有人救正，也可不至於死。然「九四」既能正君，何以其效僅至於不死，不能去其疾呢？蓋以「六五」陰柔成性，不知自強。知自強才可以圖強，不知自強，待人救正的，可以免殃，即為幸事。此卦省豫時而不豫的，為中正自守的「六二」；當豫時而不能縱欲的，是有人救正的「六五」。故此兩爻都無「豫」字。

《象》曰：六五貞疾，乘剛也；恒不死，中未亡也。

因乘「九四」陽剛的大臣，日相救正。又因「五」居中位，雖以柔暗未能自守中道，而以有人救正，也教他與中道不至甚遠，是中道仍存。所以雖有疾而終不至於死。

上六。冥豫，成有渝，無咎。

「冥」是昏迷。「渝」是改變。「上六」以柔性，居豫極。昏迷於逸豫，其咎已成了，然結果而得無咎，其故在於能改。知逸豫長久便要壞事，遂幡然而改變，不至如下愚一成而不可移。豫而能改，便可以為殷太甲、為齊威王，無咎是當然的。

《象》曰：冥豫在上，何可長也？

窮歡極欲，一塌糊塗，此等光景哪能久長？快改變罷，能改變還可無咎。

隨卦

震下兌上

以『初九』『九五』為卦主

　　隨《序卦》：「豫必有隨，故受之以隨」凡豫樂事，大概人都願意隨合，隨所以次豫。卦兌上震下，震為雷，兌為澤，雷一動而雨澤降，故為隨。又震為長男，兌為少女，長男得少女，此動而彼悅，也為隨。又長男對少女，屈於其下，內媚的下夫，當然不在小處，倡隨甜密，無過於此，更為隨。

隨。元亨，利貞，無咎。

　　隨有大亨的道理，然利在貞正。隨而不正，過且不免，哪能大亨呢？此如人君聽從善言，臣下服從命令，士農工商服從規矩，都是隨的正道。可隨便，才能無咎。若不守正道，一概盲從，或詭隨，不但不能大亨，過也在所難免。

《彖》曰：隨，剛來而下柔，動而悅，隨。

　　剛壓迫柔便相離，柔壓迫剛便相爭，剛如甘下於柔，自然便相隨了。「初九」剛下於二、三兩爻，四、五剛下於「上九」一爻，三剛下於三柔，故成為震動而兌悅。

大亨貞，無咎，而天下隨時。

震陽卦，震動而無不出於正，所以能大通而無過，如此天下還有不服從的麼？

隨時之義大矣哉！

盲從不足言隨，詭隨不合正道。不盲從，不詭隨，其義極大，隨人也是不易的。

《象》曰：澤中有雷，隨；君子以嚮晦入宴息。

「嚮晦」即日落以後之象。兌正秋，雷收聲的時候。君子現象，而得靜息的旨趣。日入而息，夜不居外，君子能違而不隨麼？若有人說周公「夜以繼日」、孔子「終夜不寢」，那不是不對了麼？不知《易》言經常的動靜，是天道；聖人作遠大的事業，是人道。這是不能牽混的。

初九。官有渝，貞吉。出門交有功。

陽為陰主，故稱「官」。陽主而陰隨，是正道。今陽居在陰柔以下，便為變相。然當隨而隨，變不失正，故曰「官有渝，貞吉」。「渝」作變解。「出門交」謂震出而交兌，吾動而彼悅，故「有功」。

《象》曰：官有渝，從正吉也；出門交有功，不失也。

所主雖出權變，而所從的正，自能得吉。出門論交，牢守正道，以正從正，當然有功而無失。

六二。係小子，失丈夫。

「二」與「五」為正應，而與「初」最近。慮陰柔不能固守，所以戒備他說，若係戀小子，就要把丈夫失掉了。初陽在下為小子。「五」正應，在上為丈夫。「二」若與「初」發生戀愛，一定失了「九五」的正應。為小子而失丈夫，殊屬不值。然「二」有中正的德性，當然不至如此；而因著「二」性陰柔，恐怕隨隨和和，為人所誘，先為此警告。

《象》曰：係小子，弗兼與也。

凡人若親邪，正士便不逐而自去；親佞，賢人便不遠而自疏。邪佞賢正，萬不能兼容並與；擇善而從，是當先決。

六三。係丈夫，失小子。隨有求得，利居貞。

以「六三」視「二」、「四」「二」為小子，「四」為丈夫。「六三」捨「二」而從「四」，是不失其所隨。且「四」無正應，正苦寂寞，故有求而必得。求道得道，求仁得仁。貞固而不游疑，自處便無不利。像夷子捨墨翟而去見孟子，即如「六三」所隨，得而無失。

《象》曰：係丈夫，志舍下也。

「志舍下」，即言捨「二」而隨「四」。

九四。隨有獲，貞凶。有孚在道，以明，何咎？

能得天下人心，使天下人盡相隨而己，這是君道。為大臣的，若能如此得人，人君便要疑忌他或有謀為不軌的情事。「九四」身為大臣，日在君側，所以聖人說「隨有獲」，雖正也凶，

何況不正呢？

　　處此地位，必須有愛君的誠心，恪守臣道，再能明哲，才可以保其功名，而使人君不生疑忌。能如此，才能無過。伊尹、周公、諸葛、郭子儀都能有此見解，而得保全始終；如韓信、彭越等，不明易道，所以無好結果。

　　《象》曰：隨有獲，其義凶也；有孚在道，明功也。

　　處在近君的地位，而大得民心，雖自己問心無他，終難免人君的疑忌，其凶是在乎情理中的。「有孚在道」，非明白人不能，明便有，不明有過，聖人指示，何等親切！

　　九五。孚于嘉，吉。

　　「九五」為卦主，此剛健中正，「六二」柔順中正，君臣同德，上下相應，是能以至誠相隨，為極美善的結合。大舜捨己從人，漢高從諫轉圜，均為「孚于嘉」，故無往而不吉。

　　《象》曰：孚于嘉，吉，位正中也。

　　有中正的道德，處中正的地位，故「孚于嘉」而吉。

　　上六。拘繫之，乃從維之，王用亨于西山。

　　「上六」以柔順的美德，居隨極的地位，和悅而大得民心。至固結而不可解，無以為喻，可比作拘纏繫繞。如此尚嫌不足，在拘繫以後，又把他牢牢的捆縛，教他逃不能逃、脫不得脫似的。人心隨從的堅固，至於如此。昔太王居豳，狄人侵陵太甚，太王避難，遷居西岐山下；而豳地土人，扶老攜幼，遠道隨來。而周室就在這西岐享有帝王的基業，可算隨道到了極點，無以復

加了。故周公於隨「上六」繫以辭曰「王用亨於西山」（此處亨讀作享），然於其他卦爻屢有此等辭意，其不忘祖如此。

《象》曰：拘繫之，上窮也。

「窮」作極字解。「上六」居隨極的地位，纏繞固結，是隨已達極點，故云「上窮」。

蠱卦

巽下艮上

以『六五』為卦主

蠱《序卦》：「以喜隨人者必有事，故受之以蠱。」凡歡喜隨人的，一定因為有事。無事又喜甚麼，隨甚麼呢？所以接豫、隨兩卦而為次。卦艮上巽下，山下有風，遇山折回，所有山邊的產物，都被大風旋轉撓亂，必須整理。此是蠱象。又長女在少男以下，長女鼓惑甚工，少男心無定見，用情必亂，此是蠱義。按卦象說，是成蠱；按人事說，是治蠱。

蠱。元亨，利涉大川。先甲三日，后甲三日。

蠱，是由泰卦（☷☰）變來。泰「初九」上而為蠱的「上九」，泰「上六」下而為蠱的「初六」，故蠱也是泰極的壞處。陽上而不降，陰下而不升，上下的情，便兩隔而不通。巽順而不健，艮止而不行，上下的才，便兩弱而不振。天下事不通不振，安得不蠱？然既蠱而猶曰「元亨，利涉大川」，是何故呢？蓋英雄利用機會。如五胡後的唐高祖，五季末的宋太祖，在萬民蹈於水火的時候，就用他那治蠱的才略、冒險的精神，以濟大難而一舉即成大功，故曰「元亨，利涉大川」。然治蠱但恃武力也不能

成事，必須把其先所以致蠱的原因，以後入手治蠱的萬法，詳詳
細細的各研究三日，作大事總要慎始。「甲」，作始解。茲於事
先後已各研究三日之久，始事能如此其慎，又何蠱不能致大亨，
何大川不可利涉呢？

《彖》曰：蠱，剛上而柔下，巽而止，蠱。

艮與巽兩卦的主爻。一剛在上，一柔在下，上下氣即不通，
且巽無果決才，艮無進行心，都為成蠱的原因。

蠱，元亨，而天下治也。利涉大川，往有事也。先甲三日，
后甲三日，終則有始，天行也。

天下亂極必治，為一定的道理，是古今人所公認的。故曰
「蠱元亨，而天下治」。然不植不立，不振不起，故利於一往直
前。不生懼心，方可以濟大難而成大事，故曰「利涉大川，往有
事」。而作事的根本，全在乎始，始事的時候，必須將以先壞事
的原因，以後治蠱的手續，「先甲三日，後甲三日」，研究復研
究，決定萬全策略，節次進行，從此蠱將告終，治道開始，故曰
「終則有始」。此等一治一亂的成例，天運的流行，也是如此，
何況人事？

《象》曰：山下有風，蠱。君子以振民育德。

「山下有風」，萬物撓亂，斯為蠱象。君子當天下多事，壞
極待治的時候，必須大事整頓，才能由亂向治。然整頓，應該從
何處著手呢？最要緊的是在民一方面，必把民心振作起來，教他
知道往新的道上走，改為新生活。人民若都遵從，自將由散亂一
化為齊整，天下便要充滿了新氣象，治蠱的萬法，便有一半了。

然振民，欲民遵從，全在乎自己育德。自己無德，專責備民一方面，那民無有觀感，安能興起呢？所以君子先育己德，天下自將效法各育其德。此育德為革新的大本，自新新民，為治蠱無上的計劃。「振」是作而起；「育」是養而教。

初六。幹父之蠱，有子，考無咎，厲，終吉。

「初六」居雖在下，然陰居陽位，是才雖柔而志卻剛，在下居內而為主。是如蠱為其父所造成，賴其子設法整理似的。《書經》上說：「爾尚蓋前人之愆。」就是幹蠱有子，考便可以無過了。父設稱考。然「初」究因才柔，未免危厲；而有志竟成，蠱終能幹，故曰「厲終吉」。

《象》曰：幹父之蠱，意承考也。

子不得已而幹父蠱。「意承」是指順承父心。然其行為，絕不能順承父事。承父事何以除蠱？所以說「意承考」。

九二。幹母之蠱，不可貞。

「九二」上與「五」為正應，「六五」陰居尊位，故以母稱。而幹母蠱更為難事，必委婉勸諫。如《詩・凱風篇》云：「母氏聖善，我無令人。」立言何等婉轉，故曰「不可貞」。「不可貞」便是不可固執。「二」以陽居中，恐其中直太過，故以「不可貞」為戒。蓋以乾蠱若至於傷愛，也是絕對不可的。如周公輔成王，成王有過，公撻伯禽，委曲從權，也是此義。

《象》曰：幹母之蠱，得中道也。

「二」得中道而不過剛，是幹母蠱最好的辦法。過剛不婉，

便非幹母蠱的中道了。

九三。幹父之蠱，小有悔，無大咎。

幹蠱非剛不能作到，過剛又慮致禍；然既能作到，且不至有禍。「九三」有此能力，可也不甚容易。因「九三」以剛居剛，未免過剛。過剛，一見弊端，即欲立除淨盡。欲速不達，就不免「小有悔」了。然「九三」處在巽極的地位，以極順行其過剛，是作事既能順情順理，而魄力又極充足，所以終無大咎。張子房安太子，狄仁傑存唐嗣，便與此爻近似。

《象》曰：幹父之蠱，終無咎也。

剛斷能乾，正不失順，故終無咎。

六四。裕父之蠱，往，見吝。

「裕」是寬裕。剛強為乾，懈怠為裕。裕與乾正相反，以此行為，欲乾父蠱，徒取羞辱。大凡治蠱，如救人於水火中，含含糊糊的辦去，哪能不見羞吝呢？此爻以柔居柔，又當艮止，柔而鬆懈，故「往見吝」。

《象》曰：裕父之蠱，往未得也。

「往未得」，是欲去治蠱，未得相當的辦法，故一往徒見羞吝。「九三」太剛，失於過，故悔，知悔便能轉圜，故終無咎；「六四」太柔，失於不及，故吝。羞吝便近乎凶，故往未得。此兩爻比較看來，小悔有救，吝是萬不可見的。

六五。幹父之蠱，用譽。

「六五」以柔居尊，能繼父業，以成幹蠱的盛事，然「六五」本屬柔質，何以能如此幹蠱呢？是因「五」與「二」為正應，「二」為剛中的賢才，「五」能用此譽髦（譽髦即有名望的人）為輔相，所以便能勝任而偷快。宋仁宗本為庸主，因能用韓琦、范仲淹、富弼、歐陽修諸賢臣，遂成為明君，而天下以治。

《象》曰：幹父用譽，承以德也。

用賢臣，即賴其以賢德奉承幹事，「六五」得力在此。

上九。不事王侯，高尚其事。

明君賢相，治蠱告終，「上九」正是終結的時候，已無事可為了。如范蠡、張良時當有事，敢云「不事王侯」。事已終了，翩然「高尚其事」。昔日定籌策、謀國家的此人，今日遊五湖、從赤松的也是此人。「上九」一爻，當此弗愧。

《象》曰：不事王侯，志可則也。

「上九」以陽剛處在極高的地方，從前任事幹蠱，操異命的大權，是行所當行。今事已終結，法艮山的靜處，是止所當止。既非長沮、桀溺一流，更不至遭兔死狗烹的慘禍。凡人作事，必先立志，事既高尚，其志便可法而可則。

卷二·　上經

臨卦

兌下坤上

以『初九』『九二』為卦主

　　臨《序卦》：「有事而後可大，故受之以臨。」天道陰極生陽，本卦在下已生二陽，極盛大，此如時勢造英雄，大動大業，都是大亂所造成的，故為「有事而後可大」，臨所以次蠱。卦澤上有地，地便是岸，與水逼近，故為臨。臨民、臨事，都是此義。

臨。元亨利貞，至于八月有凶。

　　臨，有進而陵（凌）逼的意思。二陽漸長，進逼陰爻，故為臨。卦下悅上順，「九二」陽剛居中，上應「六五」，陰陽氣通，故大亨。然以上臨下，非正不足以為表率，故「利貞」。卦係繼復（䷗）而成，復一陽生，漸長，二陰生，便為臨，生生不已。陽窮上，陰反下，由復卦起，至與本卦相反的遯卦（䷠），二陰生於下，僅只經過八個月的時間，陽盛便吉，至陰盛便凶。聖人言「至於八月有凶」，也如坤「初六」「履霜堅冰至」，泰「九三」「無平不陂」的那種警告。

《彖》曰：臨，剛浸而長。

用卦體釋卦名。「浸」作漸解。

說而順，剛中而應。

卦象是愉悅順從，只要守住正道，就會有利。

大亨以正，天之道也。

和順剛中，正大無私，人事能如此，便大亨。而天道運行不息，也是和順剛中，由於正大。

至于八月有凶，消不久也。

這是聖人預先警告，使人知消長如循環，勿謂方長。轉眼到了八月，便要不長而消了。若能持盈保泰，勿滿勿驕，或可化凶為吉。

《象》曰：澤上有地，臨。君子以教思無窮，容保民無疆。

澤上有地，以地臨水，就是以上臨下象。澤潤萬物，有施而無竭。君子師其意，便設教而不倦。地載萬物，有容而無擇。君子師其意，便保民而無外。

初九。咸臨，貞吉。

君子求學，本欲有臨，雖在下位，臨事臨民，與大君臨天下，也同是一個臨。「初九」陽氣萬長，雖所處在下，而其剛正的志氣，已足以感動其正應近君的大臣。不用媒介而自合，不用求沽而自售，因正而得吉，是當然的。四皓（指商山四皓）從子房，近是；蔡邕扶董卓，反是。

《象》曰：咸臨貞吉，志行正也。

以「九」居初，當位而正。上應「六四」，也當位而正。陰陽均得其正，相應也正，志正、行正，安得不吉？

九二。咸臨，吉，無不利。

「咸臨」與「初」相同，所不同的，「九二」有剛中的特長，與「六五」柔中的大君為正應。故不但吉，且更無不利。

《象》曰：咸臨吉無不利，未順命也。

「未」作非字讀。「九二」與「五」相應，其臨下，是以自己的剛德中道，與所處地位上，應盡的職務。率同「初九」同心上進，以行素志，並非因順從在上的命令，才去作那照例的事。然在上的也聽其所為，給以全權，也不以無謂的命令，來牽掣他，所以得吉，而作事無不順利。

六三。甘臨，無攸利。既憂之，無咎。

剛浸而長，「三」以陰柔地位遷居二陽以上，日疑見逼，且無正當的應援；又在兌上，主悅，是以孤立為懼，而恃甜言諂容，以取悅於人。然當此世道萬興，此等小人狀態，斷然行不下去，故曰「甘臨，無攸利」。然此等人心思活動，一見己行不能見容於世，遂憂慮而不敢再萌故態。聖人最喜人能改過，故以其既知前行不善而以為憂，也可許其無咎。

《象》曰：甘臨，位不當也；既憂之，咎不長也。

「位不當」，是以「三」不中不正立言，因其能憂而改過，所以也不至長有過咎。

六四。至臨，無咎。

「初九」以剛居剛為至剛，「六四」以柔居柔為至柔，「六四」與「初九」為正應。此言「至臨」，是以己的至柔，臨「初」的至剛。以柔應剛，至誠相臨，如此好賢而援引，當然無咎。類師德薦狄仁傑，近是。若蕭嵩薦韓休，尚未足當此爻義。

《象》曰：至臨無咎，位當也。

以陰居陰故曰「位當」。

六五。知臨，大君之宜，吉。

「五」柔中，順體，居尊位，下應「九二」剛中的賢臣，是能倚任賢才，兼眾智以君臨天下的。蓋大君主天下事，若但恃一人的能力，當然有所遺漏。所以自作聰明的，其人斷不聰明，必如《虞書》所云：「辟四門，明四目，達四聰。」身不勞而周知天下事，斯為智臨，斯為大君所最宜，而最為吉道。

《象》曰：大君之宜，行中之謂也。

所行合中，便是大君所宜。

上六。敦臨，吉，無咎。

「六」居臨上，本是坤體，又變艮土，性極敦厚，厚德樂善，當陽剛漸長的時候，「上六」雖屬無位，也欲賢人臨民，懇切期望成為至治。「吉，無咎」是敦厚至極的好處。

《象》曰：敦臨之吉，志在內也。

「志在內」是志在內卦二陽，因非正應，宜謹慎。

觀卦

坤下巽上

以『九五』『上九』為卦主

　　觀《序卦》：「臨者，大也。物大然後可觀，故受之以觀。」所以次臨。觀有二義，人君上觀天道，下觀民俗，此觀屬於己一方面（觀讀平聲）；人君修德行政，為民瞻仰，此觀屬於人一方面（觀讀去聲）。風行地上，觸動萬物，是人君觀察周遍象。五陽剛中正居尊位，四陰群居天下，是人民引領瞻望象。

　　觀。盥而不薦，有孚顒若。

　　卦內順外巽「九」五陽剛中正，居尊位，為四陰所共仰，所以為觀。「盥」是將祭而潔手。「薦」是奉酒食以供獻；「有孚」是心誠。「顒若」是溫恭。觀人祭祀，是要觀初盥尚未供獻的時候。因盥洗為祭祀的初步，此時心內至誠不染，外表肅恭溫靜，實足令人觀感。孔子曰：「禘之既灌而往者，吾不欲觀之矣。」可見觀察宜觀初步，至薦食以後，精神將散，便不足觀了。

《象》曰：大觀在上，順而巽，中正以觀天下。

「五」，居尊位，剛陽中正，態度莊嚴，「在上」實為「大觀」，此指「九五」。「順」指下卦，「巽」指上卦，既順且巽，而復中正，所以可為大觀於天下。

觀，盥而不薦，有孚顒若，下觀而化也。

在誠意專一未散的時候，就是旁觀的人，在此時也能肅然起敬而無競爭心。《詩》云：「奏格無言，時靡有爭。」那便是「下觀而化」。

觀天之神道，而四時不忒。聖人以神道設教，而天下服矣。

教莫大於觀感，聖人所以能使人內順外巽。觀感而身化的，就在乎觀天，而法其神道。神道安在？在乎四時。「四時不忒」就是神道。神道的「四時不忒」也就是一個中正，轉運四時。在暗中有氣無形的為風，風便是天的神，感化人心不賞而勸、不怒而威的為誠。誠便是聖人的神。風，指巽言。聖人，指「九五」言。風隨四時而變，教為天下而設。《中庸》曰：「至誠如神。」故曰「聖人以神道設教，而天下服」。

《象》曰：風行地上，觀。先王以省方觀民設教。

風行地上而無不周，先王省天下而無不至。隨其地，現其俗；因其情，設其教。此為省萬的本意，即古時的巡狩。若周穆王、秦始皇一班帝王的遊幸，便不是此等意思了。

初六。童觀，小人無咎，君子吝。

「初六」以陰柔居下，而大觀在上，距離甚遠，所以比作

「童觀」。童時眼光淡近，遠便難見。然此等淺近的眼光在小人尚可恕，在君子為可羞。故曰「小人無咎，君子吝」。這是「責備賢者」的意思。全卦大象似艮（☶），故言童。

《象》曰：初六童觀，小人道也。

眼光淺近，在一般人民情有可原。「小人道」就是言小人於觀道不過如此。

六二。窺觀，利女貞。

「二」「五」為正應，「五」大觀在上，急欲一現。然而「五」神妙不測，正如孔聖人的「宗廟之美，百官之富」那種光景。「二，陰暗實難觀見其高深，所以比作「窺觀」。「窺」是門內偷眼觀物，雖略有所見，也不能全。內卦為坤，坤為闔戶，變坎（☵）隱伏，在觀體，故曰「窺觀」。「二」以陽居陰，故稱女。「利女貞」是言遮遮掩掩，不肯輕露色相，為女人的正當行為，女人是應該如此的，故曰「利女貞」。

《象》曰：窺觀女貞，亦可醜也。

窺觀的狀態，在女為貞，在士可不應該啊。

六三。觀我生，進退。

「三」陰居陽位，在坤上，是能順時為進退的。「生」作營生解。此爻在下體以上，似乎可進，又在上體以下，也有退步。對於在上的「九五」，遠已不似童觀、窺觀，近還未能觀國。此時自己考慮自己的才德，合外邊的情形，可進便進，可退便退，量能為為出處，自可不失正道。「六三」與「九五」辭同而德

異，「六三」是量己以從人，「九五」是察人以修己。

《象》曰：觀我生進退，未失道也。

觀自己的營生，為進退的標準，自能不失正道。

六四。觀國之光，利用賓于王。

「九五」的大觀，正在其上。《論語》云：「邦有道，貧且賤焉，恥也。」故「六四」以幸遇明君，遂願出仕，而觀其光。然賢人得明君而萬進，明君也以得賢人而甚喜。尊德樂道，禮用上賓，蓋賢人為道，而不肯輕身。聖王為國，更不敢輕一士。

《象》曰：觀國之光，尚賓也。

箕子近天子光，便是觀國。王訪於箕子，便是「尚賓」。

九五。觀我生，君子無咎。

「九五」居君位，天下治亂，風俗美惡，全美係君上一人的行為。周觀天下，若能夜不閉戶，路不拾遺，是天下人皆君子，便看出我所經營的政教。無非君子，庶乎可以無咎了，此爻便是自己明德，才可以新民而使其止於至善。

《象》曰：觀我生，觀民也。

觀民就是觀我，「以民為鑒」正是此義。

上九。觀其生，君子無咎。

以陽居陽，所居甚正，是雖處無位的地萬，而負有「達尊」名望，也是為人民所觀瞻的。「其」指一鄉一邑而言。「上九」

有以善德正氣熏其鄉邑的意志，所以觀於鄉邑間。若均有君子的行為，己便無咎。如子思在魯，子方在魏，裴晉公在野，其身雖退，其憂很重。可見君子在位不在位，其修德為人觀感，是到底不懈的。

《象》曰：觀其生，志未平也。

「志未平」，是不敢平安自處。简單著說，就是一鄉風俗美惡，匹夫也有責任。若一味遊衍安逸，是良心上所不許的。

噬嗑卦

震下離上

以『六五』為卦主

　　噬嗑《序卦》：「可觀而後有所合，故受之以噬嗑。」無論
何事，若令人觀瞻滿意，自然就情意和合，無有梗阻，噬嗑所以
次觀。「噬」作咬字解；「嗑」作合字解。卦形似口，「九四」
一陽如在口內作梗，必須把他咬斷，口才能合。此為卦象。又如
一國完全統一，只一強暴梗化，必須依法除去，才得和平。此為
卦義。

噬嗑。亨，利用獄。

　　食有物梗喉，不咬斷，口不能合；國有人梗化，不制裁，治
不能通。「獄」作名詞解就是監獄；作動詞說，就是訟獄。不用
獄不能去梗，梗不去，又哪能亨呢？故「利用獄」。

《彖》曰：頤中有物，曰噬嗑

　　卦形似頤（☲），「九四」一陽，似「頤中有物」，此以卦
象釋卦名。頤是腮頰。

噬嗑而亨，剛柔分，動而明，雷電合而章，柔得中而上行。雖不當位，利用獄也。

「頤中有物」，名為噬嗑，噬嗑何以亨呢？凡用牙齒噬物，噬時頤分，噬斷頤合。齒剛唇柔，齒一動，梗物立決，噬嗑所以能亨。剛、動、雷，三字指震。柔、明、電，三字指離。電雷合作，明而有威。燭奸除邪，萬難逃遁。然離明限於察情，震威限於懲惡。得情便哀矜勿喜，施威如改過即止。於用刑的時候，寓仁柔的意思。「五」以柔處剛而得中，是能不剛不柔，適合先王治獄的本意。故曰「雖不當位，利用獄也」。

《象》曰：雷電，噬嗑。先王以明罰敕法。

威取諸雷，明取諸屯。燭奸除邪，萬難逃遁。先王效其用，明定罰規，整飭法律，薄刑示罰，依法科刑，宣佈國中，所期君子懷刑，無人梗化。此為先王制獄的原則。

初九。屢校災趾，無咎。

「屢校」是足上的刑具。震為足，趾象。九居「初」最下，下民初犯輕罪，此時本當恕宥。然此時若不小有懲戒，教他知道有懼怕，倘或惡膽從此大起來，將不至災身不止。故加以「屢校」，暫時消滅其足趾的行動自由。從此若知罪，改過自新，就可無咎了。若力加徵戒，朝作小人，暮作君子，所得的成全，還不小於無咎，收獲將更大了。

《象》曰：屢校災趾，不行也。

以屢校使其不能自由行動，從此不照舊胡行，便不至罪大難解了。

六二。噬膚災鼻，無咎。

「六二」處中得正，是治獄的。「初九」的用刑，就是他經手審判。因為「初九」有剛暴的性質，怕難折服，所以擬用刑訊。然「初」以陽居陰，不失為正，有罪也係公過。以一訊就甘服了，此如噬膚肉恐有骨梗，猛然一噬，竟至連鼻也沒在膚內了。如此治獄，似嫌太猛。然「六二」柔得中正，審判結果，尚不至有失出失入的情事，所以不至有咎。「膚」是肉外皮。

《象》曰：噬膚滅鼻，乘剛也。

治獄用猛，狀如噬膚滅鼻，全因所乘「初九」太剛，恐其強梗難化的緣故。

六三。噬臘肉，遇毒，小吝，無咎。

「六三」居下卦以上，是治獄的。然以陰居陽，處不當位，自處不當而治獄，不但人不甘服，反要仇視。如噬乾勁的臘肉而遇毒一般。治獄不能使人心服，反受傷害，是為羞吝的事。然治梗至於遇毒，究竟在於去梗心切，也非不當。故雖小吝，聖人也許以無咎。「臘肉」是火烤的乾肉。

《象》曰：遇毒，位不當也。

所處地位不當，故發生如許困難。究以志在治梗，是以聖人尚有恕辭。

九四。噬乾胏，得金矢，利艱貞，吉。

「九四」為一卦的梗。「乾胏」，是帶骨的肉，骨為肉中的梗，「九四」自為梗而曰「噬乾胏」。是難噬他呢？是以「九

四」噬「九四」。何以說「九四」噬「九四」呢？是以「九四」
剛直的大臣，噬「九四」強梗的大臣。蓋大臣在於君側的，斷乎
不止一人。舜與共工、驩兜同在堯時，周公與管叔、蔡叔並在周
室，共、驩、管、蔡皆是強梗，故得金矢以剔乾胏，骨便去而肉
可噬。得剛直以除強梗，惡便去而治可通。金喻剛。矢喻直。剛
惡的為乾胏，剛直的為金矢。然猶利於艱貞，蓋去惡實難，若看
事太易，必至於敗。故須堅固貞正，才能得吉。

《象》曰：利艱貞吉，未光也。
因地位不中不正，故未能光大而戒以「利艱貞」。

六五。噬乾肉，得黃金，貞厲，無咎。
噬嗑治獄共二起，以離明得中的大君，再得三、二兩賢以相
佐理，治獄又有何難呢？況「初九」雖屬強梗，而為初犯。「上
九」雖亦強梗，而勢已衰。其君側的強梗，實足為患的，勢雖難
治。而同事剛直的大臣，既足以噬災。「六三」也協力同噬，已
不足患。其「初九」本不難治，已得「六二」猛噬而折其心。如
此「六五」還有甚麼可為的呢？蓋此時惟一「上九」思積罪大，
雖無位而力已衰，治其獄如噬乾肉，不至甚難了。然總是強梗元
惡，困獸猶鬥，也必須繩以中道，出以剛決，持以貞固，雖也不
免有相當的危險，終可至於無自嘲。「黃」喻中。「金」喻剛。
「五」本柔，故勉以剛。

《象》曰：貞厲，無咎，得當也。
「六五」督率「三」「二」治獄，處理得當勝任愉快，故曰
「得當」。

上九。何校災耳，凶。

「何」作負荷解，讀去聲。離中虛，上爻變震（☳）木，是刑具中的枷象。上互坎（☵）為耳，上一陽在互坎上，故「滅耳」。是言以刑具加於頸上，甚至連耳也遮災了。「上九」陽剛極亢，罪大惡極，始終不改，所以至於「何校滅耳」，是真凶極。

《象》曰：何校災耳，聰不明也。

何校至於災耳，是為他聰不明。聰作耳字解。若使聰而能明，聞過便改，又何至如此呢？商鞅不聽趙良的勸導，蕭至忠不受宋璟的諍諫，故均及於難。

賁卦

離下艮上

以『六二』『上九』為卦主

　　賁《序卦》：「嗑者，合也。物不可以苟合而已，故受之以賁。」賁，是文飾人的聚合。秩序禮節，是必須文明的；物的聚合，行列次第，是必須整齊的。賁所以次噬嗑。卦山下有火，林木廬舍，聚集一山，下有離火，照耀山上，光彩鮮明，如同裝飾。故為賁。

賁。亨，小利有攸往。

　　卦內離外艮，陽得陰助，實有亨通的道理。天下事根本不固，不能成立，然一味質樸，無有文飾，根本雖固，事也難通。《禮》云：「無本不立，無文不行。」故有國家，必須文以儀制。有賓主，必須文以禮貌。有家人，必須文以倫序。是凡有質的，必須有文。有文事才能亨，故曰賁亨。然既亨何以曰「小利有攸往」呢？是因文飾一道，不過加以文采，木質是不能變的。若文飾過盛，專尚虛文，反把本真戕害了。故賁道，不過於行事小有利益，萬不利於太過，故曰「小利有攸往」。

《象》曰：賁，柔來而文剛，故亨。分剛上而文柔，故小利有攸往。剛柔交錯，天文也。

本卦係由泰卦（☷）而來，上卦本坤，而「上六」的陰柔，來為「九二」陽剛的文飾，是文雖柔而質剛，位又中正，故亨。下卦本乾，而「九二」的陽剛，分為「上六」陰柔的文飾，是文雖剛而質柔，位又不中不正，故「小利有攸往」。柔來文剛，分剛文柔。如日月星辰，往來錯雜，此明彼滅，故為天文。

文明以止，人文也。

「文明以止」，是君臣、父子、兄弟、夫婦朋友，禮節詳明，各安本分，居止有常，此便為人文。

觀乎天文，以察時變。現乎人文，以化成天下。

天文，是日月星辰的錯列，寒暑陰陽的改換。觀其運行，可以考察出四時的變遷來。人文，是人間倫常的秩序。觀其體節，不亢不卑，中規中矩，人盡如此，教化自然成功了。

《象》曰：山下有火，賁。君子以明庶政，無敢折獄。

「明」離象。「庶政」是繁瑣小事，如錢穀出納等小節目，是最容易明瞭的。「折獄」就不然，輕重出入，動關民命，事體就不比庶政容易明瞭了。「明庶政」就是「小利有攸往」，「折獄」是為大事。「無敢折獄」，是非不折獄，只是不敢輕易折獄。因卦義主文飾，如訴訟兩造多有飾辭，真情便不易得，所以尤須格外慎重。

初九。賁其趾，舍車而徒。

「初九」在下，陽剛得正，是隱君子。「賁其趾」是喻在下而有文彩。「舍車而徒」是捨了車馬的榮耀，甘願徒步而行。安步當車，一舉足便看出斐然成章的光景來。卦上互震，下互坎，震為足，趾象。坎為輿，車象。初變艮（☷），上卦艮，止而又止，捨象。又升車必居上而乘下，初在極下，無有可乘的理，故捨坎車而從震趾。取徒行義，看《小象》，「乘」字更顯。

《象》曰：舍車而徒，義弗乘也。

「義弗乘」，是言初在下無有可乘的。

六二。賁其須。

在頤（面頰）為須（鬚），在口為髭，在頰為髯，須不能自動。是須雖美，總得附屬在頤上，為頤上的文飾。本卦與噬嗑上下一倒轉，也有頤象。本爻變，下互兌（☱）口，口上的須（鬚）為文飾品，故云「賁其須」。

《象》曰：賁其須，與上興也。

「與」是相與。「興」是興居或興起。「二」陰柔中正，文彩不自顯露。因三爻陽剛得正，正人君子，所以與他興居一致，與須隨人頤的興起而為興起似的，故云「與上興」。

九三。賁如濡如，永貞吉。

「濡」作柔潤解。「三」居下卦以上，文飾已盛。「三」又在下互坎的中心，坎為水，又上下都柔，柔都文剛，膏厚流光，故云「賁如濡如」。然「三」從此一味華美，不守正道，華而不

實，偽而亂真，過文為害。故聖人戒以「永貞」，欲其常守正而勿偏，才可以吉相許。

《象》曰：永貞之吉，終莫之陵也。

文過倘或失正，上陵下，卑陵尊，是難免的。既能永貞，陵亂秩序的情事，終可無有了。「陵」作欺侮解。

六四。賁如，蟠如，白馬翰如。匪寇，婚媾。

「賁如蟠如」，就如人說活，賁如麼，蟠如了，那種聲口。「四」與「初」本為正應，理應早成婚媾。因為「九三」所隔，好事多磨，把少年紅男綠女，文彩很盛的时候，竟耽誤過去了。然「四」與「初」本係正頭夫妻，雖為「三」隔，終必相親。「四」求「初」的心本很急切，一有機會，立即乘馬如飛而至。目前雖能成婚，而非有人為寇，何至將到白頭，才成婚配？「蟠」作白解。上互震為霹足（左後腳白色的馬）、為的顙，故曰「白馬」。坎為極心的馬，「翰如」象。「翰」作鳥疾飛解。此爻不言「賁」而言「白」，是因下離已終，文飾過盛，便要反本了。「四」與「初」成婚，也因物極必反。「三」終不能永遠為寇。

《象》曰：六四，當位疑也；匪寇婚媾，終無尤也。

以陰居陽，故當位。「疑」是疑「初九」或因其與「三」相親而失節。而「六四」終守婚媾的正約，不為「九三」所誘，故「終無尤」。「尤」作過失解。

六五。賁于丘園，束帛戔戔，吝，終吉。

「六五」柔中為卦主，是能用賢以飾政教，希望成為文明治化的。「賁于丘園」，如《詩》云「子子於旄，在浚之郊」求賢的故事。「束帛戔戔，吝」，如人送禮物，必曰薄敬。薄敬，就是吝字的解釋。然聘賢人而親至丘園，致禮物，而辭尚謙遜。湯賁莘，文王賁渭，不但一時的吉事，終久可以利賴的。上卦艮山，「五」在艮中，半山為丘，故云丘。「艮」為果蓏，上互震，為林，園象。「五」變巽，為女工，為繩，故曰「束帛」。陰性吝嗇，故曰「戔戔」。「戔戔」少數量之意。

《象》曰：六五之吉，有喜也。

與人往來，而能具禮求賢。光賁丘園，斯可為世道喜。

上九。白賁，無咎。

易窮必變，文窮反質，「上九」賁極反本，復歸無色。正如人能補過，即為無過，故為聖人所深許。

《象》曰：白賁無咎，上得志也。

「上」何以得志呢？下卦第二爻的陽剛，分而來文上爻的陰柔。故「二」為柔而「上」為剛，乾坤一變。賁道成，上故躊躇而滿志。

剝卦

坤下艮上

以『上九』為卦主

剝，九月卦，五陰在下，一陽在上，陰盛陽孤，勢將剝落完盡，是為剝義。極高的山，今全著地，似乎傾塌，是為剝象。《序卦》：「賁者，飾也。致飾然後亨則盡矣，故受之以剝。」大凡物理（現象）盛極必衰，賁卦文飾彩繪，日久必須剝落，剝所以次賁。

剝。不利有攸往。

「剝」作剝落、剝奪、剝削等解。卦五陰在下，上只一陽，群陰盛長，一陽孤立，是如君子勢孤，若有動作，必為小人所害。又，卦體，內坤外艮，坤順，艮止，理宜順時而止，故「不利有攸往」。《易》為君子謀如此。

《彖》曰：剝，剝也，柔變剛也。不利有攸往，小人長也。順而止之，觀象也。君子尚消滯息盈虛，天行也。

夬（☰）五陽一陰，《彖傳》謂「剛決柔」。剝五陰一陽，《彖傳》謂「柔變剛」。「決」是君子去小人，宣佈罪狀，名正

言順的口吻。「變」是小人去君子，鬼鬼祟祟，暗地擘布的意思。只此一字，是人扶陽抑陰的旨趣，活現紙上。「不利有攸往」，是因小人勢力正在膨脹，君子只宜隱居。且觀玩卦象，內坤順，外艮止，不順時而止，是絕不能見容於時的。然天下也萬不能常如此，五陽消了，而消極必息；五陰盈了，而盈極必虛，故剝極必復。這是天道一定的運行，而君子出處，也便以此為尚，與天道為一致的行動。孔子云：「道之將行也與，命也；道之將廢也與，命也。」君子所尚，自是與天合德的。

《象》曰：山附于地，剝。上以厚下安宅。

山本高出地上，今反附著於地，是剝落象。然在上治民，就如山在地上。厚其地，山便不頹；厚其民，上便不危。欲得安宅，必須厚下，玩坤艮象，而得此義。

初六。剝床以足，蔑貞，凶。

「蔑」作滅解。坤能載物，變震為木、為足，在下，床足象。「足」又喻作根本。天下勢若處屋，屋上覆，床下承，人中處。害床的先害其足，害國的也是先害其足。君子便是國家的足，小人滅正道，消君子，這是從根本上害起。正道滅，凶莫大於此。一柔進，初變一剛，故曰「剝足」。

《象》曰：剝床以足，以滅下也。

從下滅起，漸進而上。

六二。剝床以辨，蔑貞，凶。

「辨」是床幹。床有幹，國也有幹。大臣便是一國的幹，

「二」大臣位，今兩柔而變兩剛，是國家的大臣。君子退而小人進了，九齡罷相，林甫登庸，正道已無，凶將立至。

《象》曰：剝床以辨，未有與也。

陽與陰相應，是為正當的應與。陽與陰相比，也可為有與。今「二」陰柔，上下無一陽為應與，既為小人，又無相與的隨時糾正，所以便一壞到底，永不知改過。

六三。剝之，無咎。

「三」雖陰而能出乎其類，獨應「上九」，且以陰居，能獨漸獨行，脫離惡黨而從正人，故曰「剝之，無咎」。此言雖處於剝，其本身也可無過。

《象》曰：剝之無咎，失上下也。

上下五陰，「三」居其中，不合同類相親，獨合一陽為應。既得「上九」一陽，當然失上下四陰。失「四」小人，得一君子，是以無咎。

六四。剝床以膚，凶。

先剝足，繼剝辨，茲竟剝膚，陰長（小人奸邪）已盛。是漢王莽、董卓，唐林甫、國忠，權盛無比的時候，凶於而國，「葹貞」自不必說了。

《象》曰：剝床以膚，切近災也。

剝已及膚，將至滅身，大災切近，再防恐怕也來不及了。

六五。貫魚，以宮人寵，無不利。

「六五」柔而得中，居尊位，而能總群陰，故聖人特為其開一遷善改過的門路，以冀扶陽而抑陰。「六五」以陰居尊，是為后妃的身分，后妃有率領宮人備選的責任。茲「六五」果能領袖群陰，魚貫來邀寵幸，是不但把群陰害陽的心，完全制止，並令其從此一體尊陽，自然就無有不利了。本爻變巽（☴）為魚。魚，陰物，又為繩；艮為手，執繩，故象貫魚。艮為官闕，巽為長女，坤為眾，故像宮人。

《象》曰：以宮人寵，終無尤也。

「六五」能率眾陰受上寵愛，故「終無尤」。

上九。碩果不食，君子得輿，小人剝廬。

「上九」當五陰並進，眾陽均被剝落，而一陽獨存。是如歲寒百果搖落以後，只餘下一個較大的果子，還未為人所食。果中的仁，是延傳生機於不盡的。此一碩果若被食盡，生機也就盡了。然此時君子至孤，而猶曰「得輿」，得輿，便安。小人極盛而猶曰「剝廬」，剝廬，便不安。此何說呢？蓋陰極陽生，亂極思治，消息盈虛，是乃天道。君子雖孤，而天運循環，安天下的，終必屬於斯人。小人雖盛，至惡貫滿盈，設計愈工，終至己身不保。害人的反自害，小人究何苦來？本爻變坤為大輿，故曰「得輿」。全卦上一陽覆五陰，廬象，被陰剝去便無房頂，不成廬了，故曰「剝廬」。

《象》曰：君子得輿，民所載也；小人剝廬，終不可用也。

世亂非君子不治，君子是人民所欲為執鞭，載以安車，請出來安國定邦的，故曰「民所載」。小人若不害君子，國家安，小人一身也安。今欲把君子剝盡，這便如自己拆去房舍，無所覆蔽了，害人反自害，小人的心斷乎要不得，故曰「終不可用」。

復卦

震下坤上
以『初九』為卦主

復《序卦》：「物不可以終盡，剝窮上反下，故受之以復。」上陽剝盡，下陽生，才窮於上，便反乎下，萬物生機，終不至於斷絕，復所以次剝。卦一陽生於五陰以下，陰極陽復，如夏時夕。十月純陰，冬至一陽便復生於地中，故為復。

復。亨，出入無疾，朋來無咎。反復其道，七月來復，利有攸往。

復，因陽氣已反，自能亨通。陽既復生，而反入於內，陰必被迫而出於外了。陽入陰出，便是泰卦（☷）的「小往大來」，不必求速，自有此一定的出入，故曰「出入無疾」。「疾」作速解。一陽進而群陽自來，如泰「初九」：「拔茅如以其匯。」朋類同來，陽便不孤，何患有過？故曰「朋來無咎」。五月以前本係純陽，至十月便成純陰，至十一月冬至，又一陽生，循還無已，其道反反覆覆，在此七個月間，陽去復來，故曰「反復其道，七日來復」。此時否極泰來，君子道長。《論語》云：「邦有道，不廢。」故曰「利有攸往」。自五月一陰生，至十一月一

陽生，本七個月，何以不言七月而言七日呢？此如《詩・豳風》所說「一之日」、「二之日」、「三之日」的「日」字，就是說一月中的日子，二月中的日子，二月中的日子。此「七日來復」，就是說經過七個月的日子又一陽來復了。

《彖》曰：復亨，剛反。

剛陽反生於下，自能亨通無疑。

動而以順行，是以出入無疾，朋來無咎。

卦下震上朝上，震動坤順，剝以順而止，復以順而行，道消道長，君子處無不順，故「出入無疾，朋來無咎」。

反復其道，七日來復，天行也。

天道運行，消便息，終便始。朝夕寒暑，此往彼來，無有停止。「反復其道，七日來復」，天道運行正如此。

利有攸往，剛長也。

剛陽長，萬物生，君子道長，天下平。利有攸往，正是國有道，君子可以出而仕。

復，其見天地之心乎？

當純陰的時候，天地生物的心，幾至滅絕，至此一陽復生，其心遂可以復見。並看出貴陽賤陰，是天地的心。長君子，消小人，是天地的心。天地心本不可見，聖人於復而見，又鄭重提出以示人。有天下的，可不求天地心以為人心麼？能休其心便聖，失便愚。得其心便治，捨便亂，聖愚治亂，全在此心。

復卦

《象》曰：雷在地中，復。先王以至口閉關，商旅不行，后不省方。

雷陽地陰，冬至的時候，陰氣雖凝冰於地上，而一陽已潛動於地中。斯時故萬物皆寒，井水獨溫。先王值此至日，重在培養此幾微的正氣，使其潛滋暗長，不驚不擾，於是日所有動作，特別注意。如守關的平時，萬不能終日閉門，先王於是日令其一律閉關休息，不使商旅通行以示安靜。君后若當省視四方的時候，於是日也停其省視，免得上下迎送擾亂。蓋冬至一日，一陽初復，生機薄弱，也欲加意養護。惟恐稍有戕賊。先王體天心以為心，故於是日，凡事皆出以靜謐。

初九。不遠復，無祗悔，無吉。

吉凶悔吝生乎動，下卦震主動，「初九」為卦主，若動而有過，過而不復。或過，為日已遠而才復，已將至於凶，又何止於悔？今「初九」，一動知有不善，立時即復。君子如此修身，吉莫大於此，是萬不至有悔的。孔子謂顏子：「有不善未嘗不知，知之未嘗復行。」為能當此爻義。蓋顏子的「不遠復」，在於能知。其能知便如冬至一陽生的功機陽一生，是天地復。知一至，是君子復。「祗」音其，作至，又作大解。

《象》曰：不遠之復，以修身也。

隨時反省自己，是修身之道。

六二。休復，吉。

「六二」柔順中正，乘「初」為「不遠復」的大賢，能謙下而與為親比，復道於斯為美，故吉。「休」作美解。

《象》曰：休復之吉，以下仁也。

復初爻，就是剝「上九」的碩果，被剝於上而復生於下，便是果仁的作用。所以取此「仁」字，顏子復禮為仁，「初」陽復，便復歸於仁。仁為人的心德，為善的根基，為天心生物的本原。『六二』，能下此於初，故曰「休復，吉」。

六三。頻復，厲，無咎。

『三』以陰居，不中不正，又在震上，動極，是能復而不能固守的。

《象》曰：頻復之厲，義無咎也。

復而不守，隨失隨復，隨失固厲，隨復也可免咎。

六四。中行獨復。

「四」處上下四陰中間，不從四陰，獨於「初九」一陽相應，是與眾人同行，而獨能從善的，故曰「中行獨復」。剝卦「六三」的身分，與此相同。

《象》曰：中行獨復，以從道也。

中行獨復，是言雖混處四陰中，獨能從「初九」有道的君子。惟「初」陽氣甚微，「四」又柔弱過甚，故未以吉許，而也不至有悔有咎。

六五。敦復，無悔。

「六五」中順而處尊位，是德性敦厚，實心義意的復善，而絲毫無悔。「不遠復」是復善能速。「敦復」是復善能固。故

「初九」，「無祇悔」，而「六五」直言無悔。「不遠復」是在自修的時候。「敦復」是已至成德的時候了。「五」在坤中，坤厚，故說敦。

《象》曰：敦復無悔，中以自考也。

能以中道時常切實的考慮，自能行為動作都不離乎中道，所以無悔。

上六。迷復，凶，有災眚。用行師，終有大敗。以其國君凶，至于十年不克征。

明險小人所居極亢，是終迷而不知復道的。坤為迷，故云「迷復」。迷於復道，哪得不凶？災從外來，眚由己作，「六」既「迷復」，天災人禍，都臨到頭上來了，如商鞅、盧杞一流，終以其邪僻的謬行為是，不知悔悟，一錯到底，至見災眚齊來。忽欲舉兵以平難，然師出無名，不但不能取勝，連國君也要被累受害，就算用兵至於十年，也是不能勝人。「上六」因與復道相反，其凶遂至於此。

《象》曰：迷復之凶，反君道也。

君是主宰，本卦惟一的主宰，是復善改過。「上六」「迷復」，是與本卦主要的道理正相違反，哪能不凶到極點呢？

無妄卦

震下乾上

以『初九』『九五』為卦主

　　無妄《序卦》：「復則不妄矣，故受之以無妄。」復是改進
復善，既經改過復善，自然事事合理，不至妄為，無妄所以次
復。卦乾上震下，震主動，動以人欲，便妄；動以天理，便無
妄。卦象卦義，均極顯然。

　　無妄。元亨，利貞，其匪正，有眚，不利有攸往。

　　誠為天道，如生育萬物，運行四時，毫無差錯，便是無妄。
人能無妄，是與天地合德，所以元亨。然效法無妄的天道，利在
貞正而堅固，蓋正便誠，邪便妄。匪正而動，動必有眚（災
難），而「不利有攸往」。然非無妄不利於往，不正而妄，才不
利於往。若堯、舜禪位，湯、武興師，是動以天。子噲遜位，符
堅興師，是動以人。動以天，便正而無妄而元亨；動以人，便不
正而妄而有眚。

　　**《彖》曰：無妄，剛自外來而為主于內。動而健，剛中而
應。大亨以正，天之命也。其匪正有眚，不利有攸往，無妄之**

往，何之矣。天命不佑，行矣哉。

內震外乾，震以「初」為主，「初」一陽，是乾向坤一索得來的，故曰「剛自外來而為主于內」。震動乾健是動以天，「九五」以剛健中正振於上，「六二」以柔順中正應於下，其動無妄，所以「大亨」。「大亨」，是因動以正。動以正，便是動以天。何謂動以天？是天命其動而萬動的。天命何由而知呢？如武王誓師，曰：「天命義考，肅將天威。」然武王又何由知此天命呢？是於人民所欲而知道的。《書》云：「民之所欲，天必從之。」八百國，三千臣，合為同心，都欲伐商。這還不是動以天麼？如符堅於內外無事的時候，偏欲興師伐晉，舉國諫阻不聽。這便是動以人。在不宜動時，偏違正而妄動，宜其有敗亡的災眚。蓋無妄而有所往，便無往而不利。若妄而有往，便為天命所不佑。天命不佑，那是一步也不能行的。末四句就是說，果無妄而往，何往也可。若妄動，天命必不佑。天命既不佑，那還能行麼？「之」作往字解。

《象》曰：天下雷行，物與無妄。先王以茂對時，育萬物。

天下雷行，萬物都有生氣。試觀雷一發聲，蟄蟲也動了，草木的萌芽也發生了。無論何物，都能與時生長變化，絲毫是無妄的。先王每於此時，盛意使萬物都發育他那生理，不教他稍受戕害，這就與天心相合了。如月令孟春，祭祀，「犧牲不用牝」（牝是母獸）。又《禮記》：「樹木以時伐焉，禽獸以時殺焉。」都是「茂對時，育萬物」的故實。「茂」作盛解。

初九。無妄，往吉。

九本乾體，「初」居震始，震主動，是本乎初心動合天理，

真能無妄的，如此以往，何往不吉？

《象》曰：無妄之往，得志也。

以無妄的行為，修身、身修，齊家、家齊，治國、國治，人能無妄，又安往而不得志？

六二。不耕獲，不菑畬，則利有攸往。

「六二」在內，震中爻，柔而中正，是至誠而動的。上與剛而中正的「九五」為正應，是人君很倚界的賢臣。「六二」也能赤心保國，當然可食祿以代耕了。所以不用耕種，自能收獲；不用開墾，自有良田。「利有攸往」，是斯人一出，利己利人，無往不利。「獲」是秋收。「菑」是開墾一年的土地；「畬」是開墾三年的土地。

《象》曰：不耕獲，未富也。

不去努力，就不會成功。「未富」與謙卦「六五」「不富」二字同。

六三。無妄之災，或繫之牛，行人之得，邑人之災。

「六二」「九五」中正相應，故「二」「利有攸往」，「五」「勿藥有喜」。「六三」「上九」都不中正，故「三」有災，「上」有眚。「六三」變離（☲）為牛，互巽（☴）繩，艮鼻，艮手，繫象。震，為行，又大塗。「三」，人位，行人象。「或」即邑人。「六三」陰柔不中正，故有此象。牛有所繫，想不到就能丟失，然以連接外卦的乾金、巽繩、震木都被克制，所繫便解脫了。

《象》曰：行人之得，邑人災也。

繫脫，為行人（別人）得去，得牛的是無妄的福，失牛的是無妄的災。

九四。可貞，無咎。

「四」以剛居柔，陽剛而居乾體，不是妄動的，因其可貞固而守此道，故許以無咎。顏回守中庸，拳拳勿失，此爻近是。

《象》曰：可貞無咎，固有之也。

至誠無妄，不是從外邊加入的，是自己固有的。「三」能保守得住就是了。然保守勿失，便是難事。

九五。無妄之疾，勿藥，有喜。

「九五」以中正居尊位，下卦「六二」也以中正為正應，可謂無妄至極。無妄至極而猶有疾，此如大舜時的有苗，孔聖人時的桓魋、叔孫武叔，便是大舜、孔子的無妄之疾。在大舜、孔子都不理他，他也就不能為患。那就是「勿藥有喜」。若或一遇此等情事，便沉不住氣，就要動作，就是妄。本是無妄之疾，一經藥石雜投，那就是庸人自擾了。

《象》曰：無妄之藥，不可試也。

無妄之藥，不試而病也可痊癒，一試怕更惹起病來，故曰「不可試」。

上九。無妄，行有眚，無攸利。

「上九」既不得位，更已失時，不動便罷，若恃剛強而行，

定有災眚，斷無利益。所以善學《易》的，全要把可行可止的候時，認識明白了，才有利而無害。

　　《象》曰：無妄之行，窮之災也。

　　無妄而行，宜無災眚，但效在窮極的時候，一步不能前進。進行一步，便是妄動，災即難免。

大畜卦

乾下艮上
以『六五』『上九』為卦主

大畜《序卦》：「有無妄然后可畜，故受之以大畜。」妄去實存，畜聚便富，大畜所以次無妄。卦艮上乾下，天在山中，所畜至大。畜有蘊畜、畜止兩義。蘊畜，取天在山中象。畜止，艮止乾象。

大畜。利貞，不家食吉，利涉大川。

物莫大於天，而在山中。艮在上，而止乾於下，皆為至大的蘊畜與畜止。在人，為道德經濟充積滿積，所畜也是很大。無論人物，凡畜聚很大的，皆是大畜。然人所蘊畜，宜得正道，故云「利貞」。正道既充積於內，自宜在上位以享天祿，為天下造福，是不獨一身吉，天下也無不吉。天下無論有何等艱險，皆能順利以濟，不足為患。若在太平的時候，那更不必說了。

《彖》曰：大畜，剛健篤實輝光，日新其德。

德剛健，便有邁進而無止息。德篤實，便有蘊畜而無窮竭，盛德充滿於中。其輝光自能發見於外，如孟子所說：「根於心，

生於色。」那便是內充實而外輝光，日新又新，德與日進，此所以為大畜。

剛上而尚賢，能止健，大正也。

「剛上」指「上九」。陽剛在君位以上，是待賢人以賓師的禮貌，如武王尊望為尚父，康王尊畢為父師，便是。「能止健」是民間如有強暴不法的人，能制止他。尊賢才，除強暴，然後天下才能同歸於「大正」，而治道以行。

不家食吉，養賢也。

「養賢」也就是尚賢，從「剛上」說，為尚賢，所以隆重禮貌。從「不家食」說，為養賢，所以厚給俸祿。

利涉大川，應乎天也。

凡卦有乾體，因乾健且能知險，故多說「利涉大川」。此卦「六五」下應「九二」，是大君應乾而行。乾便是天，所行能應乎天。無論有何等的艱險，也能平安過去。

《象》曰：天在山中，大畜。君子以多識前言往行，以畜其德。

天與地一氣貫通，天下有地，地下有天，山是出頭的地，所以天如在山中。雲雷都從山出，也像天在山中，山中蘊畜如此充實，所以為大畜。君子觀大畜「以畜其德」，所以成為君子。其畜法，在於日言堯舜所言，日行堯舜所行。默識心通，不厭其多。識其在彼，實踐在我。賢希聖，聖便可以希天（達到最高境界）了。「言」取下互兌（☱）象；「行」取上互震（☳）象。

初九。有厲，利已。

乾三陽為艮所止，故內外卦取義不同。內卦被止，外卦止人。「初九」陽剛是欲上進的，然「六四」在上不讓前來。「初」萬不能與得位的「六四」相敵。若強欲前進，定有危厲。此時若能自動的，就止而不進，是最相宜。初爻與「四」本為正應，若在他卦，彼此是相援助的，在本卦越相應越有阻力，所以為大畜。若「上」與「三」都是陽爻，就為「合志」，是因著陽通有上進的性成，故能同志而不反對。

《象》曰：有厲利已，不犯災也。

舜、禹以伯益一言，即能中止征苗，是受止而能已的，故「不犯災」。符堅以舉國相諫而不中止伐晉，是受止而不已的，自取敗亡，是真犯災了。

九二。輿說輹。

「輿」是行的。「說輹」便不能行了。「九二」為「六五」所畜止，因處得中道，能自止而不進，故曰「輿說輹」。二變下互坎（☵）為輿，多眚，是「輿說輹」象。說，讀作脫。

《象》曰：輿說輹，中無尤也。

因「二」所處得中，故無過失。「尤」作過失解。

九三。良馬逐，利艱貞。日閑輿衛，利有攸往。

乾，為良馬。上互震，為善鳴的馬。有追逐象。「三」無正應，不受阻止，又互震動，互「利有悠往」。「三」剛健，「上」也剛健，是同志上進的。然善走防跌，不可看得太容易

了，如或失了正道，定要壞事，更須每日熟習駕御與防衛驚逸的法子。當行走時，別出差錯，那才能夠有利而無害。「閑」是熟習。「衛」是防衛。

《象》曰：利有攸往，上合志也。

所以「利有攸往」，是因與「上九」志趣相合，才能如此。他卦陰陽正應為相得，在此卦偏為有阻力；他卦陽與陰應為不相得，在此卦偏為得志，此大畜與他卦不同處。不如此，不能為大畜。

六四。童牛之牿，元吉。

「童牛」是乳牛。「牿」是加在牛角上、防其觸人的橫木。以位言，「四」下應於「初」，是畜初的。「初」，陽居下，為量還小，此時防制，較為容易。如天下的惡人，在初起事的時候，勢為尚小，人數也少，制止他還不費事；若姑息養奸，到了勢力大的時候，再想制他，那便難了。所以如牛在童時就加以牿，日後便省卻許多的事，故為「元吉」。

《象》曰：六四元吉，有喜也。

天下不循良的人，於其惡意初起、勢為未必的時候就制止他。在上的不勞，在下的免罪，所以可喜。

六五。豶豕之牙，吉。

「六五」，是制止「九二」的。「二」已上進，不若制止「初九」的容易了。「二」變，下互坎，為豕。豕割去生殖器為豶，豕牙極剛而好害物，割去其生殖器，其性立即改變，其牙自

然也就安靜，不至傷物了。如君子知天下的惡人不可力制，於是乎勸他習耕習織，教他有了吃穿不至凍餓。人飽暖再教以廉恥，人既有了廉恥，哪還能作惡麼？此為根本上制止惡人的萬法，也正如豶豕之牙是不止專制他的牙，而從根本上除去他的欲源，是得制惡的要道，哪得不吉？

《象》曰：六五之吉，有慶也。

制惡有方，上不勞，下不仿，並能化俗。這是根本上的吉道，可以為天下慶幸的事。

上九。何天之衢，亨。

「何」作負荷的「荷」字解，讀去聲。「天衢」，就是國家四通八達的要路。本卦尚賢、養賢，賢人所以不家食而能擔負人民的重任，所以涉大川而能擔當國家的艱險。凡此重任艱險，都負荷在「上九」一人身上，從前阻為橫生，今便四通八達，故有何天衢的光景，毫無障礙，天路亨通，非此爻不能當此辭。

《象》曰：何天之衢，道大行也。

畜極必通，如伊尹耕野、太公釣渭，是已畜到極處，至身為王佐，出其所畜的道德經濟，把天下的大事，都能擔荷得起來。國運亨通，指揮如意，尚賢養賢，其道大行，其效至此。

頤卦

震下艮上

以『六五』『上九』為主

頤《序卦》：「物畜然後可養，故受之以頤。」物既畜聚，必定得施以相當的養育；不養，物就不能存在生息；頤所以次大畜。卦上艮下震，上下二陽，中含四陰，上止下動，外實中虛，是頤象。人口所以飲食，人體賴飲食以養，是頤義。

頤。貞吉，觀頤，自求口實。

頤，是口旁兩頰，故取養意。養道有二，一是養德，一是養身，此二事都不可不止，正才得吉。觀他所養的道理，如係聖賢的大道，就正；如係異端的邪道，就不正。「口實」是人口中實在的評判。「自求口實」，如重道義而輕口體，口實就好；重口體而輕道義，口實就不好。「觀頤」就是考察自己所養的正不正。「自求口實」是好、不好都由自取。吉凶禍福，也沒有不是自取的。

《彖》曰：頤，貞吉，養正則吉也。觀頤，觀其所養也。自求口實，觀其自養也。

「貞吉」是所養的正便吉。「觀頤」是看他所費的如何。「自求口實」是不必觀人對我言論如何,要看自己自養便可以知令大概。如孟子所說:「養其小體為小人,養其大體為大人。」小人大人,全在自養。

天地養萬物,聖人養賢以及養民,頤之時大矣哉!

天地養萬物,公而無私,何等正大!「聖人養賢以及萬民」,就是國家養賢,全是為民。如不養賢,專恃聖人一人的計劃智慮,為民造福,萬不能周密。所以必養賢人,使分掌庶事,給萬民謀生計、策治安,方能普及,而可使萬民安樂。頤道的大處如此。

《象》曰:山下有雷,頤。君子以慎言語,節飲食。

上艮下震,山下有雷,震為春,是萬物於以生。艮為止,《說卦傳》:「成言乎艮」。是萬物於以成,斯為大下的大養,故為頤。君子觀此卦象,震動而不止,有言語飲食象;艮止而不動,有謹慎節制象。隨想到言語出於口,顯其身,還足以禍其身,故欲慎其出。飲食入於口,養其體,還足以病其體,故欲節其入。

初九。舍爾靈龜,觀我朵頤,凶。

「朵」作「垂」解。「朵頤」是見食垂涎(流口水)象。頤,大象離(☲),離象為龜。龜為地下有靈的動物,其在地下靜養,可以不食而長生。「初九」陽體剛明,在互坤為地以下,故曰「靈龜」。是「初九」明智,本足自養,毋庸外求;然其才員如此,而以陽居動體,又在頤時。食為人的人欲,因上與

「四」為正應，便欲相從，見其求養得食，遂頤動垂涎，不能自守。志在上行，也要與「四」行動一致，求人給食，是自放棄了靈明的資質，轉為「六四」所哂笑。「爾」指「初」。「我」是「四」自謂。謂爾何以竟捨了爾的長處，而見我求養，轉垂涎呢？自處不當，安得不凶。

《象》曰：觀我朵頤，亦不足貴也。

「初九」陽剛在下，本有很寶貴的資質，而不知自重，偏作向人乞憐的樣兒。是在飲食上注意的人，甚是賤相，實不足貴。

六二。顛頤，拂經，于丘頤，征凶。

顛，如山顛，叫作山頂的頂字。拂，是違悖。丘，是山阜。「六二」陰柔，無自養的能為，然震性燥，不免妄功，不向很親比的初陽求養，偏妄想向上求養，是捨近求遠，未免違悖常道。大概求人贍養，最宜在同類的地方，或係同宗，或系同業，才容易得些關照。今「二」居然違悖經常的道理，竟向有勢為的地方去求，豪門托鉢（下卦震，震為盂，故言鉢），不見哀憐。遠（「二」距「上」甚通，求「上」，故言遠）道奔波，空遭白眼（卦大象離，離為目，二爻一變便為兌 ☱，兌為白色，故取象自艮），真是凶象。

《象》曰：六二征凶，行失類也。

求同類為正當的行為，自得關照，今違常而求外人，故曰「行失類」。

六三。拂頤，貞凶，十年勿用，無攸利。

「三」與「上」為正應，然「上」在外卦，既非同體；「上」為剛陽，又非同類。頤道本宜求同體，或同類。今「三」違悖頤道，恃與「上」為正應偏欲前往相求。雖然不失為正，也是凶道。「十年勿用」，「十年」取久遠之意；「勿用」就是如何請求，終於勿用。徒勞妄動，於養道並無絲毫益處。

《象》曰：十年勿用，道大悖也。

因與頤道大相違背，所以說相求雖至十年，也是勿用。「大悖」便是「拂頤」。

六四。顛頤，吉。虎視眈眈，其欲逐逐，無咎。

虎，從艮取象。「四」變離為目，故言視。「眈眈」是近處看，而往遠處著想。凡物常不食，而內能靜養的，為龜。「初九」的長處在此，偏捨了它，故凶。虎是照例向外求養的，今向上一求，上便施布恩惠以養它，故吉。爻辭的精細如此，「四」與「初」為正應，虎行垂首下視，欲求其養，恐「初」在下無力養它，所以眈眈審視。見求養的都上極高的那兒去，所以它追逐著腳蹤，也就來了。因它所求得正，所以無咎。

《象》曰：顛頤之吉，上施光也。

「四」求養於「上」，「上」便施惠以養他，故曰「上施光」。

六五。拂經，居貞吉，不可涉大川。

「六五」居在尊位，按經常的道理說，本為教養人民的主

體，今因柔弱不能自立，不能不違悖常道，把教養的責任，求在上位的賢臣，替他主持一切，故曰「拂經」。此時自己也只好安居，受那賢人的教養，以培植德性學業，固守正道，以備將來親掌大權，勉致有失，故曰「居貞吉」。然當柔弱不能自立的時候，要想遽秉政權，把那教養的全責，及一切處患難濟艱險的大任，都自己擔負，分雖應該，而能為薄弱，暫時是萬萬不可的，故曰「不可涉大川」。如商太甲、周成王，在初登極的時候，恰是此等身分。

《象》曰：居貞之吉，順以從上也。

居貞何以吉？其吉全在「順以從上」得來。若太甲不順從伊尹，成王不順從周公，那便凶了，哪能吉呢？

上九。由頤，厲吉，利涉大川。

「九」以陽剛居上，這便是聖人所養的大賢，使養萬民的。有此大賢，凡天下待養的，都由他一人安排一切，故曰「由頤」。「由」作從解。「上九」的責任如此重大，惟恐撫字未周，時以危厲存心，不敢安逸，故曰「厲吉」。然能如此負責，無論如何艱險，自然可以安穩過去，故曰「利涉大川」。

《象》曰：由頤厲吉，大有慶也。

聖人養一賢，萬民於是無不得養之。頤道大成，慶在賢，尤慶在聖人能養賢。

大過卦

　　大過《序卦》：「頤者，養也。不養則不可動，故受之以大過。」大畜是生聚，頤是養育，生聚而後，施以養育，人民繁滋飽食，自必有相當的動作，且必有出乎尋常的大舉，大過所以次大畜，及頤卦。卦上兌下巽，木本在水上，今轉被水沒滅了。又陽大陰小，本卦陽過乎陰，為大者過，以上皆具有大過的象與義。

　　大過。棟橈，利有攸往，亨。

　　大過棟橈，是大廈將頹了。下橈將倒，是本弱；上橈將折，是末弱。值此時而曰「利有攸往，亨」，是何故呢？是因天下有極難為的事，才可以把天下大過人的賢才施展出來。大近人的賢才，一經施展，無論何等為難的事，便無有支持不住的，故曰「利有攸往，亨」。「棟」是屋脊的梁木。木曲為「橈」，「橈」又作摧折解。

《象》曰：大過，大者過也。

陽大陰小，卦陽過乎陰，故曰「大者過」。

棟橈，本末弱也。

本，謂「初六」。末，謂「上六」。陰柔弱，故曰「本末弱」。

剛過而中，巽而說行，利有攸往，乃亨。

此節釋明卦義，言剛雖過而「二」「五」都得中，是居處不失善道。下巽上兌，柔順和說，是行事能洽輿情。由此以往，無不利，更無有不亨通的。「說」作喜悅解。

大過之時大矣哉！

大過的時候，無有大過人的才，斷不能作大過尋常的事。時勢緊張，千鈞一髮，其關係重大，無有再過於此時的。

《象》曰：澤滅木，大過。君子以獨立不懼，遁世無悶。

澤能滅木，可為大過。君子觀象取法，進就獨立作事，毫無畏懼的精神。退就隱遁岩谷，毫無鬱悶的狀態。周公東征的膽識，顏子陋巷的娛樂，有此光景。

初六。藉用白茅，無咎。

「初六」明柔而居巽下，是能謹慎任事的。大過卦義，主作大事。從古作大事的，不但有大智大勇，其作事更特別小心。不小心，雖有大智大勇，也是不能成事。所以聖人在初爻便發明此義。「初」陰柔，是能謹慎的，又為巽主，是慎而又慎的。譬如

將一件東西，安穩放下未嘗不可。若更在下邊墊好，不教那東西著地，也就很慎重了。墊物用茅，柔潔最宜。所墊的不但用茅，且用白茅，潔而又潔，而又慎。人作大事，能如此小心，那是不會有半點過錯的。巽，柔木，白，白茅象。

《象》曰：藉用白茅，柔在下也。

明柔居在巽體以下，故能如此敬慎。

九二。枯楊生稊，老夫得其女妻，無不利。

「九二」以剛陽而居謙柔，下比「初六」，此大臣能虛心下士而得助的。用此道，當大廈將傾的時候，廢可以興，衰可以扶。如木枯根生，身老妻壯，調劑適宜，大廈自可不傾而復起，故曰「無不利」。蕭何必薦韓信，鄧禹必薦寇恂，是得一良將。如枯木生根蒂，老夫得女妻，是以無有不利。枯，是乾枯。稊，是根。巽木白而高，近澤，故象楊。居澤下，故象稊。互乾為老夫，上兌為少女。

《象》曰：老夫女妻，過以相與也。

老夫女妻，陰陽親比。得此助手，相與自過乎常分，故曰「過以相與」。

九三。棟橈，凶。

「三，以陽居陽，過剛必折，故「棟橈，凶」。

《象》曰：棟橈之凶，不可以有輔也。

剛強太過，凡事逞能，不肯比人幫助，人因著他自滿，也無

有願意幫助他的。棟梁摧折，無人共扶，「三」的病在此：「二」與「三」相反，其好處就在可以有輔。

九四。棟隆，吉，有它，吝。

「隆」是隆起，就是不橈。「四」地位近君，陽居柔位，既不過剛，也不近柔，是國家的棟樑，而能支持大局的，故吉。但「四」與「初」為正應，陰陽的關係，心中難免不相繫戀，然在辦大事的時候，必「公而忘私，國而忘家」，無有其他分心的事，那才能夠專一。若一面辦理國家大事，一面戀戀其他的私情，那便有疵累而不能全吉了，故曰「有它吝」。按上下二體說，下卦，上強下弱，根本不牢，「三」在下卦以上，故棟橈；上卦，上弱下強，根本既固，「四」居上卦以下，故棟隆。「四」「三」在中，正是房梁地位，故六爻中，獨此兩爻稱棟。

《象》曰：棟隆之吉，不橈乎下也。

「四」居上卦以下，上卦上弱下強，故曰「不橈乎下」。

九五。枯楊生華，老婦得其士夫，無咎無譽。

「五」本中正居尊位，應該作一番過人的事業；然下無正應，無人輔助，作事固難。而上與過時的陰爻相親比，以大有為的資格，竟被一老婦所狎暱完，如枯楊生華（開花），生機發洩已完，哪還有什麼出息？雖無咎戾，聲名卻也平常。

《象》曰：枯楊生華，何可久也；老婦士夫，亦可醜也。

枯楊不生根而生華（開花）不久便要一枯到底了，以很有為的丈夫，偏教一老不正經的婦人暱住，名譽有礙，實屬醜行。此

卦重在剛柔相濟，不取得位，如「二」與「初」以。「二」以剛居柔，「初」以柔居剛，都未甚過。所以「枯楊生稊，老夫女妻，無不利」。「五」與「上」比，「五」以剛居剛，上以柔居柔，都是太過，故「枯楊生華」，老婦士夫，實屬可醜。

上六。過涉滅頂，凶，無咎。

兌澤在上，既可滅木。人若涉水，一定要遭滅頂的大禍。此喻處在過極的時候，國事已無可為。若鞠躬盡瘁，終思維持國是，以冀挽回國運，如漢末禰衡，明末東林黨，更要激出變故，不能救亡，轉致速亡。本爻「上六」兌主和悅，因大局既不可救，又思自己才弱，也不能救，遂從容和順，自處局外。如東漢的申屠蟠、郭泰一流人物，雖處在過涉滅頂極凶的時候，而自己依然從容自得，天下後世，也無有說他不對的，然實在也不能算有罪過。又按澤滅木取象，如涉大川，必至滅頂，就如國家將亡，忠臣要挽國運，必至殺身，如文信國、史閣部諸公，雖身遭大禍，可謂極凶，而浩氣常留於天地間。哪能有咎呢？此解尤為直捷。

《象》曰：過涉之凶，不可咎也。

過涉的凶險，雖至殺身。如禰衡諸人，其心總在除奸，千古艱難惟一死，縱於中道稍有出入，那還能說他有過麼？

習坎卦

坎下坎上

以『九二』『九五』為卦主

習坎《序卦》：「物不可以終過，故受之以坎。」凡大過尋常的舉動，必須經過相當的艱險，才能成功，坎所以次大過。習，是重習、演習。蓋險事非預先演習，臨事不能有穩健的處置，故曰習坎。全《易》上下都要重的，共八個純卦。如乾健，坤順，震動，艮止，離明，巽入，兌悅，都是吉德。獨坎險而又險，聖人不取，故特加一「習」字，名曰「習坎」。是使人見而知戒，勿輕嘗被陷的意思。卦中一陽，上下二陰，一陽陷在二陰中，象險義險；重為六爻，險而又險。

習坎。有孚，維心亨，行有尚。

陽實在中，故「有孚」。「孚」是誠信，誠信可通金石，行蠻貊，無論有多大險難，只要至誠，便無有能阻擋得住的，故曰「維心亨，行有尚」。「尚」作嘉解。

《彖》曰：習坎，重險也。

上坎下坎，故曰「重險」。

水流而不盈，行險而不失其信。

水只是平的，一盈便流，故曰「流而不盈」。盈科而後進，此科盈，便又行到彼科；斷未有此科不盈，就越過此科，行到彼科去的，故曰「行險不失其信」。

維心亨，乃以剛中也。行有尚，往有功也。

此節說出險，因著陽剛在中，能動便能出險，故曰「心亨」。險惟能行才能濟，故曰「行有尚」。「行有尚」，便是「往有功」。

天險不可升也，地險山川丘陵也，王公設險以守其國，險之時用大矣哉！

文王發明習險的大義，孔子此節是發明用險的大義。習險，是練習著遇險而能從容過去，這是立身的大本。用險，是利用險阻作為屏障，這是保衛的大權。如天高不可升，地有山川丘陵的梗阻不可越，這是天地自然的險。王公守國知必有險，才有保障。於是法天險的不可升，遂設高卑貴賤的等級；法地險的梗阻不可越，遂設城池關壘的屏藩。設險可以保守全國的治安，險固足以陷人，而也有如此大好的作用，是不可但知其一不知其二的。

《象》曰：水洊至，習坎。君子以常德行，習教事。

「洊」，有漸與再兩解。「水洊至」，是水流上坎既盈，漸漸再至下坎，前逝後增，無有停息。如此修德，如此教民，皆如川流方增，耐常而無倦。孟子所說：「盈科後進，有本者如是。」故君子取法，以「常德行，習教事」。

初六。習坎，入于坎窞，凶。

「窞」（音淡），是坎中的小穴，險中的險。陰柔居重坎下，故有此象。「初」不中不正，是行險僥倖的小人，不但不能僥倖，其入險轉更深了。如宦官盛而朋黨興，黨人死而宦官也就相隨以滅，凶是無所逃的。

《象》曰：習坎入坎，失道凶也。

凡人作事，離了正道，斷乎不行。「初六」既失正道，哪得不凶？

九二。坎有險，求小得。

「九二」類乎羑里（周文王曾被商紂王囚禁於此）的事，以剛德行中道，「九二」究有何罪，偏為上下二陰所陷？此為君子的大不幸。而「九二」以剛居柔，不以剛爭，而以柔處，遂可小濟，暫因而不至於殺，便是小得。此小得，能求得到，那便有設法輪圍、徐圖出險的餘地了。

《象》曰：求小得，未出中也。

離了中道行事，便要有失。「九二」不但無失，而且可「求小得」。這都是在中道範圍以內作事的好處。

六三。來之坎坎，險且枕。入于坎窞，勿用。

「三」陰柔不中正，處在下卦以上，緊連上坎，是一險將終，一險又來，故曰「坎坎」。進退都險，避無可避，只可沉住氣，暫且小息，故曰「險且枕」。「枕」是靠某物休息的意思。此時不宜輕動，若輕易動作，不但不能出險，入險轉更深了。遇

險的時候，前後都不可輕易進退，急躁冒失是勿用的。「來之」作兩讀，就是「來」是坎，「之」也是坎。之作往字解。

《象》曰：來之坎坎，終無功也。

進退都坎，若冒失了，入險更深，恐怕終久不能成大功。

六四：樽酒，簋貳，用缶，納約自牖，終無咎。

處重險而得正，以柔居柔，上承「五」，「五」也得位，剛柔兩得。兩爻又都無正應，是能開誠布公，相與親比，互以至誠約結，商量出險的。雖不過用酒一樽，肴二簋，且盛以瓦器，所約結的，也自明通，而準可生效。如此同心共濟，終能攜手出險，可以無咎。牖是窗。以喻結約明通，而可以遵守。

《象》曰：樽酒簋貳，剛柔際也。

剛柔，指五、四兩爻言，「五，」無正應，與「四」密比，一陽一陰，交際自親，相約出險。手續雖簡單，而以交際親密，自明通而可以攜手，故曰「剛柔際」。

九五。坎不盈，祇既平，無咎。

前皆言水性的險處，此獨言水德的美處，水德常平而不盈。人能如此，哪有過咎呢？「九五」剛健中正，故於此爻稱水德。

《象》曰：坎不盈，中未大也。

守中道而不自大，這便是水到哪裡都可生存的道理。「中未大」，便是坎不盈。

上六。繫用徽纆，寘于叢棘，三歲不得，凶。

「上」以陰柔，處險極的地位，又無出險的能力，如人用繩拘繫囚在獄中一般。古法，只要不犯死刑，無論何等重罪，如能悔過，至多三年，即可獲得免罪釋放。「上六」昏暗不明，不知悔過，便繫三年也不得出，凶真難免了。「繫」是縛。「徽纆」繩索。此爻變巽（☴），為繩，為長，徽纆象。上互艮手，繫象。坎為「叢棘」。

《象》曰：上六失道，凶三歲也。

昏暗不知悔過，是失出險的正道，雖凶已三歲，也是不能免罪釋放的。

離卦

離下離上
以『六二』『六五』為卦主

離《序卦》：「坎者，陷也。陷必有所麗，故受之以離。」「離」作麗解。麗，是親附。坎陷水中，必須有個著落，不然，究陷到何處為止，離所以次坎。卦一陰麗於二陽當中，這是火的性質，必附麗薪木，才能發生作用。無薪，火無從燃。「薪傳」二字，就是從此說起。此為卦義。火體是中虛的，為日、為電，都是中間虛明，此為卦象。

離。利貞，亨。畜牝牛，吉。

離，為火，是通明的。然人要察察為明，便要發生流弊，故明便應該養正，才能亨通，故曰「利貞亨」。又過明必要剛決，其明也行不下去，故剛明必須養以柔順，才能相稱，故曰「畜牝牛，吉」。「牛」是柔而又柔。蓋火性炎上而燥，必由正道，畜順德，才可以消躁性。此昔指「二」「五」而言。「畜」是養。

《彖》曰：離，麗也。日月麗乎天，百穀草木麗乎土，重明以麗乎正，乃化成天下。

「五」為天位，「日月麗乎天」，是上離。「二」為地位，「百穀草木麗乎土」，是下離。「重明」是合上下二體說，上下君臣都麗乎正道，便可以離的文明化成天下了。

柔麗乎中正，故亨，是以畜牝牛吉也。

柔麗乎中，指「六五」。柔應乎中，且正，指「六二」。其亨通的由來，以及養柔德，如「畜牝牛」而得吉道，從二、五兩爻說。

《象》曰：明兩作，離。大人以繼明照于四方。

「兩作」，就是說不止一次。「兩作」二字，義極簡明而微奧。上下重明，前後通明，日月互明，都是絕大的作用。大人觀象，就自明其德。今日明，明日也明，繼續不止。不但自己明，教化的天下，也無有不明。「照于四方」，是大人的明無不照，四萬也就都能明瞭。孔聖人所說明明德於天下，就是此意。譬如現在推行自治，從一模範區起，此處成立，彼處也相繼成立，越推越廣，將來四方無不成立。聖人立言，萬古不能出其範圍，誰說古今的道理不相通呢？

初九。履錯然，敬之無咎。

錯，有錯雜、交錯兩義，更有進退不定的意思。陽本好動，居離體以下，如朝日初出，才起床。步履交錯，欲動還無一定的主義。然當日出而作的時候，「一日之計在於晨」，務須恭敬謹慎，才能一天腳步不亂。本明德以作事，自然就無一點過失。

《象》曰：履錯之敬，以辟咎也。

步履交錯，欲動，而敬慎不敢躁進。這正是求著避免過失的意思。因居明體而能剛健，以知躁進必有過咎，而能避免。不然，就要妄動得咎了。

六二。黃離，元吉。

黃，中色。離中一爻，正是坤土，故色黃。「二」居中得正，正是「柔麗乎中正」，黃為很文美的正色。文明中正，是極盛的美觀。故取象「黃離」。當文明之世，居大臣之位，而能以謙柔之德，行中正之道，此其所以能得莫大之吉，而足以為一卦之主。周公「袞衣繡裳，公孫碩膚」，有此光輝。

《象》曰：黃離元吉，得中道也。

「黃離」，絢爛光輝，天下文明如日正午，此等好處，全由「六二」居中得正而來。

九三。日昃之離，不鼓缶而歌，則大耋之嗟，凶。

下離已終，正象日昃。日昃，是日將沒的時候。盛極必衰，本是常道，此時重在安靜守常，才能維持現狀。若一看時勢將衰，就手忙腳亂，改了常度，一定越弄越糟。「三」，過剛不中，當著這個時候，沉不住氣。如盲人騎瞎馬，靡有一定的主義。一時樂了，就要鼓缶歌唱一回。一時憂了，又傷心年老，嗟嘆一回。樂也失常，憂也失常，斯真凶象。八十多為耋，「大耋之嗟」，就是自傷年紀已老，將不久於人世了。「初」日出。「二」日中。「三」日昃。都是按著爻位立說。

《象》曰：日昃之離，何可久也？

「日昃」，是日既傾昃。夕陽西下，就算稍稍的還有一線的光明，那還能久麼？

九四。突如其來如，焚如，死如，棄如。

前離既終，後離續來。若以和平人主持其間，用薪傳火，薪慢慢的續，火徐徐的明。明不息，火也不猛，才得中道，才能常明。今「四」性剛，不中不正，正在新火舊火接續的時候，不漫著養那星星的火勢，竟採用暴烈的手段，冒冒失失的一剔騰，立時就大灼起來。傳火的薪柴，也就立見燒完成灰，而火也就要隨著滅了。薪成了灰，無一點用處，也就要棄了。大概萬物發泄的快，消滅的也快。這都是因為「四」不中正，性情剛暴，故如此取象。「如」語尾聲。

《象》曰：突如其來如，無所容也。

陽剛不中正，昏暴到了極點，以有突如其來、不能容身的現象。不是人不能容，是自己鬧的走到絕路上去。商鞅末路，才知立法不良，無所容身，家也就不保了。

六五。出涕沱若，戚嗟若，吉。

「六五」居尊位而守中，有文明的美德，也算不錯了。然性極柔弱，下無應援，而獨附於兩陽當中，是環境很不易處。危懼至極，往往至於「出涕」、至於「戚嗟」。居尊位，且本有文明的資質，今知為君的難處，而能憂懼如此，此正是太甲悔過，自怨自艾（自艾是自治）的光景，自是吉道。離目，上下互卦大象坎（☵），為水，涕沱象。上互兌口，火有聲、戚嗟象。又離為

槁木、為竹，竹木初燒，必有汁液，且有聲音，也是涕沱、戚嗟像。「若」也是話尾。

《象》曰：六五之吉，離王公也。

「六五」為文明主體，處尊居中，身為王公，見事明，慮患深，故能得吉。

上九。王用出征，有嘉，折首，獲匪其醜，無咎。

「王」指「五」。「用」是用「上九」。「有嘉」是有令嘉獎，也是嘉「上九」。「折首」，「獲匪其醜」，是可嘉的事實。首，是叛黨的首領。醜，是叛黨裡的小嘍囉。離火是有威的，又為甲冑戈兵，變震動，是出征象。然為大將的討伐有罪，把他那為首的斬獲，也就完了。若是不分首從，一齊斬殺，那就算辦理不善，還有什麼可嘉的呢？今「上九」處理得法，擒賊擒王，但把罪魁斬了，其餘被脅從的小嘍囉，概不治罪。如此恩威並用，深合「六五」柔和仁慈的心思，實在無有一點過錯。所以在上的得了此等報告，一定是有嘉獎的。

《象》曰：王用出征，以正邦也。

「征」就是正。孟子云：「征之為言正也。」寇賊亂邦，是已出了正軌。「六五」明於用人，「上九」能以征伐，非「六五」能明。不用「上九」，非「上九」有能為，不會分別首從。「五」用「上九」出征，並非窮兵黷武，為的是把這一邦的人事都正過來，全教他入了軌道。出征的本意，為此。故曰「王用出征，以正邦也」。

卷三・ 下經

咸卦

艮下兌上
以『九四』『九五』為卦主

《周易》分上、下經，確有深意，不是隨便的。所以孔子於《序卦傳》序還上經各卦終了以後，戛然頓住，又發出「有天地，然後有萬物」一段大議論來，敘到應該露出卦名來的地方，但言「夫婦」而不言咸，如上經但言天地而不言乾、坤。此因天地為萬物的父母，所以上經對於乾、坤非常鄭重；夫婦為人類的父母，所以下經對於咸也非常鄭重。咸兌上艮下，少女少男，婚配相當，感情初結，人道開始，是為卦義。兌為澤，艮為山，澤在山上，山澤通氣，是為卦象。

咸。亨，利貞，取女吉。

咸，有交互相感的意思。凡人若能相感，便情通理順而能亨。然相感若不以正，如夫婦非以禮合，朋友非以義合，君臣非以道合，那就入於惡道了。此咸道能亨，所以利於貞正。相感既合正道，如艮少男在下，兌少女在上，男志篤實，女意和悅，男先以大媒重禮求親，女兒媒禮周備，毫不苟且，而且年歲相當，歡然應允。此為正式婚姻，用此等辦法娶女，自是吉道。

《彖》曰：咸，感也。

咸，就是感。所以感的為心，無心不能感，故咸加心而為感。然有心為感，恐是一面的，不能咸感。故感去心便為咸，惟於感無有成見，然後無所不感。本卦聖人以「咸」名，而《彖傳》以「感」釋，其旨趣才能互明而不偏。

柔上而剛下，二氣感應以相與。止而說，男下女，是以亨利貞，取女吉也。

本卦兌上艮下，兌柔艮剛，故為柔上而剛下。「二氣」就是陰陽。上下二體，初爻陰，四爻陽。「初」「四」便為正應；二爻陰，五爻陽，「二」「五」便為正應；三爻陽，上爻陰，「三」「上」便為正應。一卦六爻，陰陽都是正應，陽感陰應，陰感陽應，感應相當，自然而然，故為「二氣感應以相與」。艮為止，兌為說，男女相說（悅），若不以禮制止，女應乎男，若不自重身分，那就難免會有鑽穴逾牆的情事。必止於禮，應以正。說於無言，才為真感。故爻義皆取其靜，亨而利於貞，便是此義。以此義用於取女，自無不吉。

天地感而萬物化生，聖人感謝人心而天下和平。觀其所感，而天地萬物之情可見矣。

把咸道推論起來，天地的二氣交感，便能化生萬物。聖人以自己至誠的心，感天下人民的心。《詩》云：「群黎百處，偏為爾德。」天下自然便都能和平了。從天人兩方所感察看起來，有何等的感，便有何等的立。如天氣下降，地氣便能上升；君禮賢臣，而賢臣便出死力。即觀陰雲釀雨雪，先主訪孔明。天地萬物交感的情狀，便如在目前了。

《象》曰：山上有澤，咸。君子以虛受人。

澤性潤下，土性受潤。澤潤是先感，山虛能受感。虛，是空虛。受，是從善。寂靜不動，一感便通，是全在乎能虛。若有先入為主的意見，橫亘於胸中，是把感通的靈機，先已塞住。再聞善言，見善行，心中便容納不下了，哪能受呢？總而言之，虛才能受，受才能感。不能感，是因不能受；不能受，是因不能虛。君子體咸卦的精義，故能「以虛受人」。

初六。咸其拇。

拇，是足大指。艮為指，在下，故像拇。咸，上下六爻，像人一身，故六爻通在人身上取象。「初」在下，與「四」為正應，然微弱而處於初，未能大感，哪能動人？如拇，雖行動必須用他，然他不能主動。主動的不動，他欲動也是一步不行。艮體本止，因咸為交感，故都有動意。然卦雖主相感，而爻皆宜靜而不動。這便是「以虛受人」的意思。此爻雖不說吉凶，因欲動未能，仍歸於靜，便不至於凶。

《象》曰：咸其拇，志在外也。

「初」與「四」感應相與，是他的心志，所感在外。外，指「四」在外卦言。

六二。咸其腓，凶，居吉。

「二」以陰居下，與「五」為正應，應靜守以待「九五」相求，才合正道。若相感情急，便欲往就，便與咸道不合，一定有凶；而「二」自處中正，深明此義，很能安居待時，故吉。「腓」在足上膝下，俗名腿肚子。

《象》曰：雖凶居吉，順不害也。

腓動便凶，而「二」居中得正，能順時而安居，不至害於躁動，故曰「順不害」。

九三。咸其股，執其隨，往吝。

「三」處下體以上，因互巽（☴），故言股。「三」雖艮體，然以陽居陽，又有正應在上，不是甘心靜止而不動的。「四」為心位，心動形隨。「三」股位，與「四」近而相承，故他所應守的本分，在執隨從的義務。躁動妄往，是為吝道。

《象》曰：咸其股，亦不處也；志在隨人，所執下也。

「咸其股」，是欲動了。雖居艮體，也不能靜止而安處。然股動，也是不能自主，心動股隨，在「四」下而執行隨從的義務，故曰「所執下」。

九四。貞吉，悔亡。憧憧往來，朋從爾思。

「九四」居股上脢下，又在互卦三陽的中心，故取心象，是為卦主。咸感貞正，便能吉而無悔，正與卦辭相合。「憧憧」是忙碌象。「憧憧往來，朋從爾思」，是言處此地位，一心牢守正道，便能吉而悔自亡。若心忙意亂，思來想去，從朋類上著意，是狹義的感應，便不能正大光明了。孔子云：「天下何思何慮。」可見感應宜出於自然，慮最忌乎自憂。

《象》曰：貞吉悔亡，未感害也；憧憧往來，未光大也。

守正便不能感受損害，「憧憧往來」，是滿腹都是陰私，哪能窮神知化，成光明的盛德呢？

九五。咸其脢，無悔。

「脢」是背上脊肉，與前心相對，人所不能見的。在人身上毫無作用，本無情感可言，不知此爻卻有極大的關係。因「四」「五」雖同為卦主，而「五」居尊位，更為主中主。此爻剛健中正，合柔順中正的「六二」為正應，是聖人在上，更有賢臣輔佐著，那還不足感人心使天下和平麼？聖人感人心，不但眼前的人，或良民，能教他受感；就是那偏遠地方的人，或背叛的頑民，如人背後的脊肉，一面也不能見，毫無情感的，也能把他感化的一致和平，皆大歡喜，才算達到目的，決無虧悔。

《象》曰：咸其脢，志末也。

「末」是末後的結果，就是感人心使天下和平。用志在此末後的結果，就得了這個結果，所以無悔。

上六。咸其輔、頰、舌。

口兩旁有輔、頰，輔在內，頰在外，為其夾輔牙齒，故名輔、頰。上陰柔，兌卦主爻，是欲以言語感人的，不以至誠感物。只憑口舌取憐者是小人、女子的狀態，蘇秦、張儀一流人物，有凶無吉，自不待言。咸六爻，都從人身取象。上卦像人上體，下卦像人下體。「初」在下體以下為拇，「二」在下體當中為腓，「三」在下體以卜為股。此下三爻的次序，「四」在上體以下為心，中後為脢，前上為口，此上三爻的次序。艮卦也是取象人身，但咸為感，艮為止，感便動，止便靜。咸不如艮吉多凶少，可見靜者多妙，動易有咎。輔、頰、舌，從兌取象。

《象》曰：咸其輔頰舌，滕口說也。

「滕口說」，是張口大說，旁若無人的樣子；但以口說媚人，正與咸道相背。哪能感人呢？滕、騰，古字通用。

恒卦

巽下震上

以『九二』為卦主

　　恒《序卦》：「夫婦之道不可以不久也，故受之以恒。」恒是常久。咸為初嫁娶的夫婦，夫婦已成，終身配偶，故以恒繼咸。咸以「男下女」取象，「男下女」是結婚的大禮。恒以男外女內，男上女下取象。男外女內，男上女下，是居室的大倫。少女少男，是嫁娶的時候，故兌、艮為咸。長男長女，是治家的時候，故震、巽為恒。男動於外，女順於內，此為夫唱婦隨，治家的常道，斯為本卦的象與義。

　　恒。亨，無咎。利貞，利有攸往。

　　恒，是美德。《論語》云：「得見有恒者，斯可矣。」可見恒有亨道，可以無咎。然必利於正，如君子恒為善，才能無咎。若小人恒為惡，又焉能無咎呢？是恒而亨，恒而無咎，全由於貞正。然恒道并不是固守一隅、不知變動的那種說法，既有恒，才能無往不利。若固守一隅，那便不是恒道了。此卦辭可分倫理與作事兩層解。「利貞」，是倫理，為永遠無有改易的恒道；「利有攸往」，是作事，為永遠可以推行的恒道。卦辭故兩言利。又

從卦德上說，女靜於內「利貞」；男動於外，故「利有攸往」。

《彖》曰：恒，久也，剛上而柔下。雷風相與，巽而動。剛柔皆應，恒。

震上巽下，故曰「剛上而柔下」。雷鳴風發，互助聲勢，故曰「雷風相與」。「順而動」，順指巽，動指震，順理而動，順時而動，都是處世的正軌常道。「剛柔皆應」是言上下六爻，「初」與「四」，「二」與「五」，「三」與「上」，陰陽剛柔皆正相應。男正位乎外，女正位乎內，夫倡婦隨，天經地義，斯為恒道。

恒，亨，無咎，利貞，久于其道也。天地之道，恒久而不已也。

恒固能亨，且能無過，然利在貞正，其道才能持久。天地運行，也只是一個正，才能恒久運轉而無有已時。

利有攸往，終則有始也。

「利有攸往」，是言以恒道進行作事，終久靡完，如禾稼結實，樹木結果，便為一年終了。然到明年把果實種上，復長復結，有始便有終，既終又有始，這才是「利有攸往」，萬古不窮的恒道。

日月得天而能久照，四時變化而能久成，聖人久于其道，而天下化成。觀其所恒，而天地萬物之情可見矣！

日月行天，四時成歲，與聖人以久道化成天下，這都是經常的大道。恒道關係最大，萬古是這個天地，萬古是這個恒，萬古

是這些萬物。萬古是這個恒，觀其所以恒，便看出天地萬物的性情來。看出天地萬物的性情來，也就明白恒道的作用，合他那許多的好處了。

《象》曰：雷風，恒。君子以立不易方。

雷助風聲，風助雷聲，天道萬古不變。君子取法，其要在立定腳根。如父主嚴，母主慈；男在外，女在內。人道也是萬古不變，故曰「立不易方」。若立身的方位錯亂，那還能恒久麼？

初六。浚恒，貞凶，無攸利。

「浚」是深求的意思。下卦巽為人，故言「浚」。「初」為巽主，「四」為震主。長男長女，為正式的夫婦。婦求夫，本為常道，而異性好深求。如中饋的酒飯色肉，深求豐盛；所用的衣服飾品，深求華美。而震性決躁，在初合的時候，哪能件件立允？如再固求，難免不生衝突，故不免於凶，而毫無所利。此如賈誼初見漢文，便痛哭流涕，請改制度。交淺言深，那如何能不受譴謫呢？

《象》曰：浚恒之凶，始求深也。

初相聚合，便有深求。交淺言深，絕對不行。

九二。悔亡。

所居得正，才為常道。二爻陽居陰位，既不得正，就非常理。本應有悔，然「二」有中德，與「五」為正立。「五」也合中，中與中應，是動靜都能得中。古聖賢相傳的心法，只有一今「中」字。「二」既得中，其因不正所應有的悔，也就可以解除

了。此爻義甚明了，故不再著一字。

《象》曰：九二悔亡，能久中也。

人能恒久履於中道，自然悔就無有了。悔，是從所居不正上說。悔亡，是從能合中道上說。

九三。不恒其德，或承之羞，貞吝。

「三」居上下的當中。雷風接觸，斷斷續續，巽又進退不果，皆是無恒的現象。孔子云：「人而無恒，不可以作巫醫」。此等你一定要受羞辱的。如鄭朋兩從，呂布屢叛，終至無所容身。無恒的壞處，一至於此。雖以陽居陽，不失貞正，而剛躁太甚，也救濟不過來，其羞吝斷乎難免。

《象》曰：不恒其德，無所容也。

無恒德的人，朝秦暮楚，終至無所容身，羞吝還是小事。

九四。田無禽。

恒道以中正為本。「四」以陽居陰，不正。居上卦以下，不中。不中不正，難乎有恒。這等人求學不法聖賢，治國不愛人民，作事無有是處，就如田獵，意在得禽，而偏向無禽的地方去獵。如此作事，雖也用力不少，究竟何苦空自擾攘一回呢？「四」變坤為地，田象。又為眾，在震體，動眾，田獵象。應爻巽，為雞，又為伏，為入，故無禽。

《象》曰：久非其位，安得禽也。

久處於不中不正的地位，如狩獵不得其地，安能得禽呢？

六五。恒其德，貞，婦人吉，夫子凶。

夫強於婦，君剛於臣，是為正道。今「五」為大君，且為長男，而竟陰其性，柔其體，君不能為主，而順從「九二」的強臣。丈夫不能自立，而順從巽體的健婦。以順為恒，在婦人為正德，為吉道。若為大君為丈夫的，也以柔順為恒，凶於國，害於家，是一定的。魯哀晉元，可為殷鑒。

《象》曰：婦人貞吉，從一而終也；夫子制義，從婦凶也。

婦人守貞，終身順從一夫，永無二心，在妾婦最稱賢德。「五」是夫子的身分，看明大義，該當如何，就作臨時適宜的制裁，那才合乎身分。若以夫子的身分，也作妾婦的行為，無丈夫氣，故凶。「六五」變兌（☱）少女，故言婦。夫子，指震說。

上六。振恒，凶。

振，是抖擻撼動的意思。「上六」陰柔，本不能固守恒道，而且居在恒極震終的地位，恒極便要反常，震終就要過動。如宋時王安石變更舊制，越弄越糟，是為「振恒」，焉得不凶？

《象》曰：振恒在上，大無功也。

在上位，擘畫不善，胡亂更張，上不利國，下不利民。安石、靖康的大禍，全是這樣鬧出來的，謂為「大無動」，還是從輕處說。總看恒卦六爻，但取得中，不取上下相應。因不中，便不能恒。如「初」在下體以下，「四」在上體以下，都未及乎中，遂拘泥而不知變動。故初「浚恒」，四「田無禽」。「三」在下體以上，「上」在上體以上，都過乎中，遂好變而不知守常。故三「不恒」，而上「振恒」。只「二」「五」都得中，能

知恒道，而「二」剛居柔位，以剛中為恒，位不省，故僅能悔亡。「五」柔居剛位，以柔中為恒，位不當，故但許為婦人的吉道。一卦無全吉的一爻，可見恒道真難。

遁卦

艮下乾上
以『初六』『六二』為成卦主，『九五』為主卦主

遁《序卦》：「恒者，久也。物不可以久居其所，故受之以遁。」凡物經久必有變軌，由聚而散，是為遁義。卦上乾下艮，乾性進，艮性止，愈去愈遠，是為遁象。（遁卦即天山遯）

遁。亨，小利貞。

遁，是陰長陽消，君子遁藏。故為遁。然君子心在天下，不在一身。君子遁藏，君子道亨而天下便不亨了。君子此時雖志在必遁，而也不悻悻以去。以此時二陰雖長於內，尚漸而未驟；四陽猶盛於外，其勢或可小有救正，使其不至於大壞。如孔子去魯，而遲遲其行；孟子去齊，而邢宿去晝。皆是希望小小救正，於天下事但能有所補益，便不願潔身以去，故曰「小利貞」。若內卦長到三陰，便成否卦（☶）那就直言「不利君子貞」，而不言「小利貞」了。

《彖》曰：遁亨，遁而亨也。剛，當位而應，與時行也。

小人道長的時候，君子退避，大道卻能亨通。「剛，當位而

應」是指「九五」以陽居陽為當位，且與以陰居陰的「六二」為正應。良朋商酌，明哲保身；攜手同行，急流勇退，這便是能與時行。

小利貞，浸而長也。

群陰漸長，比較否卦「不利君子貞」，固然還差一點，然其勢力也要漸漸的膨脹起來了。君子於此時，若大張旗鼓，掃除奸黨，勢必激成禍變。如明末東林黨似的，眼前就恐至於不可收拾。此時若在暗中小有規劃，徐圖救正，小人勢力雖然漸長，不至教他看著我為眼中釘，或可以稍維現狀。這是看著能盡一分力，便盡一分力的意思，故為「小利貞」。

遯之時義大矣哉！

君子忠於國家，明知小人勢盛，難與抵抗，也要竭盡心力，冀維現狀。就如王允、謝安有一分力，便盡一分力，不肯遽然罷手。雖云「小利貞」，其希圖挽救時局，大義凜然，故為聖人所深許。遯、睽（☲）兩卦象辭，一曰「小利貞」，一曰「小事吉」，人若不加思索，因其小便要不甚注意了，而聖人都贊其大，是教讀者知雖全著一「小」字，其中卻具有很大的作用，不宜輕視的。

《象》曰：天下有山，遯。君子以遠小人，不惡而嚴。

卦名有取象的，有取義的。如地中有山，便是謙（☶）象；天下有山，便是遯義。其義所在，是因二陰漸長於內，四陽將消於外。第三爻一變便為否（☰），其義為陽避陰，君子避小人，故曰遯。遯，是退而避。退而避，不必山林岩穴，然後為遯。大

遁遁於朝，小遁遁於野。孔子與陽貨同國，孟子與王驩同事，故曰「君子以遠小人，不惡而嚴」。孔子答陽貨曰「吾將仕」，孟子與王驩朝暮見。這教人一點看不出如何遠小人，惡小人來。然見貨必瞰其亡，見驩未嘗與言行事。這還不是很嚴麼？惟不惡，故不害。惟嚴，故不污。

初六。遁尾，厲，勿用有攸往。

他卦以下為起點，遁是往前去。在前的便為先，故初為尾。尾在後，處應遁的時候。遁而落後，便有危厲。然初下，是卑賤的。卑賤的，人不注意。此時宜不動聲色，暫且照舊，也不礙事。若既落後，沉不住氣，急於再有動作，怕更惹出事來，故「勿用有攸往」。

《象》曰：遁尾之厲，不往，何災也？

一看不好，先遁固佳。然既落後，暫不躁動，也可免災。昔朱義公欲上書參劾韓侂冑，占得此爻，遂作罷論。

六二。執之用黃牛之革，莫之勝說。

二居臣位，與五為正應。柔順中正，在應遁的時候，而以有維持國事的責任，不肯輕去。其堅執固結的心志，好似用黃牛皮革牢牢縛住，絕對不能解脫。此是貴戚，或世臣的身分，如箕子「我不願行遁」，就自己執志已堅，決不為保身而棄國，故不言遁。「說」讀作脫。

《象》曰：執用黃牛，固志也。

黃牛革堅固已極，「六二」維持國事的志願，正與相等，是

得中守正的大臣心事。

九三。繫遯，有疾厲，畜臣妾，吉。

遯宜決斷，不宜稍有繫戀，「九三」為二陰所逼迫，是非遯不可的。然「九三」上無正應，下與「六二」最相親比。因係戀情深，當去不去，此如人有疾病，已人膏肓，殊為危厲。蓋係戀私恩，是待遇小人的事，以此畜養臣妾便吉。若在決定去就大計的時候，也要如此瑣褻，便危乎其危。

《象》曰：繫遯之厲，有疾憊也；畜臣妾吉，不可大事也。

應遯的時候，而有繫戀。危厲不安，便要疲憊而喪失其精力了。像這種私暱的心，待遇臣妾還好，若作大事，是斷乎不可的。下艮手，互巽繩，繫象。艮為閣寺，巽女，故言臣妾。

九四。好遯，君子吉，小人否。

「好遯」，是因從所好而遯的意思。當小人道長的時候，恐怕正道被屈，不能從吾所好，所以飄然遯去。不但守道，且可保身，當然是君子的吉道，也正與「遯而亨」的意思相合。如汶上的閔子騫，正為「好遯」，而為「君子吉」。若揚雄仕莽、蔡邕仕卓，身敗名裂，那便是「小人否」了。

《象》曰：君子好遯，小人否也。

爻辭謂「君子吉，小人否」，象但言「君子好遯」，既「好遯」便與象辭遯而亨相合，其吉自不待說。小人反是。

九五。嘉遯，貞吉。

「九五」剛健中正，去就出處，是能合時的。雖有係應，然「六二」也能以中正自處，絕不以兒女私情相牽掣，所以「九五」能如孔子去國，可速便速。這才算得「能與時行」，所以孟子贊孔子為「聖之時者也」。當遯而遯，自就可嘉，自然能吉。「五」為君位，因遯非人君度有的事，故不主人君說。若如祿山作亂，玄宗棄蜀；兀朮擾華，高宗南渡，那還可嘉麼？

《象》曰：嘉遯貞吉，以正志也。

君子的志向，只在進以禮，退以義，不在寵利上著想。伊尹嘗說：「罔以寵利居成功。」此等志向，何等正大。「九五」正此物此志。

上九。肥遯，無不利。

「肥」是圓滿自得的意思，與疾憊相反。「上九」是陽剛獨斷，超然世外。天子不得而臣，諸侯不得而友。遯跡山林，心廣體胖，斷無不利可言。孔子不脫冕而行，孟子浩然有歸志，正合此爻。

《象》曰：肥遯無不利，無所疑也。

外居極上，內無繫應，超然遠引，毫無疑慮，故曰「無所疑」。本卦下三爻為艮，主止，故初「無往」，二爻「執革」，三「繫遯」；上三爻乾主行，故四「好遯」，五「嘉遯」，上「肥遯」，經義何等明了。

大壯卦

乾下震上

以『九四』為卦主

　　大壯，大為陽，小為陰，本卦四陽盛長，故為大壯。卦震上
乾，下剛而動，也是大壯。《序卦》：「遯者，退也。物不可以
終遯，故受之以大壯。」遯，是陽衰而遯，為復時六月卦。本卦
是川盛而壯，為春時二月卦。有一衰便有一盛，這是盈虛消長的
道理，大壯所以次遯。

大壯。利貞。

　　田盛為大壯，大壯若不正，便要恃血氣的剛猛，有武斷的行
為，絕非正道。君子不為，故聖人簡捷示以「利貞」。

《彖》曰：大壯，大者壯也。剛以動，故壯。

　　乾剛震動，故曰「剛以動」。天欲為剛，動而無欲，便理直
氣壯，故為大壯。若動以私心作事，便為「色厲而內荏」（厲是
剛，荏是柔），哪能為大壯呢？

大壯利貞，大者正也。正大而天地之情可見矣！

大而能正，正而愈大。天地的情況，不遇如是。然天地的情況，本不可見，以正大而便可見。四陽盛強，二明微天，大盛小衰，剛進柔退，強長弱消。這便是天地自然的情況，不知天地，試觀大壯。

《象》曰：雷在天上，大壯。君子以非禮弗履。

雷震天上，是何等盧勢，故為大壯。君子現象，因思壯在乎正，而正必須把私心治去，一切都歸到禮上。自己履行的事，無有非禮的，才能理直氣壯，至大至剛。《中庸》上說：「中立不倚強哉矯。」又古語：「自勝為強。」自治去私，「非禮弗履」，非君子有大壯的心，不能有此大壯的事。

初九。壯于趾，征凶，有孚。

下卦乾體，陽剛主進，以在下，故曰「壯於趾」。初以陽居陽，雖係得正，而在下用壯。如賈誼欲去絳灌，南蒯欲去季氏。此等躁進，其凶是實在靠得住的，故曰「征凶，有孚」。

《象》曰：壯于趾，其孚窮也。

居下用壯，恃強胡行，窮困而凶，信乎難免。

九二。貞吉。

爻貴得位，大壯偏以陽居陰位為吉，是怕陽剛再一得位，便過於壯了。故二與四都曰「貞吉」。

《象》曰：九二貞吉，以中也。

二居中位，又以陽居陰，剛柔調劑得中，不過乎壯，所以「貞吉」。

九三。小人用壯，君子用罔。貞厲，羝羊觸藩，羸其角。

乾本至健，又以陽居陽，是過於壯了。小人而壯，一定要好勇鬥狠，恃強陵人，無事不用其壯。若在君子，「有若無，實若虛」，雖有過人的大勇，也如弱不勝衣，毫無勇力似的。故曰「小人用壯，君子用罔」：罔，作「無」字解。此爻陽居陽位，本得正，然剛壯太過，雖正也不足恃。如羝羊最為剛狠，遇藩籬在前，也必恃強抵觸。結果不但不能觸進，轉把它的角也困住了。用壯的危厲如此。羸，作困解。本爻互兌變兌，故曰羊。乾純陽，故曰「羝羊」（羝羊是公羊）。震為竹葦，藩象。兌陰爻在上，作兩開勢，角象。

《象》曰：小人用壯，君子罔也。

小人壯盛，便要用其壯以陵人。君子雖有大勇，反似無有縛雞的力量。君子小人的作用，過乎不同。

九四。貞吉，悔亡。藩決不羸，壯于大輿之輹。

處在大壯的時候，必能謙而有禮，才為善道。四以陽居陰，不過乎剛，自貞靜而得吉，悔也可亡。其最大的好處，是群陽並進，前遇二陰不能阻止。就如藩籬已撤，道路大通，車馬馳騁，輪輹堅固，何等暢快。震為大塗，此爻變坤（☷），為大輿。

《象》曰：藩決不羸，尚往也。

「九四」以剛居柔，與「九二」同，但言「貞吉，悔亡」，其義已盡。而爻象下復著數語，此何說呢？這是聖人恐人以居柔就不必前進。遂至委靡不振，故更示「以尚往。

六五。喪羊于易，無悔。

眾陽盛強於「六五」以下，而「六五」能使眾陽伏首安居，喪失其勇。正賴「六五」以不剛不柔的德化，故能調劑得宜而無悔。「喪羊于易」，就是使眾陽容容易易的把他那好勇的氣焰喪失了。「六五」陰居陽位，得中，居君位，故能化下。卦體大象似兌（☱），所以多以羊取象，即以羊喻陽。

《象》曰：喪羊于易，位不當也。

「六五」以陰居陽，位雖不當，而以柔居剛。在大壯時不至過剛。德過於位，位顯其德，故能「喪羊于易」。

上六。羝羊觸藩，不能退，不能遂，無攸利，難則吉。

「上」壯終動極，故也像「羝羊觸藩」。羊角觸入藩籬，前進不能過去，後退也卡住了。是退也不能如意，進也不能遂心，可謂失利極了。然六雖壯極動極，然其質本柔，柔便能夠知難，知難便當思退，便不至如商鞅、李斯，騎虎難下，大禍臨身了，故曰「難則吉」。

《象》曰：不能退，不能遂，不詳也；難則吉，咎不長也。

因好勇而不詳察，便鬧得前來不得，後去不得，若知難而處事詳細，自然就不能長有這咎了。

晉卦

坤下離上

以『六五』為主

　　晉，是升進，且有近於明盛的意思。卦離在坤上，是日出乎
地上，越升越明，故為晉。《序卦》：「物不可以終壯，故受之
以晉。」是因物既盛壯，自將有邁進而無止息，晉所以次大壯。

晉。康侯用錫馬蕃庶，晝日三接。

　　「康」是安。「康侯」是能安邦定國的大臣。「錫」是賞
賜。「蕃庶」是眾多。上互坎（☵），故象馬。坤為眾，故言
「蕃庶」。「晝日」離象。離三下互艮（☶）手，故曰「三
接」。此是大臣能以安邦定國，而大君寵錫，不但眾多，且在一
日內，就一而再，再而三的，聯翩接受。是真可謂優待勳臣，不
愧明君了。此「馬」字，作籌馬的馬字解釋。籌馬，是記數的東
西。「錫馬蕃庶」，就是說所賜的為數很多。

《象》曰：晉，進也。

　　晉，是進。然與升（☷）、漸（☶）兩卦前進的意思不同，
此是日出地上光明上進而盛大。升、漸雖有進意，而無光明盛大

的旨趣。

明出地上，順而麗呼大明。柔進而上行，是以康侯用錫馬蕃庶，晝日三接也

「明出地上」是指上離下坤說。以人事論，是世道維新，治教文明的光景。「順」指臣言，以坤為臣道，故云。「大明」指君言，以五居離中，為君位，故云。這是為臣的小心承順，依附著明君作事，君也能柔順謙下，居在上位，以駕馭能安邦定國的大臣。時已文明，臣能承順，大君心滿意足，論功行賞，所以錫馬蕃庶而賜與豐，晝日三接而禮遇頻。

《象》曰：明出地上，晉。君子以自昭明德。

日掩便暗，心掩便昏。「明出地上」是日無有掩的。「自昭明德」是心無有掩的。堯克明俊德，湯日新又新，是自己把所掩的障礙物全都掃除，使其德日進於光明，故日出如濯錦，德昭如懸鏡。「自昭明德」，便是《大學》上所說的「明明德」。「昭」就是明。

初六。晉如摧如，貞吉，罔孚，裕，無咎。

初居晉下，是始進的時候。「晉如」是欲升而進。「摧如」是被沮而退。才欲進身，勿論遂意不遂意，終以守正為吉。「罔孚」是尚未為人所深信，然能進以禮，退以義。進退的地步，綽有餘裕，也可無過。如孔子曰「我待價者也」，是罔孚而不遽進的綽有餘裕；如孟子去齊，是罔孚而便退的綽有餘裕。

《象》曰：晉如摧如，獨行正也；裕無咎，未受命也。

獨行正道，不肯枉己徇人，故不免欲進被阻。「未受命」，是因「初」與「九四」為正義，然以「初」在極下，與「六五」並未發生君臣的關係，無官守，無言責，進退裕如，故毫無過失可言。若一經「九四」汲引，得與「六五」發生關係，既受君命，那便不能自由了。

六二。晉如愁如，貞吉。受茲介福，于其王母。

「六二」柔順中正，居大臣位，有此美德，不愧康侯。且以進為憂，而不以進為喜，是能先憂後樂的。然其所憂有二，一是恐「五」性柔寡斷，不能專任；一是恐如鼫鼠模樣的「九四」，橫加陷害。有一於此，便將有始無終了。才進身時，便有此愁，其進身如此貞正，安得不吉？其得享受錫馬三接的大福，於其君上，是應該的。「二」變坎（☵），又互坎，為加憂，為心病，故言愁。「介」是大。「王母」是祖母，指「六五」，因五以陰柔居尊位，故云。

《象》曰：受茲介福，以中正也。

「九二」身分中正，大明在上，相與同德，先憂後欠，正是康侯的志事，其受福是當然的。

六三。眾允，悔亡。

「三」以陰居陽，不中不正，本應有悔，然在坤體以上，是順極了。且與「六五」同為陰爻，是能偕同下二陰同心上進，以順乎大明。此議一倡，眾皆允從，其志得行，所以悔可以亡了。此爻大處說，如二老歸周而天下從之；小處說，如一隗人燕而群

賢至。

《象》曰：眾允之，志上行也。
志上行，便是「順而麗乎大明」。

九四。晉如鼫鼠，貞厲。
陽居陰位，不中不正，竊位近君，前畏「六五大明的洞鑒，後忌三陰上行的排擠，有鼫鼠當白晝，惟恐人見畏首畏尾的醜態。如此行為，還想固守祿位，貪不知足，危厲是當然的。「鼫」與「碩」同，是大鼠。

《象》曰：鼫鼠貞厲，位不當也。
不賢而在高位，德不當位，故曰「位不肖」。

六五。悔亡，失得勿恤。往，吉，無不利。
五以柔居尊位，本當有悔，以身為大明，而下皆歸附，故得悔亡。下既同相順附，上自推誠委任，使人各盡其才能，任賢不貳，用人不疑，不以目前得失為心病而憂恤，如此以往，自能得吉而無有不利。

《象》曰：失得勿恤，往有慶也。
不以目前的得失為事，虛中納賢，定能成文治的大功，而前途必有吉慶無疑。

上九。晉其角，維用伐邑，厲，吉，無咎，貞吝。
「角」剛而在上。「上九」剛極，故象角。「晉其角」，是

二一二

進極將失於躁急，剛極將過於強猛，此最危厲。然若用在克己的工夫上，過剛猛進，以伐去其私心，不但不危，轉是吉道。蓋克己必剛決守道才堅，必急進遷善才速。譬如居家，誥誡子弟，管束僮僕。居官，剔除弊竇，嚴禁請托。非極大魄力，斷不能吉而無咎。若非克己，而剛猛躁進，雖皆出於貞正，也不能為世所容，而得免羞吝。「伐邑」是克己，「伐」是克。己，是私心。

《象》曰：維用伐邑，道未光也。

私心滿腹，道何能光？道欲其光，故用「伐邑」。

明夷卦

離上坤上

以『上六』為成卦之主，『六二』『六五』為主卦之主

　　夷，是傷，為卦坤上離下，日入地中，明已見傷，其義與晉
正相反。《序卦》：「晉者，進也。進必有所傷，故受之以明
夷。」明夷所以次晉。晉卦是明君在上，群賢並進；明夷是昏君
在上，明哲見傷

明夷。利艱貞。

時雖昏暗，君子自處，利在艱難堅固，守正道而勿失。

《象》曰：明入地中，明夷。

以卦象，命卦名。

內文明而外柔順，以蒙大難，文王以之。

　　「內文明」，指離。「外柔順」，指坤。「蒙」，作遭受
解。卦象，日被掩而傷明，若能被掩而不傷，才為用明夷的善
道。當時商紂暴虐，備極昏暗，而文王當此，便用此一卦的精
義，以自處。內如離的文明，用以美其德；外如坤的柔順，用以

服事殷。持此二義，故雖蒙受羑里的大難，而紂終未能施以極端的慘酷，便得安然無恙。此文王的處明夷。

利艱貞，晦其明也。內難而能正其志，箕子以之。

「晦其明」，是有明哲而不露。前云大難，是關係天下普通的大難。此云內難，是關係一家親切的內難。「正其志」，是不失其正，而又不顯其正，是即「晦其明」，也正是「利艱貞」。箕子為商紂的近親，外而佯狂，內而明哲，這便是箕子的處明夷。

《象》曰：明入地中，明夷。君子以莅眾，用晦而明。

明所以照，君子無所不照，然用明太過，便不免失於察察，而無含宏的度量。故君子觀「明入地中」的卦象，於「莅眾」的時候，不過事明察以傷其明，卻用晦以韜其明。若專運聰明，故顯智慧，眾民惟恐不能逃其密網，奸詐愈生，那便防不勝防。失了「莅眾」的道理，更不算得能明了。「莅眾」便是臨民。

初九。明夷于飛，垂其翼。君子于行，三日不食。有攸往，主人有言。

下居離體，當能洞明時機，在明夷的初步，便格外謹慎。如鳥不敢高飛，垂斂其翼以向下，仍恐橫遭傷害，所以不待大難臨頭，便要遠避。然心既決而行宜速，雖至「三日不食」，亦長往而不顧，此係君子對於時局，獨具隻眼，眾人絕對不能認識。所以當時主要的人物，對於君子此去，不免多所疑怪而有後言。

《象》曰：君子于行，義不食也。

惟義所在，可不食不可不行。伯夷、太公避紂時，有此情況。

六二。明夷，夷于左股，用拯馬壯，吉。

「二」居禽中，柔順而明，自處當能完善，然在明夷的時候，傷害終是不能免的。而以君子自處有道，還不至過受傷害。股在脛上，既不甚重要，且手足以右為重。「夷於左股」，是雖有傷害，行動還不礙事。「二」變乾（☰），為良馬，故取象「馬壯」。「拯」是救。此爻文明柔順，正合文王的身分。文王被囚於羑里，傷未至極，便是「夷于左股」。散宜生等獻珍物美女，便是「用拯馬壯」。文王不但得脫，從而得專征伐。這還不是吉事麼？

《象》曰：六二之吉，順以則也。

文王有為君的大德，且有事君的小心，是能順君臣的天則以行事。故詩人歌曰：「順帝之則。」今孔子贊曰：「順以則也。」詩人與孔子，皆深知文王而如見其心。

九三。明夷于南狩，得其大首，不可疾貞。

以剛居剛，又在明體以上，而屈在昏暗以下。且正與「上六」暗主為應，故有「南狩」，以至明除至暗、獲得首惡的情形。然「三」裡剛明，為臣。上雖昏暗，為君。如天命未絕，就是一天的時同，還是君臣。此時處分首惡，不可太疾，才合正道。此正是武王順天應人革命的步驟。

《象》曰：南狩之志，乃大得也。

南狩之志何志？便是恭行天罰，便是勝商殺紂，去其大惡元兇。惟以臣伐君，終覺不順，故猶豫九年，不可急疾。此皆「南狩之志」。紂終不改，此終不得不大行其志。「大得志」仍是不得已的事。

六四。入于左腹，獲明夷之心，于出門庭。

坤為腹，此爻變震（☳），且互震。震在左，故云左腹。闔戶為坤，門庭象，變震動，故出門庭。「明夷之心」，便是商紂殘害賢良的心。此爻從出門庭看，應指微子。當時右為上，故右前左後。「上六」昏暗至極為紂，五在前為箕子，四在後為微子。故君左腹，微子、箕子同是貴戚，為紂左右的心腹大臣，凡紂一切用心造意，都能看得親切。無非是殘虐百姓，傷害賢良，君心如此，國家不亡何待？微子欲以一人保存香烟一脈，只好出門庭而遠遁。

《象》曰：入于左腹，獲心意也。

既得其心意所在，知國事次不可為，微子所以決心遁去，應出門庭。

六五。箕子之明夷，利貞。

「五」本為君位，何以聖人使箕子省此位呢？是因「六五」以柔居剛，既能不剛不柔，且合中道。所以紂不足以當此爻，而當以箕子，箕子與紂同處，此時非為奴以晦其明，非守正不與同惡，不足以免害而明其志，故指定「六五」為「箕子之明夷」。

《象》曰：箕子之貞，明不可息也。

明可以晦，不可以息。「晦其明」，正所以延其明。就是文王所說「利艱貞」，孔子所說「正其志」，都是為的明不可息。

上六。不明晦，初登于天，後入于地。

以陰居陰，當明夷至極，昏暗無以復加了。故既曰不明，又曰晦。紂初嗣位，聞見甚敏，材力過人，如此便足以照臨四國。故曰「初登于天」，未久便昏暴失德，而為獨夫。遂至首領不保，故曰「後入于地」。

《象》曰：初登于天，照四國也；後入于地，失則也。

本卦與晉相綜，晉日出地上，其光明足以照臨四國，何等輝耀；一綜而為明夷，明入地中，頓失舊規，故曰「失則」。「六二」《小象》曰「順則」，所以為文王。此「失則」，非紂而誰？

家人卦

離下巽上

以『九五』『六二』為主

　　家人《序卦》：「夷者，傷也。傷於外者必反其家，故受之以家人。」凡人在外受傷，必須回家調治保養，家人所以次明夷。卦外巽內離，為火盛風生，風自火出，有由內及外的意思。「六二」柔順中正，在內卦，為女正乎內。「九五」剛健中正，在外卦，為男正乎外。離在內，為內明；巽在外，為外順。此為家人的卦象與卦義。

　　家人。利女貞。

　　家人，是一家的人。治家利在女正。女正，家道便無有不正的了。蓋齊家自夫婦始，舜「觀刑於二女」，有王「刑於寡妻，至於兄弟」。「利女貞」是從家道的根本上說。

　　《象》曰：家人，女正位乎內，男正位乎外。男女正，天地之大義也。

　　陽居五，在外。陰居二，處內。男女各得正位，尊卑內外的大道，正合天地陰陽的大義。

家人有嚴君焉，父母之謂也。

父道固主乎嚴，母道尤不可不嚴。若母對兒女，專以愛憐姑息為事，要什麼給什麼，必定是要慣壞了。所以為母的更要慈中有嚴，所以父母可均稱為嚴君。

父父子子，兄兄弟弟，夫夫婦婦，而家道正。正家而天下定矣。

一家的正不正，全在乎女。女正，利益便大了。所以文王說「利女貞」是從根本上立言。女一正而父子兄弟夫婦，便無有不正。「家道正」就以此道推行於天下。天下的家道，無有不正。那天下還有不定的情事麼？此是孔子由本及末，推廣立言。

《象》曰：風自火出，家人。君子以言有物，而行有恒。

巽為木，為風，今捨取風義。離為日，為火，今捨日取火義。火本生於木，木為火的父，風還出於火。火是風的母，如家人夫婦父子，相生無已，風自火出，就如教自家出，家自身出。故君子正其言行，以正己身。遂由家而及天下，然言必有物，言而無物，便無事實。行必有恒，行而無恒，便無常度。一身若言無事實，行無常度，還想正家，斷乎不能。

初九。閑有家，悔亡。

教子嬰孩，教婦初來，這是因其志氣純一未變，正其基而定其趨向，一日能正，便終身能正了。初有家的時候，就為此防閑的遠慮。雖一家群居，容易有悔。

《象》曰：閑有家，志未變也。

今以防閑甚早，任何悔事也便能消滅了。

六二。無攸遂，在中饋，貞吉。

「六二」柔順中正，是正位乎內的。遂，是直接專主的意思。「無攸遂」，是凡閫闈以外的事，都聽命於丈夫，概不直接專主。「中饋」，是庖廚。婦人惟酒食是議，「二」能固守正道，日在中饋專司酒食，如此克盡婦職，不侵夫權，自無不吉。

《象》曰：六二之吉，順以巽也。

孔子贊「六二」為「順以巽」。順，便安而不懵。巽，便卑而不傲。此二女事大舜、太姒事文王的規範，褒姒、妲己反是。

九三。家人嗃嗃，悔厲，吉。婦子嘻嘻，終吝。

此家人是主乎一家的人，「九三」過剛不中，故不免「嗃嗃」。「嗃嗃」是嚴厲的聲音。嚴雖近乎傷恩，或至有悔，心中危厲不安；然家道嚴肅，倫敘整齊，也不失治家的吉道。若家門以內，終日嘻笑無節，雖似和氣，而閫闈以內，毫不靜穆，終是吝道。

《象》曰：家人嗃嗃，未失也；婦子嘻嘻，失家節也。

君無戲言，父母不可嬉笑怒罵，沒有規矩，否則家中不寧，就會遭受損失。

六四。富家，大吉。

「四」，在他卦為近君的大臣，在此卦正為妻道。夫，是主

教一家的；如，是主養一家的。這便是老子所說「教父食母」的那個道理。婦人治家，重在能積蓄而致富，如周室基業，造端於歷代聖母。富而吉，吉而大，大而竟至富有天下。婦人能以富家，省以周室為最了。巽，為利市三倍，故言富。

《象》曰：富家大吉，順在位也。

順在位，就是父慈、子孝、兄友、弟恭、夫義、婦聽，順其順理。在其位，便能得「富家大吉」，並不是有其他出奇立異的辦法。

九五。王假有家，勿恤，吉。

「初九」言有家，是家道初立。「九五」言有家，家是家道已成。「假」讀作格，作至字解。「恤」作憂字解。「九五」剛健中正，是能正乎外的，在君位，故稱王。「王假有家」，如文王求后妃未得的時候，寤寐輾轉，憂思甚切，及至淑女來歸，成家成室。賢婦為興家的根基，小而琴瑟鐘鼓，大而家齊國治天下平，從此不用憂恤，自然無往不吉。

《象》曰：王假有家，交相愛也。

「交相愛」是「五」愛「二」的柔順中正，足為內助「二」愛「五」的剛健中正，足為法則。以文王論，太姒為婦，王季太任為父母，武王、周公為兩子，正所謂父父、子子、兄兄、弟弟、夫夫、婦婦，此舉家都「交相愛」，還不止於二、五兩爻。故孔子曰：「無憂者，其惟文王乎。」惟能交愛，所以「勿恤」。

上九。有孚，威如，終吉

至此家道已完全成立，便應該規定遠大的計劃了。大凡齊家以誠為根本，以嚴為作用，不誠便上下相欺，不嚴便禮法不存。是治家遠大的道理，在乎有孚信，有威嚴。「有孚，威如」，便可終保一家可遠可大，而無有不吉。

《象》曰：威如之吉，反身之謂也。

外表雖然有威，必須反身自問，心內是否有孚，果能內有孚而外再威如，才能為治家遠大的吉道。反身自問，是必要的。

睽卦

兌下離上
以『六五』『九二』為主

睽，作乖異解，兼有疑惑的意思。卦上離下兌，火炎上，澤潤下，二體相違，不能湊合。又中女、少女，同居一室，共事一夫，其志斷不能相同。都為睽義。《序卦》：「家道窮必乖，故受之以睽。」家道窮，是在所必有的。無論何事，斷無有長盛的道理。家道一衰，便要發生乖異的事情。睽所以次家人。

睽。小事吉。

為卦上火下澤，性相違昇，中女少女，志不同歸，故為睽。「小事吉」，是因睽為人情時勢偶然的事，人若能夠委曲周旋，徐徐轉移，也未必永睽而不能復合。小事如屯（䷂）「九五」小貞，不動聲色，稍稍佈置，便也得吉。

《彖》曰：睽，火動而上，澤動而下。二女同居，其志不同行。

二女同居的卦很多，何以獨於睽、革（䷰）兩卦，說「其志不同行」、「其志不相得」呢？是以此兩卦無長嫡的名分，中女

少女，同事一人，勢必釀出二女奪夫的情事，乖違變異，無怪其然。

說而麗乎明，柔進而上行，得中而應乎剛，是以小事吉。

《易》對柔主，多所不取，狹離居外體君位，每加稱贊。如大有（☲）、旅（☲）、噬嗑（☲）、晉（☲）、鼎（☲），皆因離能明照。炎上雖其本性，然柔而得中，虛心不自尊大，故得見稱。本卦當睽乖的時候，「六五」以柔居尊，有和說麗明的好處。又得中道，而與「九二」陽剛為正應，有此才德，復得應援，遇有小小乖離的事情，慢慢處理，也便能過得去，而可以化凶為吉。

天地睽，而其事同也。男女睽，而其志通也。萬物睽，而其事類也。睽之時用大矣哉！

推物理相同的關係，其作用有非睽不可的。這是聖人合睽的大思想、大手段。世俗人，見同的便為同，異的便為異，是不明物理的緣故。如天高地下，其象本睽。然陽降陰升，化育事同。男陽女陰其體本睽，然同居一室，交合志通；飛潛動植，其形本睽，然配合牝牡。感受陰陽，生理相類，若天地不睽，何能造物？男女不睽，難成人道。萬物不睽，漫無區別。物質自睽，物理自合。聖人處睽異的時候，能合睽異的作用，其事至大，故極言其理而深為贊嘆。

《象》曰：上火下澤，睽。君子以同而異。

火性炎上，澤性潤下，故為睽。君子觀象，於大同中而知有當異的。大概同的是理，異的是事。如禹、稷、顏回同道，而出

處異。微子、箕子、比干同仁，而去留死生異。又如孔子一人，其去齊魯異遲速。孟子一人，其對饋送異辭受。凡此皆是同而異，就是一人亦難免有此情形，君子又何必好同惡異呢？

初九。悔亡，喪馬勿逐，自復。見惡人，無咎。

居初處下，睽乖未甚，且上無正應，是本來未合。又焉有睽，故「悔亡」。處睽乖的時候，大概越激越甚。譬如喪馬，愈逐當愈奔。若安靜誘引，不久便自己就回來了。譬如惡人，越拒絕他，越要出壞道。若寬裕優容，如孔子見陽貨，自然就可以免咎。不求同，不應異，合睽以此道為最善。

《象》曰：見惡人，以辟咎也。

拒絕惡人，過於嚴厲，定要惹禍。所以惡人欲見，便與相見，避免咎戾，非此不可。

九二。遇主于巷，無咎。

「九二」以剛中而居說體，上座「六五」。「六五」當人心乖離的時候，柔弱已甚，正欲得人輔佐。二以說體兩情相合，正所謂得中而應乎剛，故曰「遇主於巷」。「二」「五」同心擘畫，睽自能合，故無咎。

《象》曰：遇主于巷，未失道也。

本卦離為戈兵，下互也為離，兌為毀折，上互為坎陷。巷，不是君臣相遇的地方，今遇於巷，不算失道麼？然當天下睽乖的時候，滿地戈兵，中原險陷，毀折的現象，觸目皆是。此時不但君擇臣，臣也擇君，忽焉渭濱相逢，茅廬見顧，從此君臣相得，

斯可以合睽乖而除戾氣。況「二」「五」又為正應，援助理所當然。故周公斷為「天咎」，孔子斷為「未失道」。讀《易》故宜玩象。

六三。見輿曳，其牛掣，其人天且劓，無初有終。

「六三」不中不正，上應「上九」。本欲與合，然當睽乖的時候，處在不中不正的兩陽中間，剛要向「上九」那兒去，只見前後兩陽都來了，後邊的曳車尾，前邊的掣牛韁，鬧得「六三」前來不得，後去不得。帽子丟去，順頂著天，而且鼻也撞傷，好像受了截鼻的刑法一般，然這初次欲與「上」合，教他們攪的，雖去不成，而正頭（正室，指大老婆）夫妻，萬不能永睽而不合，終成眷屬，理有固然。

《象》曰：見輿曳，位不當也；無初有終，遇剛也。

以陰居陽，本來非正，又在二陽中同，因位不當，所以有曳輿、掣牛等等的厄運。「無初有終」，是因不正而求合，必越鬧越離。合以正道，自無終睽的道理。「遇剛」，便是「六三」與「上九」相合了。爻有兩喻（與曳、牛掣），而《象傳》偏舉其一，是擇其重者而言他卦類此。

九四。睽孤，遇元夫。交孚，厲，無咎。

「四」當睽時，居不當位，又無正應，且在二陰中同，睽離孤處，甚難為情，故曰「睽孤」。其「遇元夫」，是因孤立甚苦，急於尋同聲氣的，相應求合。見「初」與己皆以陽處於卦下，又處於相應的地位，當睽乖的時候，更各無聲援，遂互相引為同調，交相信孚。且「初」能寬裕優容，不立同異，有元夫的

德行。「元」是善。「夫」是大丈夫的夫字。得遇此等良朋，睽既可合，危也能安，從此就可立於無過的地位了。

《象》曰：交孚無咎，志行也。

「志行」，是二陽同德，而相與合睽的志願能行了。「睽」是乖極。「孤」是睽充。然要二德交孚，睽便能合，孤便有朋，志可行而睽可濟，其好處還還不止限於無咎。

六五。悔亡，厥宗噬膚，往，何咎？

「六五」以陰柔當睽離的時候，而居尊位，有悔可知，然下有「九二」剛陽的賢人，相為應援，朝夕輔翼，故悔亡。「宗」是親黨，指「九二」。「噬膚」是噬齒肌膚，喻親黨痛癢相關，言能深入。蓋當睽時，非深入誰以相合。「五」雖陰柔，「二」以剛道相補佐，縶能深入，得此救濟，前途自無何等過咎。此如成王幼稚，而世稱至治；劉禪昏弱，而勢近中興。是由周公、孔明朝夕納海，所入甚深，故能得良好的結果。

《象》曰：厥宗噬膚，往有慶也。

由此以往，可以合睽。不但無咎，且能有慶。

上九。睽孤，見豕負塗，載鬼一車。先張之弧，後說之弧，匪寇，婚媾，往，遇雨則吉。

「上九」有「六三」為正應本不為孤，因居離上，已過於明。過於明，故過於疑；過於疑，故無往而非疑。「先張之弧」疑其為寇而害己。「後說之弧」又疑其可親而非害己。疑心群起，若不可解「六三」又安得相與親近？「上九」所以為孤。然

惟至明才好生疑，也非至明不能釋疑，其初雜然起疑，其後渙然冰釋。以「上九」的陽，遇「六三」的陰，陰陽相和，在天可以為雨，在人可以釋嫌，至此乖睽盡化，轉能得吉。「負」是負載。「塗」是泥。上互坎（☵）為豕，又為隱伏，為輿，是「豕負塗」、「載鬼一軍」象。坎又為弓，為狐疑，張弧說弧，全是狐疑不定。坎為鴻，故言寇。變震，為雷澤歸妹（☳），婚媾婚象。坎為水，故言雨。說，讀作脫。

《象》曰：遇雨之吉，群疑亡也。

睽時無所不疑，睽極而合，上下釋然，故曰「群疑亡」

蹇卦

艮下坎上
以『九五』為主

蹇《序卦》：「睽者，乖也。乖必有難，故受之以蹇。」人事睽乖必有蹇難，蹇所以次睽。卦坎上艮下，坎險艮止，險在前而止，不能進行，故為蹇。

蹇。利西南，不利東北。利見大人，貞吉。

西南坤方，為地，體順而平。東北艮方為山，體止而阻。在蹇難的時候，宜處平易，不宜蹈險阻。處平易，難便可解；蹈險阻，難將更甚。若救濟天下大難，必賴聖賢，故云「利見大人」，欲救大難，必牢守正道，才吉。若遇難頓易其操守，雖能苟免，也非善德，行義知命的，斷然不為。

《彖》曰：蹇，難也，險在前也。見險而能止，知矣哉！

蹇，與屯（☳）、困（☵）同為難，而理解各異。屯的難，是因草昧未通。困的難，是因力盡道窮。蹇的難，是坎險在前，艮阻在後，動輒得咎，較屯、困為尤難。然天下不患有險境，惟患人不智。然也不是有若何奇妙的方法，才算智。只要見險能

止，絕不冒險犯難，便能遇險不險，就為智者。

蹇，利西南，往得中也。不利東北，其道窮也。利見大人，往有功也。當位貞吉，以正邦也。蹇之時用大矣哉！

遇蹇難的時候，往平易的路子上去作事，進退合宜，便得中道。若處蹇再往東北險阻的地方去作事，是難上加難了，不但無利，其道必窮。天下有大事，必有大人，往才有功。大人，是正己而物正的，然居不當位，雖有功而效也不大，所以大人必須當位，才能以自己真正的大德，成大功效，而可以大正邦家。蓋蹇時非小難，濟蹇尤須德位相稱，於大難臨頭時，才顯出人的大作用來。

《象》曰：山上有水，蹇。君子以反身修德。

地上有山，既險。山上有水，尤險。君子處此艱險的時候，非德不免，非德不濟，「反身修德」，不怨天，不尤人。如此自能遇難呈祥，天人都不辜負君子。

初六。往蹇，來譽。

大難初作，是為不幸。然在下位卑，無救誰的責任，是不幸而幸。然見難，若不安於下，而猶有所往，定要遇險。此時若閉門靜守，一無所往，還可以保美譽而得到佳評。然獲譽於亂世，不若無譽為安，而名可聞，身不可見。如申屠蟠、管寧一流人物，也自無艱險可言。「來」，對「往」說，前進為「往」，進而退回為「來」。

《象》曰：往蹇來譽，宜待也。

往將遇險，不如靜待，可往再往，那便合宜。

六二。王臣蹇蹇，匪躬之故。

「初」、「上」、「三」、「四」，聖人皆不許其往。惟「六二」、「九五」，無有不許其往的辭意。是因「六二」為王臣，「九五」為大君，君臣若不往以濟難，誰還能濟難呢？且「六二」柔順中正，與「九五」為正應，斯時「九五」正在險中，「六二」志在匡救王室，能自涉艱險，拼命求濟，雖非為本身的事故，而大義所在，斷不畏難苟安，其捨身勤王，真不愧為大臣。

《象》曰：王臣蹇蹇，終無尤也。

力求濟難，心已捐生，是終無過尤可言的。「初」以不往為有譽，「二」以匪躬為無尤，是在有位無位上處斷。

九三。往蹇，來反。

「三」，陽剛居正，處下體上。「六二」柔順，必相依附。「三」能府與親比，是「二」所最希望的。「三」與「上」雖為正應，然「上」陰柔無位，不能援手。故往上去很難，不如反回，轉為「六二」所喜，從此不往而反。「三」借「二」的巽順。「二」借「三」的剛明，同體協力。當此蹇難的時會，雖未必能成濟蹇的大功，而聊得小康，也是處險的正道。

《象》曰：往蹇來反，內喜之也。

「內」是內卦的「六二」，「二」陰樂於從陽，得「三」來

反，與親比，故喜。

六四。往蹇，來連。

「六四」近君，應該濟蹇，但「四」陰柔，才力薄弱，若獨往濟蹇，實恐更陷於蹇，故云「往蹇」。「六四」與「九三」相比，很是親密。「六二」與「初六」同類，也正相連向上親附「九三」。是「六四」與「六二」、「初六」，均以「九三」的關係行動一致，一連而無不連，因「往蹇」而「來連」。大眾連合，齊心濟蹇，無論甚麼艱蹇，當然可以救濟成功了。

《象》曰：往蹇來連，當位實也。

「四」，以陰居明，表裡如一，實心連結。洵為合力濟蹇的善道，當位不說「正」，而說「實」，因上下相交，誠實是最重的。

九五。大蹇，朋來。

「五」居君位而在險中，是為大蹇。此時「六二」以柔順中正相應，是得朋來相助為理，力量當然不小。然得此朋來而不言吉，是何故呢？以陽剛中正的君，遭此大蹇，非有陽剛中正的臣，以相策劃，不能宏濟艱難。「二」固中正，然才力文柔，恐未能建非常的大臣。如武王得尚父，牧野鷹揚，伐大商，何等剛武。所以一舉而天下定。今「六二」雖是良朋，未免有力與心違的缺憾，所以周公對於「九五」的「朋來」，不肯輕以吉許。

《象》曰：大蹇朋來，以中節也。

「五」德中正，「二」也中正，雖在「大蹇」，均不能變易

節操。所以無論如何艱難，「六二」也是不能避的。

上六。往蹇，來碩，吉，利見大人。

已在卦終，往無處去，蹇必更甚。故須來反與有碩德而居尊位的「九五」商量濟蹇，才能成大功而得吉。「大人」指「九五」。碩作「大」字解。

《象》曰：往蹇來碩，志在內也；利見大人，以從貴也。

「上六」應「三」而親「五」，是志在內。「貴」，指「九五」說。「三」在下，位卑力薄，難以濟事，欲濟大難，自非「從貴」不可。

解卦

坎下震上

以『九二』『六五』為主

　　解《序卦》：「蹇者，難也。物不可以終難，故受之以
解。」萬事無終難的道理，難極必解，解所以次蹇。卦震上坎
下，震動坎險，出險外，是險阻已平，為患難的解散。又震為
雷，坎為雨，雷雨交作。是鬱滯大開，為陰陽的解散。

　　解。利西南，無所往，其來復吉，有攸往，夙吉。

　　天下有難，每有太過的行為；天下無難，每有不及的行為。
太過，便自擾之；不及，便偷安之。蹇而解，是大難解散，有如
西南坤方，靜謐而安平順利，害已平而無所往，故宜「來復」與
民休息，自為吉道。若如高帝已定天下，而又伐匈奴，是不知
「來復」，其行為未免太過，便失吉道了。至難已解，而利尚未
興，自宜「有攸往」。且宜早有攸往，才吉。若如高帝一得天
下，便自滿足，安於秦陋，不肯上求二帝三王的治理，這便是不
及的行為，也失吉道。故云「其來復吉，有攸往，夙吉」。
「夙」作「早」解。

《彖》曰：解，險以動，動而免乎險，解。

坎險震動，是險以動。動而出乎險外，是險已經免除了，故為解。

解，利西南，往得眾也。其來復吉，乃得中也。有攸往，夙吉，往有功也。

解難的道理，利在廣大平易。蓋民眾無有不以廣大平易為可喜的，故曰「解秀西南，往得眾也」。難解以後，從此便歸來安居，與民休息，斯得中道，故曰「其來復吉，乃得中也。」從此往文治一方面行去，規劃進行，及早設施，期臻上理，便易成功，故曰「有攸往，夙吉，往有功也。」

天地解而雷雨作，雷雨作而百果草木皆甲坼。解之時大矣哉！

既從人事說解，更推論解道到了天地上，愈見其關係很大了。如天地交感，二氣解而作雷雨。雷雨既作，由是形形色色的都相隨而解散，所有百果草木都甲坼了。「甲」是萌芽。「坼」是裂開。就是月令上所說「句者盡出，萌者盡達，不可以內」的那些物象。天地成化育的大功，全關係這應時的一解，所以孔子特贊其大。

《象》曰：雷雨作，解。君子以赦過宥罪。

天地以冬日閉塞已久，至春便以雷雨大其舒散，而人間最閉塞難堪的，莫如監獄中的犯人。君子體天地的心以為心，是及時興思，監獄中有因無心的過失而犯罪的，情有可原，便赦免了他；其有心作惡而犯罪的，憐其愚昧，寬宥他一點，從輕懲治。

此「赦過宥罪」。疏通的辦法，正與《雜卦傳》所說「解緩」的意思相合，無心的過失為過，有心的過失為罪。

初六。無咎。

誰既解，柔在下，上又有正當的應援，自能無咎。

《象》曰：剛柔之際，義無咎也。

柔居剛位，與「四」相應，剛柔適宜，上下交得，處於此際，其義自然可以無咎。

九二。田獲三狐，得黃矢，貞吉。

「二」，地位，故曰「田」。下互離（☲），為干戈。上互坎（☵），為狐。離，三數，是田獵，及三狐象。坎為矢，變坤，色黃，黃矢象。田，為除害的事。狐，媚獸，多疑，像小人。黃，中色；矢，中直，像君子。此便是「六五」所說的君子、小人。「九二」陽居陰位，剛柔得中，辦事果決而不激烈，上應「六五」，信任甚專，在國難初平時，「九二」有舉直錯枉的大權。退小人而進君子，是最要緊的，當此時紀綱若不整頓，是前亂初平，以後又伏下亂根了。故以「田獲三狐，得黃矢」去小人君子為比，「九二」作事如此貞正，自是吉道。

《象》曰：九二貞吉，得中道也。

以「九二」作事，即可避免偏激的觀念和行為。

六三。負且乘，致寇至，貞吝。

坎為輿，三居上，乘象；又為盜，故說寇。負載是小人的鄙

事，乘輿是君子的安車。今「六三」一身肩負多物，而坐在君子的安車上，此種不倫不類的情形，所以寇盜一見，便知道他的來歷不好，一定要前來爭奪，不肯放過的。平情而論，寇盜爭奪，實為不倫類的情形所自招。故曰「負且乘，致寇至」。此如鄧通為漢文帝所寵愛，擢為大中大夫。小人竊據高位，便是「負且乘」。後被景帝抄沒其家產，便是「致寇至」。然其官職為天子所任命，不為不正，終至褫職抄家，何等羞辱，故曰「貞吝」。

《象》曰：負且乘，亦可醜也；自我致戎，又誰咎也？

「負且乘」，是可醜的事。賊寇，便是自己的醜態招來的，其過又在誰呢？「三」，陰柔居陽位，又在下卦以上，不中不正，故為周孔所深斥。「戎」就是寇。

九四。解而拇，朋至斯孚。

「而」在此作「汝」解。震為足，拇在足下「六三」適在震下，故像拇。當國難初平的時的，「四」居近君的地位，為國家的大臣。而「二」為「五」的正應，也為國家的大臣。且全卦只「四」與「二」兩陽爻，是「四」與「二」同官、同等，又復同德。本可彼此相信，同心辦事，但「四」比於「三」。「三」為不中正的小人，居間作梗。「二」被攔阻，不能前來。此時惟有把「六三」逐去，中間無物作梗，良朋惠然肯來，相見以誠，同舟共濟，斯為吉道，自不待言。

《象》曰：解而拇，未當位也。

「四」以陽居陰，故「未當位」。因未當位，故以解拇為戒。

六五。君子維有解，吉，有孚于小人。

卦凡四陰，而「六五」當君位，其同類的三陰定想攀龍附鳳。然君子處此，必須有斷然的手段，把這一班小人盡數解決，才得吉道。何以謂「有孚于小人」呢？是必使小人相信，所用的一定是君子，所解的一定是小人。小人從此也就要改心易慮，不再為小人了。《論語》上所說：「舉直錯諸枉，能使枉者直。」那便是「有孚于小人」的意思，「有孚于小人」的效驗。

《象》曰：君子有解，小人退也。

君子果能去邪勿疑，雖小人也相信君子有此決斷，從此洗心滌慮，不思幸進，就要自退了。

上六。公用射隼于高墉之上，獲之，無不利。

「公」是王公，指「六五」說。「隼」鷹類，性陰狠，飛極高，喻上為陰爻。「墉」是牆垣，也指上爻說。斯時大難已平，而居高位，合在宮牆以內的人，尚有應該剪除的，於是王公特用「上六」射於高墉以上；而「上六」藏器於身，待時而動，一矢射去，定能擒獲。此時外患既平，內難並除，自然無有不利了。「隼」是喻宦官貴戚一流人物。

《象》曰：公用射隼，以解悖也。

國家大難，全由小人悖逆而作。今既射隼，悖逆既解，國家又何患不平呢？

損卦

兌下艮上
以『六三』『上九』為成卦主
以『六五』為主卦主

損《序卦》：「解者，緩也。緩必有所失，故受之以損。」
凡事若疏緩，定有損失，損故次解。卦艮上兌下，山體高，澤體
深，下深上必更高。此象為損下益上，又澤在山下，其氣上通，
能潤草木百物，是此義也為損下益上。

**損。有孚，元吉，無咎，可貞，利有攸往。曷之用？二簋可
用享。**

損，是減損。損其太過，使合於理，斯為損義。損道以「有
孚」為主，有孚才能大善而吉，毫無過錯。然損道更必當其可而
正，才可進行而有利益，若不當損而損，那枚不可為正，也不能
無往不利了。兌口，坤腹，震足，又為竹，簋象。享，是下奉
上。下兌，二數，故言「二簋」。損有損過就中，損華就實，兩
義。禮以儉為本，二簋可以奉享，是本儉以為禮。損道作用，本
在乎孚誠而不在乎豐備。

《彖》曰：損，損下益上，其道上行。

「損下益上」，如人臣致身事君，庶民服役奉公，必如此然後上下交而志同。「上行」，行，是下能益上，道便上行。若上能益下，道便大光了。此「上行」二字，與謙卦「地道卑而上行」義同。

損而有孚，元吉，無咎，可貞，利有攸往。曷之用？二簋可用享，二簋應有時，損剛益柔有時。損益盈虛，與時偕行。

《禮》云：「當其可之謂時。」當損不當損，是有時的關係。聖人無所容心，如「國奢示以儉，國儉示以禮」，便是「二簋應有時」。如「沉潛剛克，高明柔克」，便是「損剛益柔有時」。如「凶年不祭肺」，施於豐年為吝嗇；「治平國用中典」，施於亂國必廢弛，故「損益盈虛，與時偕行。」因時制宜，毫不欺飾，是為損道。故文王重有孚，孔子偕時。

《象》曰：山下有澤，損。君子以懲忿窒欲。

「山下有澤」，氣通上潤，損下增高，所以為損。君子觀象，效總的和悅，戒其忿怒。效艮的知止，塞其私欲。「懲、窒」便是損；「忿、欲」便是所應損。

初九。已事遄往，無咎，酌損之。

損的主旨，在於損下益上，如人臣欲自損以奉上，本無不可；然各有職責，若廢事而往，難免無過。必把本身的事辦完了，趕速前往，才得無咎。蓋奉上也是照例的事，自損也不可太過，過將失於諂媚。節損務在適可，雖在下位，也須斟酌身分，不可太自貶損。

《象》曰：已事遄往，尚合志也。

「尚」與上通。「四」，賴於「初」。「初」益於四，與上合志。這便是「四」欲「損疾」，而「初」、「遄往」，也是因為正應，所以如此合志。

九二。利貞，征凶，弗損，益之。

「九二」剛中，當損下的時候，利於自守正道，不可妄進。若進，一變所守，急於圖功，其凶在所難免。然但重自守，似乎無益於上了。哪知因此或能觸起君上尊賢樂道的心思，杜住（阻止）士大夫鑽營奔竟的惡習，其益上也不在少處，是不損下也能益上。子房後為帝王師，回憶博浪一椎，當年猛進，應悔其凶已甚了，與此爻義近似。

《象》曰：九二利貞，中以為志也。

志以中為美，志定所守才能定。「二」，中以為志，所以不損下而便能益上。這也是中的美處。

六三。三人行，則損一人；一人行，則得其友。

本卦從泰（☷☰）而來，下卦本乾，而損乾上一爻，以益於坤上。也就是《彖傳》所說的「損下益上」、「損剛益柔」。下乾三陽既損上爻，即如「三人同行，而損一人」。坤上既得乾上一爻相益，其坤上一爻，遂降下補入兌上。是上下兩卦，各得正應；一陰一陽，皆得為密交良友了。凡天地生物，以一陰一陽相對待，才能成功。是二數為牢不可破的，不容有第三者雜乎其間。孔子恐人不能明了，更在《繫辭》內暢言天地男女生物的道理，以說盡此爻損益的正義，總結歸於「致一」，是陰陽各應專

一，配合成雙。一室同夢，為生育當然的事，若臥榻之旁，再有一人鼾睡，是有莫大的妨礙，必須要損去的。此損益有天經地義的關係，盡宣於此。

《象》曰：一人行，三則疑也。

「一人行」得友而為二。「三人行」，損一而為二。二為生物的大本，苟有三，便雜亂不能配合專一，就不免發生疑問了。

六四。損其疾，使遄有喜，無咎。

「四」以陰柔與初陽剛相應，在損時而應剛。是能自損以從空陽，損不善以從善的。「初」對「四」，能損其柔而益以剛，是益其善而損其不善。不善，便是疾，故曰「損其疾」。「初」能把他那不善，趕速損去，使其滿心歡喜，自得無咎。

《象》曰：損其疾，亦可喜也。

賴「初九」能損其疾而且速，也真可喜。

六五。或益之十朋之龜，弗克違，元吉。

兩龜為「朋」。「十朋」是極言其多。「六五」柔居尊位，虛己下人。謙受益，是乃天道。有益他的，天且不違，還有甚麼能違的呢？「十朋之龜」，從而不違，是當然的至善大吉。大舜捨己從人的盛德，「六五」庶幾無愧。

《象》曰：六五元吉，自上佑也。

「六五」所以元吉，是因其德能虛中受益，合於天道。故上天降福佑助，以成其德。

上九。弗損，益之，無咎，貞吉。利有攸往，得臣無家。

「上九」居損卦終極的地位，是受益已極，便要自損以益人了。然居上益下，可以惠而不費。俗話說的「公門裡好修行」，是不待損己，就可益人。能如此便無咎。然也須分別當益不當益，當益的便益，才合正道，可以得吉。從此一往，人都受益，自然都能服從。當曰：「得臣無家」。「得」是謂得人心，「臣」如《詩》所說「率士之濱，莫非王臣」的臣那樣解「無家」，是謂無有遠近內外的限度。簡言之，便是萬民臣服，四海一家。

《象》曰：弗損益之，大得志也。

「上九」於己無損，於人有益，結果十分圓滿，故曰「大得志」。

益卦

震下巽上

以『初九』『六四』為成卦主

以『九五』『六二』為卦主

益《序卦》：「損而不已必益，故受之以益。」盛衰損益如循環，損極必益，理有固然，所以繼損。為卦巽上震下，有烈風必有暴雷，雷越暴，而風越烈。雷、風是兩借光的，卦義卦象，均為兩益。

益。利有攸往，利涉大川。

「利有攸往」，是言益道於事無有不利。「利涉大川」是說不但處常可以無有不利，就用以濟變，也能無有不利。

《彖》曰：益，損上益下，民說無疆。自上下下，其道大光。

益道能損上而益下，萬民喜悅，自無邊際，在上的能謙退，而反居於在下的以下。益道如此，真可算得正大光明了。按此卦，是從否來。上本為乾，下本為坤，乾的初陽下居坤初，為震坤的初明上居乾初（為巽）。「自上下下」，是因乾初一陽降在

極下;「損上益下」，本此立言。

利有攸往，中正有慶。利涉大川，木道乃行。

「五」與「二」剛柔中正，協力同心，自然無往不利，而有餘慶。二體皆木，輕浮在水不沉，且本卦大象，外實中虛，象頗似舟，以益道濟變，如木以浮水為常。用涉大川，是以其道踐於實行，才知有百利而無一害。

益動而巽，日進無疆。天施地生，其益無方。凡益之道，與時偕行。

「動而巽」，卦德極美。日有進益，哪有疆界的限制呢？天施地生，是卦象。巽風是天施的，所以姤（䷫）言「施命」。震雷，是地生的，所以解（䷧）言「甲坼」。如此天造物，地生物，其廣大的益處，也是無有萬域的限制。益道貴與時偕行，時當益而益，無論人事，無論造化，時是不能違背的。

《象》曰：風雷，益。君子以見善則遷，有過則改。

風雷助勢而為益，是因風雷各具滿足的聲勢，故能如此互助。君子研求益道，知未能遽期益世，先須研究益己，自己的益處圓滿，才能損己以益世。益己的何在？在止於至善，未能止善，必先遷善，見善能遷，然後能止。如有無心的過錯，一經知覺，立即改而不吝。有此功夫，能遷善便能止善，能改過便能無過。如此自己的益處圓滿，損己以益世也更圓滿了。

初九。利用為大作，元吉，無咎。

初雖居下，然當益下的時候，受益當然不少。然若但受益無

所報效，問心自不能安。若作點小事報效，又恐在上的說他無能。「初九」既為震主，又以剛居剛，決不甘心落後。有此大才，敢任大事，作為順利，大吉無咎，是當得起的。

《象》曰：元吉無咎，下不厚事也。

厚事，重大的事。下本不當任厚事，所以得了好結果，才得無咎。

六二。或益之十朋之龜，弗克違。永貞吉，王用享于帝，吉。

「六二」處中正而體柔順，是能謙下虛心的。人能謙虛以求益，誰又不願益他呢？「或益之」，是眾人益他。「十朋之龜」、「弗克違」、「永貞吉」，是鬼神益他。「王用享于帝，吉」，如成湯用伊尹克享天心，太戊用伊陟而格上帝，是天益他。「永貞吉」，是以「六二」以柔居柔，恐其有始無終，故戒以常永、貞固，才能得吉。「王」指「九五」而言。

《象》曰：或益之，自外來也。

既虛中能受眾善而固守，就如孟子所說「四海之內皆將輕千里而來，告之以善」了。「五」為正應，當益下的時候，對於「六二」更當有益，也可謂「自外來」。

六三。益之用凶事，無咎。有孚中行，告公用圭。

「三」，陰柔，不中不正，不當得益的。然在益下的時候，雖在下卦以上，卻還未離乎下。因其不當受益，故特別益以凶事，也於他大有益處，如警戒震動，當失棒喝，從此遷善改過，

也可無咎。「有孚中行」，是遷善改過以後的進步。「有孚」，是洗心滌慮，忠於國事而不欺。「中行」，是履正奉公，合於中道而不悖。然減於中便能形於外，如用圭通誠以告於公，而公從此信任不疑，「三」，從此也當受益無窮了。

《象》曰：益用凶事，固有之也。

「固有」是本來就有的。第三爻的地位多凶，是凶事為三所固有，有凶事益他，也是本來應有這麼一回事，不是外人故意合他為難。孔子「三多凶」的那句話，是根據著周公的爻辭所說。全部六十四卦，只謙卦第三爻有一吉字，其餘皆無。「三」本多凶，故說「固有」。

六四。中行，告公從，利用為依遷國。

「四」，近君、為大臣，是承「五」的命令，籌劃益下的。「國」，從下互坤（☷）取象。四爻互坤將終，故象「遷國」。「遷國」即遷都，是最為有益於人民的事。「九五」居君位，得中道，因有遷國的必要，遂把這中樞行政的機要，告知「六四」。「四」，大臣，故稱公。已入巽體，性順，對於所告的無有不從。然遷國必須審度地勢，建都的地勢，是利於有所憑依的，必用有憑依的地方建都，才能奠國基而資保障。漢高帝先欲都洛陽，四面受敵，不如關中金城千里，遂徙長安。長安地勢三面可守，一面東制諸候。是以依險阻為利，既可不費兵力，又可不費財力。這便是得所依了。宋太祖也欲徙長安，因晉王固諫未遷，嘆曰：「不出百年，天下民力殫矣。」（是民窮力盡的意思）這是因著汴京四面受敵，無所憑依，故發此嘆。這都是「利用為依遷國」的明證。

《象》曰：告公從，以益志也。

「四」，本以益下為志。今「五」以遷國的大計相告，遷國是益人最大的事，正合「六四」的心志，所以無有不從。

九五。有孚惠心，勿問元吉。有孚惠我德。

「九五」陽剛中正，為實行損上益下的明君。「有孚」是信任「六四」。「惠」是益下的恩惠。「心」是益下的心志。「德」是益下的德政。「九五」剛明果斷，用賢不貳，既將益下的事委任「六四」去辦，知其必能勝任，所以不用過問，就知所辦的無不盡善而得吉道，更相信他必能宣佈所有的恩惠，都是我的德意，決不能自己居功見好於人的。

《象》曰：有孚惠心，勿問之矣；惠我德，大得志也。

所委派的人，既與施恩惠的心志相合，而能深信不疑，又何必過問呢？且能把在上的大德宣佈明白，益下的心志，更可大得圓滿結果了。

上九。莫益之，或擊之，立心勿恒，凶。

「上九」不中不正，剛而在上，又在益極將變的時候，不知謙虛，必至滿招損了。「莫益」是求益不得。「或擊」是以自滿而被攻擊。「立心勿恒」是以其不中不正，無有恒心。既自滿而且不恒其德，哪得不凶？損「上九」有損極必益的道理，故吉。益「上九」有益極必損的情事，故凶。謙受益，滿招損，玩損、益兩「上九」，其理一點不差。

《象》曰：莫益之，偏辭也；或擊之，自外來也。

　　「莫益之」是偏辭，言非正意，以見「或擊之」一句，才為正辭。「自外來」是言吉凶由心生，其徵象卻自外來。

夬卦

乾下兌上
以『上六』為成卦之主
『九五』為主卦之主

夬，解作決，卦兌上乾下，以二體喻，水在於上，勢必決下，是為夬義。以爻論，五陽正盛，一陰將消，是為夬象。《序卦》：「益而不已必決，故受之以夬。」所以繼益。

夬。揚于王庭，孚號有厲。告自邑，不利即戎，利有攸往。

夬，有決絕的意思，是對上一陰說，陰險小人有累世道，今值陽道大盛，決絕一陰，本不甚難；然必須把他的罪狀，在王庭上明白宣布，更以至誠呼號朋類，讓大家知係迫不得已，哀矜勿喜，不可因小人將去，得安忘危。並須宣告於邑人，不可因君子道盛，遂大張威武而興戎，以自取不利，如此便是用武不殺，治人罪而能得人不怨，且不以除惡而便思偷安，不以私人而忘其警戒。由此以往，自無不利。

《彖》曰：夬，決也，剛決柔也。健而說，決而和。

君子以天下萬物為一體，於小人本能包容而不仇視，但力大

局起見，恐其為世道累，不能不去了他。所以用力雖健，立意雖決，也必出於和說，而不作忿憤的狀態。「健、決」指乾；「和、說」指兌。

揚于王庭，柔乘五剛也。孚號有厲，其危乃光也。告自邑，不利即戎，所尚乃窮也。利有攸往，剛長乃終也。

雖只一陰，然居五陽以上，仍然有高壓的狀態。陰而乘陽，非理已甚，君子去他，非教他甘服不可。若不甘服，恐怕他還要滋事，所以必須把他的罪狀，揚於王庭，他俯首無辭，手續才算完備。「孚號有厲」，是安不忘危，前途才能大光。「告自邑，不利即戎」，是誥誡邑人，宜動以自治，不可專尚剛武，因武力必出於萬不得已，才能一用。若不知自治而專尚剛武，是所尚的到了極端，便要自取許多的不利了。「利有攸往」，是得好好的往前去作，必至陰險小人去盡，陽剛長到純一不雜的地步，那才可以結束而告終。

《象》曰：澤上于天，夬。君子以施祿及下，居德則忌。

澤在低處，便蓄積。在高處，便潰決。「澤上于天」，如此其高，安得而不決。君子觀其一決而澤便能及物，故不專心利己，而必施其惠綠以及於下。觀其過高必要潰決，故不敢自居德行過人，而為人所忌。如或以居德犯忌，那便要聲名狼藉，一決而不易收拾了。

初九。壯于前趾，往，不勝，為咎。

九，陽爻而乾體，是剛健在上的，今竟居下，且當應該決斷辦事的時候，此爻前進甚壯。「趾」，以「初」在下取象。「前

趾」，是足向前進行。其前進的主意，是欲去決小人；但剛而不由中，上又無正應以援手，但恃一人的血氣，急於前往，斷難取勝。倘或因此躁動，激出意外的事來，不更難辦了麼？躁功的過失，是不能辭的。

《象》曰：不勝而往，咎也。

事先未慮到不勝，便恃血氣而往，故不能辭其咎。

九二。惕號，莫夜有戎，勿恤。

「莫」讀作暮。當君子與小人決絕的時候，一時也不可疏忽，「九二」剛而居柔，又得中道，故能憂惕呼號，日加戒備，思慮周而同人眾。所以在暮夜的時候，賊寇突來，變生頃刻，也便可以從容過去而無患。仁杰存唐，如是。

《象》曰：有戎勿恤，得中道也。

「得中」是不恃其剛而能戒備，所以「有戎勿恤」。

九三。壯于頄，有凶。君子夬夬，獨行遇雨，若濡有慍，無咎。

「頄」是面上的頭骨，泛指面頰。「九三」剛過乎中，是欲決小人，面上先露出剛壯的神色來了。如此沉不住氣，凶實難免。然君子決所當決，「三」在眾陽中雖獨與「上六」為應，而能不繫私愛。「上六」就是親來求合，也如「獨行遇雨」，若被沾污而反加慍恨，是能和而不同，心志堅決的，所以也得無過。「頄」音「魁」。

《象》曰：君子夬夬，終無咎也。

雖與「上六」為正應，而心能決所當決，正是「決而和」，故「終無咎」。

九四。臀無膚，其行次且。牽羊悔亡，聞言不信。

臀，在股上腰下。「九四」以陽居陰，不中不正，剛決不足。欲止，如臀無皮肉，不能安坐。欲行，又毫無勇氣，扭捏不前。在這個時候，有人和他說，若自能振作，以隨從眾陽牽挽前行，悔便可亡。然「四」雖得闢此良言，若不聽信，便與夬道不合，悔便不能亡了，在他卦九居四，其失尚不至太甚，此正在用決絕手段的時候。不中正而居柔，其害遂至如此。羊是群行的，以喻群陽。「次且」是欲進不進的樣子。

《象》曰：其行次且，位不當也。聞言不信，聰不明也。

以陽處陰，失其剛決。「次且」不前，是「位不當」的害處。剛本能陰，處柔便失其正。耳的感覺雖快，不能明決，也就有負其聰了。

九五。莧陸夬夬，中行無咎。

「莧」，是馬齒莧，蔓生，是感陰氣最多的。「莧陸」，是生莧的陸地。「五」雖陽剛中正而居尊位，然切近「上六」。卦只「上六」一陰，而和說，與「五」密比。「五」為決陰的主體，今若竟與親比，其過大極了。然「五」心志剛決，辦事中正，對於「上六」，雖在比鄰，然決計除惡，如除莧一般；不但把莧決除完事，並把生莧的陸地也決除清楚。斬草除根，決所當決，此等辦法，得合中行，是毫無過錯的。

《象》曰：中行無咎，中未光也。

陽與陰比，不能無累。是如李輔國，其初本一家奴，後來尊至尚父，至惡貫滿盈，代宗運不能明正其罪，乃遣令盜賊竊取其首，是殺他也為中行，也可無咎。但遣盜竊殺，總未能算得光明，故曰「中未光」。

上六。無號，終有凶。

「上六」以一陰而居五陽以上，其先未嘗不自力得意，不知五陽長而已必消，及見不能存在而後號咷。故聖人說「無號」即號也是終必有凶的，如李斯父子，臨刑時有此光景。

《象》曰：無號之凶，終不可長也。

陰盛剝陽，自鳴得意，今已將為五陽決去，任憑聲嘶力竭，援手竟無一人。可見小人的勢力，是終不可長的。

姤卦

巽下乾上
以『初六』為成卦主
『九五』『九二』為主卦主

姤，作遇解，夬為三月卦，決去上一陰，成乾（☰），為四月卦。乾六爻皆陽，無一陰，五月一陰生於下，為姤。因久不見陰，突然相遇，故為姤。《序卦》：「夬，決也。決必有所遇，故受之以姤。」夬，決去小人，然小人雖去，不能終無相遇的時候，姤所以次夬。

姤。女壯，勿用取女。

陰陽互相消長如循環，如剝（☶）為陽消，然剝極不轉瞬一陽，生而為復（☳）。夬為陰消，夬極不轉瞬一陰生而為姤，一陽初生，聖人未敢為君子喜，必曰「朋來無咎」。這是因力一陽未易勝彼五陰，當一陰初生，聖人己為君子憂。聲言「女壯」，這是因為一陰已將敵對五陽。既曰「女壯」，又曰「勿用取女」，這是淳戒五陽，勿以一陰甚微，便輕視而親暱他。遠著他尚恐受其害，若親暱如同室居住的夫婦，那便如幽王得褒姒，高宗立武昭儀。養鴛棄鶴，必為禍水無疑，所以聖人著為戒辭。

《象》曰：姤，遇也，柔遇剛也。

「柔遇剛」，是一陰能應付五陽，如奸臣專制，牝雞司晨，都是在初遇的時候，便有意的。

勿用取女，不可與長也。

以一陰遇五陽，女不正，就萬不可長與同居。咸（☳）所以「取女吉」，是男下女，得婚姻的正禮。蒙（☶）的「六三」陰先求陽，及本卦一陰而下五陽，行為都不合禮，故皆曰「勿用取女」。

天地相遇，品物咸章也。

五陽在上為天，一陰在下為地。「天地相遇」，是說天時已到五月，陰陽和暢，形形色色的品物，都長長茂盛，章美極了。

剛遇中正，天下大行也。

「剛」指「九二」。「剛遇中正」，是「九二」的陽德與中正的「九五」相遇。明良會合，萬事安康，道可大行於天下。姤本不善，而易道義理無窮，故相遇，又有相遇的善處。如但看卦象一陰五陽，固然不善，然說到天地君臣的遇合上，其中有極美的道理，如「品物咸章」，「天下大行」，這不全是天地君臣遇合的善處。

姤之時義大矣哉！

天地不相遇合，萬物不生；君臣不相遇合，政治不興；聖賢不相遇合，道德不亨；事物不相遇合，功用不成。姤遇的時候，姤遇的道理，關係大極了，《繫辭》故謂「易道變功不居」。

《象》曰：天下有風，姤。后以施命誥四方。

風行天下，無不周備。君后觀象學《易》，施行命令，布誥四方，也如風行地上一般。大凡命令布誥，關係治道，最為重要。不教不戒，固然不可。若教戒不周，發生誤會，與姤道相背。所以既須法其施命，更須效其周備。

初六。繫于金柅，貞吉，有攸往。見凶，羸豕孚蹢躅。

「初六」一陰始生，如豕在瘦弱的時候，人易忽略。不知其跳躍不良的性子，是必有的。必於其瘦弱的時候，先用大車上用的金柅，把他繫住。如是，其不良的性子，止而不能長進。即如一陰險小人，勢力初長，便制止住他，真正的君子，才可以安而吉。若不及早制止，或聽其有所往，一定是凶道。如漢文容忍吳王濞，明皇不殺安祿山，後來故大受其害。「柅」是擋車的東西，普通的是木製。「金柅」是特製極重的。「羸」是瘦弱。「蹢躅」是跳躑。

《象》曰：繫于金柅，柔道牽也。

柔道，便是羸豕力，雖微而其志總跳躑不善，防他跳躑，故「繫于金柅」以牽制他，故曰「柔道牽」。

九二。包有魚，無咎，不利賓。

「包」是包容。「賓」是客氣。「色」是陰物，巽為色，故云。自古小人為亂，往往是君子所激的。「二」曰「包有魚」的大意，是不把小人看作刺目的東西，而能大度包容他，那便無有過錯。若拿他常作賓客一班，與他客氣，他以為遠他太甚，那便不利，就是《論語》上所說「遠之則怨」的那種流弊，故曰「不

利賓」。

《象》曰：包有魚，義不及賓也。

遠之則怨，是孔子所說，待遇陰險女子、小人的難處。據此義而論，對於陰險的，是應該包容他，不能教他看出有外待的意思來，才無有不利。

九三。臀無膚，其行次且，厲，無大咎。

「三」下不遇「初」，上無正應。當在遇合的時候，顧影自憐，所以行功不能安適。然既無所遇，便毫無牽連，也就無慮被陰邪所傷了。但「三」的本性，過剛不中，其行止仍覺危而不安，未免小有不合，然以於人無涉，於事無礙，可也無有甚麼大過。

《象》曰：其行次且，行未牽也。

上下都無牽連，所以徘徊觀望，有獨行踽踽的情狀。

九四。包無魚，起凶。

「九四」不中不正，與「初」為正應。然「初」為「二」所包容，「二」相親比，竟把「九四」脫開了，「九四」故云「包無魚」。因此「四」與「二」倘起了爭端，其凶就恐難免了。

《象》曰：無魚之凶，遠民也。

陰為民。「遠民」是因「二」與「初」近。「二」為近民，「四」便為遠民了。

九五。以杞包瓜，含章，有隕自天。

乾為木果，為圜（環繞、圍繞）故曰「杞」。曰「瓜」，葉大可以包物。「五」變離，為文章，乾為天，故曰「章」，曰「天」。「九」居君位，陽剛中正，而高居深宮，其不能與人民相遇合。如用杞包瓜，把至美的物品，含藏在中一班。然其施行命令，布誥四方，人民視同甘露佳果，恍如自天而降。其周遍也彷彿天下風行，無物不相接觸而遇合似的，然此正是君與人民相遇合的辦法。但人民對於此等遇合，視為如此滿意，非剛健中正而居君位的「九五」，萬萬不能。

《象》曰：九五含章，中正也；有隕自天，志不舍命也。

「九五」所含的章美，便是中正的美德。命，就是施命的命。「五」處深宮，既不能朝夕與人民相遇合，若再把命令文誥，擱捨不用，是人民既不能面見，再不能見命令文誥，如此隔閡，那便不合君后的政體，也便與姤道相背了。所以「九五」的心志，對於命令文誥，是時頒降，決不肯擱捨不用的。

上九。姤其角，吝，無咎。

上變兌（☱），力羊，故說「角」。「角」是剛而在上的。「上九」高亢而極剛，故取象角。其性雖剛，然以離「初」甚遠，不能制陰，是為小疵。但治陰也不是他的專責，故也得無咎。此如避世的賢士，離無心救時，人也不能很說他不對。

《象》曰：垢其角，上窮吝也。

雖處在窮高極上的地位，無有與陰初相遇的機會，然終以不能制陰為可羞。

萃卦

坤下兌上

以『九五』為卦主

萃《序卦》：「姤者，遇也。物相遇而後聚，故受之以萃。」物相會遇，多至成群，萃所以次姤。卦兌上坤下，澤上於地，澤水匯聚於地上，故象萃。

萃。亨。王假有廟，利見大人，亨，利貞。用大牲，吉，利有攸往。

人的萃聚，貴在精神團結。然精神團結，如君王致祭宗廟，百官萃集，蹌蹌濟濟，肅肅雍雍。如《詩經》上所說：「奏格無言，時靡有爭。」那種精神，便團結到極處了。凡人聚集太多的時候，必得有大員設法彈壓安撫，才可無爭鬥作亂的情事。故「利見大人」，有大人以治化。人以義合，財以義聚，各守范圍，故能大通。而其好處，全在大人能「道之以德，齊之以禮」，故曰「利貞」。占萃時，是有民康物阜的光景，此時諸事從豐，才為順理，如君王致祭，物品、誠意必須相稱，享用大牲，才能得吉，而無往不利。若時當富厚，而凡事儉嗇，便不免有悔吝了，哪能吉而且利呢？萃，大象坎，為豕。兌為羊，坤為

牛，大牲象。

《彖》曰：萃，聚也。順以說，剛中而應，故聚也。

坤順兌說，「五」剛中而下交，「二」柔中而上應，內外君臣，同心聚合，所以名「萃」。

王假有廟，致孝享也。利見大人亨，聚以正也。用大牲吉，利有攸往，順天命也。

王者萃聚天下的人心，無如孝享，盡誠為致孝，備物為致享，故曰「王假有廟，致孝享也。」其「利見大人亨」，謂「聚以正」，是何說呢？如武王率師與諸侯合於河朔，天便是聚，所為的是同心合力，滅除罪大惡極的商紂，便是正。其「用大牲吉」，謂「順天命」，是何說呢？是因時常豐而豐，時當往而往，皆所以順天命的自然，而毫無勉強。此方為萃聚的真精神。不然，如秦始皇的封禪，及徙富豪十萬戶於咸陽，那還是順天命麼？

觀其所聚，而天地萬物之情可見矣。

乾造始，坤生成，天地的氣相聚合，才為天地。形相交，氣相感，萬物的氣相聚合，才為萬物：聖人觀察萃象，就把天地萬物一切的情況，也便洞悉無疑了。

《象》曰：澤上于地，萃。君子以除戎器，戒不虞。

「除」是簡閱，除廢取新的意思。「澤上於地」，聚在一處，有萃聚象。君子讀萃卦，思及眾聚，便有爭鬥；財聚，便有搶奪。因萃而多故，所以必須簡治戎器，戒備不虞。「戎器」是

武器。「不虞」是未加提防，忽然發生的變故。

初六。有孚不終，乃亂乃萃，若號，一握為笑。勿恤，往，無咎。

「初」與「四」為正應，此心本能相孚。但有孚又貴有終，若有孚而不終，是自己擾亂其心志；而聚所不當聚，不如號呼仍求「九四」。「九四」本為正應，今見「初六」事急改圖，知此後有孚不至無終，合正當的眷屬一相握手，自能好合，而笑樂毫無憂恤了，如此以往，斷然可以無咎。

《象》曰：乃亂乃萃，其志亂也。

性本陰柔，急欲萃聚，方寸一亂，便要妄聚了。

六二。引吉，無咎，孚乃利用禴。

「二」，以陰居陰，柔順中正，上應「九五」剛健中正的人君，必待「九五」援引，然後相萃，那才得正道。如湯於伊尹，先生於孔子明，自然吉而無咎。「孚」是信，「禴」是薄祭。君子進身，貴乎誠信相交，心志相接。若誠信既著，心志既通，便可不煩裝飾，道自得行。就如心志誠實，禴祭雖是至薄，也自能通於神明。

《象》曰：引吉無咎，中未變也。

必待援引而後萃合，毫不苟且，是以「二」雖在下，其中德終不改變，所以吉而無咎。

六三。萃如嗟如，無攸利，往，無咎，小吝。

「六三」陰居陽位，不中不正，處當萃時，欲萃是其本志，但上無正應，無相萃的必要。所以欲「萃如」而又「嗟如」，毫無利益可言。然「三」與「上」雖非正應，無相偶的情分，若能往而相從我性順而彼性說，必不至於見拒，故也可以無咎。但所萃的，并非剛明的人物，兩陰相聚，小疵也在所難免。

《象》曰：往無咎，上巽也。

「上」，柔說至極；「三」，往而無咎，是以陰柔相遇巽順的緣故。

九四。大吉，無咎。

大吉，作行為盡善解。「九四」上比「九五」人君，得君臣相聚，比下卦群陰，得下民相聚。如此上為君亦事，下為民辦事，鞠躬盡瘁，君民無不稱善，自然可能無過。「四」，不在尊位而得眾心，若非盡善，又哪能無咎呢？

《象》曰：大吉無咎，位不當也。

不在尊位而能合眾，非辦理盡善，便有過了。因其位不當，故發此義。

九五。萃有位，無咎，匪孚，元永貞，悔亡。

「九五」，居尊位，為卦主。有聚集人民的權勢，當然可以無咎。然雖有其位。苟無其德，或有其德而不能常守，人便不能相信，未免有悔。必須反己自修，把剛陽中正元善的德行，永遠固守，悔才消滅，而人始深信不疑。

《象》曰：萃有位，志未光也。

「五」，剛健中正，本無不光陰的心志，然「禮文責備賢者」恐其陰陽相悅，忘了正事；恐其密比極和悅的「上六」，被其所惑，忘了正應。志不光明，那不是有累盛德麼？故以「元永貞」相戒。

上六。齎諮涕洟，無咎。

「上六」為孤臣孽子一流，萃極將散，又無正應，孤身無依，與為嘆。「齎咨」即嗟嘆。「涕洟」是鼻涕眼淚。此爻也是因一變為否（☶），故有此象。然憂思既深，「危者能平」，也可無咎。

《象》曰：齎諮涕洟，未安上也。

「孤臣孽子，操心危，慮患深」，「栗栗畏俱」，不敢自安於上，故「齎諮涕洟」。

升卦

升《序卦》：「萃者，聚也。聚而上者謂之升，故受之以升。」物聚必高故為升，所以繼萃。卦坤上巽下，木生地中，愈長愈高，是為升象。

升。元亨，用見大人，勿恤，南征，吉。

升，是進而上，升進自然可以大亨。然升不一，有位升，有德升，升位可行道，升德可進道。而升位必由王公，升德必由聖賢。升德不必論，而升位難免不遇權奸的大人。然本卦內巽外順，「二」與「五」正相應，自無附而小人的情事，故不必憂恤，便無不吉。所謂「南征」，是因巽在東南，與坤同體，巽在下升與坤合，必須南行經過離位，故云「南征」。若東至震，便非升了。

《彖》曰：柔以時升。

升，是自下升高，本卦與萃相綜，萃「六二」的柔爻，今升為本卦的「六五」，是為「柔以時升」。

巽而順，剛中而應，是以大亨。

內巽外順，無躁妄悖理的情事，又「九二」德剛而中，「六五」順以相應，汲引賢才，剛柔相濟，君子升進，故曰「元亨」。

用見大人，勿恤，有慶也。南征吉，志行也。

「有慶」是因此一見道可大行，故云「有慶」。「志行」是一征進，能如所願而行其志，所以「勿恤」而得吉。

《象》曰：地中生木，升。君子以順德，積小以高大。

本卦以「地中生木」而得名。棟梁大材，是由小樹漸積而成的；聖賢大德，是由小善漸積而進的。由小漸積而高而大，木如是，君子也如是。

初六。允升，大吉。

「初」，居巽下休，巽為木，此便為根。本固枝榮，允能上升，所以大吉。又卦義柔順居初，密比「九二」，與剛中的賢人合志同升，大吉是當然的。

《象》曰：允升大吉，上合志也。

「初六」如樹木，根既深，其在上的枝葉，自然日升一日。上下一休，其合志也是自然的。

九二。孚乃利用禴，無咎。

萃「六二」以中虛為孚，與「九五」應。升「九二」以中實為孚，與「六五」應。兩爻虛實雖殊，其孚無異，能孚便用禴薄

祭，也自有利益而得無咎。

《象》曰：九二之孚，有喜也。

「喜」，是喜其能升，誠信至極，君必信任，道可大行，所以有喜。下互兌悅，故云。

九三。升虛邑。

陽實陰虛，坤有國邑象，故云「虛邑」。三陽剛得正，而在巽體，上有援應，是往上升進，一順百順，無障礙，如入天人之境，故云「升虛邑」。又巽木將出地上，坤土柔而虛，木出地必毫無阻力，也是「升虛邑」的意思。

《象》曰：升虛邑，無所疑也。

「九三」以陽居陽，上有援應，是其對於升進，極有把握，故曰「無所疑」。

六四。王用享于岐山，吉，無咎。

「四」，有柔順的德行，地位近君，是上能得君，下能進賢的大臣。如文王當時，順從天子，欲其歸於有道，引用賢良；欲其同襄政事，已便柔順讓恭，思不出位。用此德以致祭岐山，神明也能享格，事無不吉，哪得有過呢？文王為西伯，故動云岐山，或西山。

《象》曰：王用享于岐山，順事也。

享於神明，是事神明而能順神明，烏得不吉，烏得有咎？

六五。貞吉，升階。

「五」以下有剛中的正應，故吉。然質本陰柔，故以貞為戒。若不貞，便信賢不篤。任賢不終，安能得吉？階是所由而升的，任用剛中的賢人，相輔而行，如上階梯，自然一步比一步高，然「五」能先用「九二」，人知上能好賢，自能攜手同進，歷階而升，從此國事蒸蒸日上，也就如歷階而升了。

《象》曰：貞吉升階，大得志也。

倚任賢才而能貞固，如此而升，天下自可大治，故曰「大得志」。

上六。冥升，利于不息之貞。

「冥」作迷解，坤為迷，故云。以陰居在升極的地步，是心意昏迷，知進而不知止的。然進而不止，若用在正道上，如君子守正，終日乾乾，自強不息，那便有利而無害了。這是聖人希望小人把貪求無饜的心，移到修德的正道上，進行不懈，雖柔必強，自將不迷而明了，故曰「利於不息之貞」。

《象》曰：冥升在上，消不富也。

已到絕頂，仍迷迷糊糊想著升進。求而不已，轉恐消亡，萬不能再有增益。「不富」是無有增益的意思。大凡物理盛極必衰，過高將跌。當止不止，將只見其退，哪能再有進步呢？

困卦

坎下兌上

以『九二』『九五』為卦主

困《序卦》：「升而不已必困，故受之以困。」升是從下往上升，從下升上，非用心為不可。然常用心力，是必要困乏的，所以次升。卦兌上坎下，水居澤中，是澤中有水，今在澤下，便乾枯無水了，是為困義。又陽爻都為陰所揜蔽，如小人揜君子，是為困象。

困。亨貞，大人吉，無咎，有言不信。

處困而亨，是能守正道的大人，才能如此，所以吉而無咎。此言身雖窮困，而不愧不怍，心是亨通的，如羑里演《易》，陳蔡弦歌，都是處困守正的大人。故雖一時受困，腳步毫無錯亂，而終能得吉。若偶遇困窮，沉不住氣，便欲以口舌爭辯，當著這種時候，人是絕不能相信的。為口，有言象。坎為耳痛，耳不能听，不信象。

《彖》曰：困，剛揜也。

卦所以為困，是因剛為柔揜的緣故。按全卦說，坎在下，兌

在上，是坎剛為兌柔所揜。按六爻說，「九二」為「初六」、「六三」所擒。「四」、「五」為「六三」「上六」所揜，故曰「揜」。

險以說，困而不失其所亨，其惟君子乎！貞大人吉，以剛中也。言不信，尚口乃窮也。

「險以說」，是君子固窮，樂天知命。「困而不失其所亨」，是大行不加，窮居「不損」。君子，便是大人。「貞大人吉」，「貞」字在文王卦辭連亨字讀，孔子慮人誤認「貞」字為戒辭，故把貞字連下句讀。「剛中」指二、五兩爻言，能剛中便知明守固，居易俟命，所以「貞大人吉」。「貞大人」，是貞正的大人。「尚口乃窮」，是言不得意的人。雖說一個天花亂墜，越說人越不能相信，故聖人謂此時若但恃口舌爭辯，那是更自取困窮了。

《象》曰：澤無水，困。君子以致命遂志。

澤，本是停水的地處，今無水了，是澤已乾枯，故為困。君子若處在困窮的時候，只有把生命置諸度外，只求遂我心志罷了。大凡大難臨頭，在君子只論是非，不論利害；論輕重，不論生死。殺身成仁，捨生取義，都是君子所為。幸而身存，也非所望；不幸身死，也是應該。身存，如張良鐵椎、蘇武漢節，是；身死，如比干、文天祥諸公，是。

初六。臀困于株木，入于幽谷，三歲不覿。

「株木」，是無枝葉的樹木。下互離，為槁木，初爻在離下，故云「困於株木」。坎隱伏，又坎窖、幽谷象，下互離為

目，被坎水掩蔽，故說「不覿」。離三數，故說「三歲」。「初」陰柔居下，雖與「四」為正應，而「四」在困時，哪有庇護他人的能為。故「初六」如坐困於株木以下，更如入於幽谷。若仍不思振作，就算再待三年，也是不能見天日而脫離苦境。

《象》曰：入于幽谷，幽不明也。

「幽不明」，是說入於昏暗，陷到困窮的地步上去了。若有一線的明機，何至如此？

九二。困于酒食，朱紱方來。利用亨祀，征凶，無咎。

「二」以剛中的德行，當窮困的時候，固窮而守中道，無意中得為人君所徵聘，故有「困於酒食，朱紱方來」象。此時能以至誠相應，雖為陰柔掩蔽，不免有凶，而終可以無咎。如孔子蔬食飲水，顏子簞食瓢飲，儒行並日而食，都為「困於酒食」。「朱紱」，是朱色蔽膝，帝王所服用的。「方來」是賢德已著，帝王要來徵聘的時候。「利用亨祀」是至誠致祭，也如「利用禴」的意思。此可喻孔明應徵的故事。「朱紱方來」便似先主三顧；「利用亨祀」便似應徵後竭誠供獻，報酬知遇；「征凶」便似鞠躬盡瘁，死而後已；「無咎」如諸葛大名，終垂宇宙。

《象》曰：困于酒食，中有慶也。

有剛中的美德，其道自能亨通而不終於窮困，所以有此「朱紱方來」的福慶。

六三。困于石，據于蒺藜。入于其宮，不見其妻，凶。

「六三」陰柔不中不正，也欲掩剛，而困君子，但居在坎陷

的極處，所承所乘的都為陽剛，孤陰在於其同，上無正應，欲與「四」相親，而「四」已有正應，對他心堅如石，毫無情致，不肯理他，是前去便被困了。想退而依據「九二」，而「二」慮為所揜，如有棘刺，不能依靠，不得已轉回家來，想著見了妻室，說說為難的狀況，接受他的安慰，希望心中鬆快一點。而到了室內了，妻也不知那兒去了，此真無地可容，走入死運了。欲擒人，反自困，此如管蔡陷害周公，燕上官陷害霍光的故事，可謂凶極。坎為叢棘、蒺藜象，為官。上互巽，為入。下互離目，變乾，入宮不見象。中男少女，故言夫妻。

《象》曰：據于蒺藜，乘剛也；入于其宮，不見其妻，不祥也。

「乘剛」，謂乘「九二」。「不祥」就是《繫辭》所說，死期將至。「三」一變為大過（☱），棺槨象。故云妻常在宮，入官不見，不祥之兆。

九四。來徐徐，困于金車，吝，有終。

「四」與「初」為正應，不中不正，志在於「初」，故有來就的意思。「徐徐」從上互巽，進退不果取象。「金車」從兌金變坎為輿取象。「二」陽與「初」陰密比，「四」欲就「初」，為「二」所隔，故謂「困於金車」。人當困時，不籌劃如何救困，專在男女私情上用心，是可羞的事。然「四」與「初」，本為正應，終必相合。「二」決不能久隔，故云「有終」。

《象》曰：來徐徐，志在下也；雖不當位，有與也。

「志在下」，下指「初」說。「有與」是「四」陽、「初」

陰本有正當的度與，其志在下，也不是不應當的事，與「四」當位不當位，無有很重要的關係。

九五。劓刖，困于赤紱，乃徐有說，利用祭祀。

截鼻為劓，是傷於上。去足為刖，是傷於下。上下皆為陰揜，受其仿害，劓刖象，「五」，君位，人君受困，由於無人來援。「赤紱」是赤色的蔽膝，為君服。紱，是行路用的。「困於赤紱」便是君上被難，臣子不來。然「五」雖在困，而其德剛而中正，下有「九二」剛而得中的賢臣，道同德合，雖未能遽然前來，慢慢的必來援救，無論如何窘困，自能轉困為亨，而有皆大歡喜的那一天，故云「乃徐有說」。又凡祭祀的事，必致其誠敬而後受福，人君在困時，致其誠敬，為天下求賢，得賢便能濟困，故曰「利用祭祀」。祭天為祭，祭地為祀，祭鬼神為享。

《象》曰：劓刖，志未得也；乃徐有說，以中直也；利用祭祀，受福也。

為陰所揜，故「志未得」。「五」與「二」均有中直的道德，雖非陰陽正應，而在君臣朋友上，為道同義合，劃策濟難，穩健自能成事，是以「乃徐有悅」。從此處身接物，都用大誠大信，便能拔出窮途，長享福慶了。

上六。困于葛藟，于臲卼，曰動悔。有悔，征吉。

「上六」陰柔，也欲揜剛而困君子，然以陰而處在困極，物極必反，事極必變，「上六」不但不能揜剛，欲動也如為葛藟所纏繞，不能自由，且時常恐怖不能自安，此謂悔生乎動。故有此葛藟束縛、臲卼恐怖的狀惑。然處此時，正要看人的覺悟如何。

若從此知道剛難揜蔽，能有悔心，如此進行，還可得吉。此爻在
「上」為兌主爻，是尚口的。「尚口乃窮」，是「上六」發生出
來的。臲卼，音臬兀。

《象》曰：困于葛藟，未當也；動悔有悔，吉行也。

　　因有未當的行功，便生悔，從此如能有悔，能悔便能改，能
改便得當，自是吉人的行為，那便轉困為亨了。

井卦

巽下欠上

以『九五』為卦主

井《序卦》：「困於上者必反下，故受之以井。」此卦係承升、困兩剛卦立說。升極便困，困必反下，物在下的便是井，井故次困。卦坎上巽下，坎為水，巽為木，又為人，木性入水且必出水，以木為器，能入於水下，盛水以上乎水，確是井象。

井。改邑不改井，無喪無得，往來井井。汔至，亦未繘井，羸其瓶，凶。

井的物性，永不能動。城邑可改，井不能改，汲他不至涸乾，不汲也不能滿溢，故曰「無喪無得」。井為人所共用，此往彼來，故云「往來井井」。「無喪無得」是其德有常。「往來井井」是其用能周。常與周，斯為井道，井以濟用為功，若几至而未下繘於井，是設備不齊，空有此井而等於無用。或設備已齊，而人來汲井，偏把汲井的瓶損壞了，量欲汲而無其器，是以汲井的人無用，井也等於無用了。井的常道，本來「無喪無得」，今如以上二事，是井的作用偏喪失了，似此都為井的變故，安得不凶？「繘」，作繩解，巽為繩，故云。「汔」作幾解。上互離中

虛，瓶象，下互兌毀折，故曰「羸」。

《彖》曰：巽乎水而上水，井。井養而不窮也。

凡井上汲水，井上安設轆轤，用繩繫在上也，繩下繫桶，入
於水下，才能取水上來，故說「巽乎水而上水」。此「巽」字，
專作入字用。「井養而不窮」，就是孟子所說民非水不生活。

改邑不改井，乃以剛中也。汔至亦未繘井，未有功也。羸其
瓶，是以凶也。

井養人物，無有窮時。取用不竭，是井的常道，邑可改井不
可遷。「無喪無得，往來井井」，是井的常理。二、五兩爻，剛
而得中，井道與卦德正合。井以養民為功，然井無水，或有水
「亦未繘井」，雖有井也是無功，瓶可汲井而瓶已羸，便不能汲
了，哪能不凶呢？

《象》曰：木上有水，井。君子以勞民勸相。

水下有木，是汲器入水。木上有水，是汲器出水。汲器入而
水德行，汲器出而水功著，斯為井象。「勞」作勞賚解。「勞
民」君子所以法井德；「勸相」君子所以法井功。「勞民」是給
與；「勸相」是輔助。給與，對水言；輔助，對器言。給與為井
的作用，使民感惠而來；輔助是井的公益，使人相依為命。

初六。井泥不食，舊井無禽。

六以陰柔居下，無應援，最在井底，沉滯滓穢，滿井皆泥，
哪能食呢？井中無水可食，是舊井久未淘治，便等廢棄，禽鳥也
必不相窺，何況於人？凡禽飛在有水的地方，定要兩目注於水

中，自窺其影。今因井中有泥無水，所以無禽來窺。

《象》曰：井泥不食，下也；舊井無禽，時舍也。

陰濁在下，人不食，禽也不窺，一時都視為廢物，便群相棄
捨了。

九二。井谷射鮒，甕敝漏。

水是一樣的，其地有井與谷的分別。地既有分別，其功也自
有分別。谷中的水，以注下為功；井中的水，以汲上為功。其功
在魚鱉；汲而上，其功在百姓。「九二」才為陽剛，本可以濟人
養物，勝於「初六」；然上無應援，其位也僅在泥上井下，其所
注射也不過僅在於泥中的鮒鯽。不為井而為谷，不上出而下注，
其功止可及於鮒鯽瑣細的東西，並較大的魚鱉也不能及。是並不
如谷，止如一個漏甕下注，哪能有濟人養物的大功，而可成為井
呢？「二」下比於「初六」，「初六」陰潛而細微，是小人的資
質，故象鮒鯽。「二」既下比小人，在上位的便無人肯汲引了。
谷水下注，敝甕漏水也下注，皆是不能上出的，所比匪人，有此
情況。「射」作注字解。「鮒」是小鯽魚類，巽為魚，故云。上
互離，甕象。下互兌，為毀敝漏象。

《象》曰：井谷射鮒，無與也。

「二」，以在下而上無應與，故下比而「射鮒」。若上有應
與，一經汲引，便可成井道養人的大功，不至以有用的水泉，專
注在那小小的鮒鯽身上了。

九三。井渫不食，為我心惻，可用汲。王明，並受其福。

「三」以陽居陽，與「上六」為正應，而「上六」柔而無位，無力汲引。「三」剛而得正，其才德本可以濟人利物，今以上無援引的能力，未得見用。如井水清潔，本可汲食，而竟無人來汲，所以心中未免惻然。然有「可用汲」的，只得捨正應的「上六」，而求同德的「九五」。「五」居王位，既有汲引人才的大權，更有鑒別人才的識力。若得其提汲上升，受福的又何止一方面呢？此言「三」如得「五」的汲引，可以上行，周屬受福；而「五」得「三」前來幫助養民，是民也受福。都因王者有知人之明，所以並受其福。「惻」是憂慮，從變坎加憂取象。

《象》曰：井渫不食，行惻也；求王明，受福也。

「行惻」是行路的人，也為惻然。王明上忽加一求字，是因「五」與「三」非正應。孔子以周公爻辭突說「王明」，恐人不知指「五」，故特加一「求」字，不求正應而「求王明」。《易》所以重在知時，如韓信捨項羽而事漢高，馬援捨隗囂而事光武，都是「求王明」。

六四。井甃，無咎。

「甃」作砌壘解，就是修理。「六四」陰柔得正，位近「九五」是能自修其井，以備儲蓄「九五」的寒泉，上承君意，下修臣職，成濟養的大功，自然可以無過。

《象》曰：井甃無咎，修井也。

修井蓄泉，能盡己職，哪得有咎？

九五。井冽，寒泉食。

「五」以陽剛中正居尊位，其才其德，盡美盡善。

「冽」是甘潔。井泉以寒為上，若既甘潔而且寒的井泉，自然可為人食。於井道可謂毫無缺欠。以人事論，「冽」是「九五」的天德光純，「食」是「九五」的王道普遍。堯、舜、禹、稷、周、孔立養立教，萬世仰仗，那便是「井冽寒泉食」極大的作用。

《象》曰：寒泉之食，中正也。

「寒泉食」是「九五」的王道。「中正」是「九五」的天德。

上六。井收，勿幕，有孚，元吉。

「上六」井道已成。「收」是收功。「幕」為井蓋。「勿幕」是從坎上陰爻兩開取象。「有孚」便是坎卦象辭中的有孚。井以汲水上出應川為功，而坎口不掩，是治井完成。一經開幕，寒泉甘冽，充實其中，取不盡，用不竭，依為生活，實惠及人，至善大吉，井道勿愧。

《象》曰：元吉在上。大成也。

大成，是井養的大功告成了。然雖有寒泉可食，若掩其口，人又焉得而食？若不孚信，有時而竭，澤不普及，又焉得為大成？今既勿幕且有孚，實惠能及多人，井養的功，才算大成而毫無缺欠。「元吉」以澤能周至言。「大成」以功無缺憾言。

卷四·

下經

革卦

離下兌上

以『九五』為卦主

　　革，是變革。兌澤在上，離火在下，火燃水乾，水決火滅，是為革象。又中少二女，合為一卦，而少上中下，志不相得，是為革義。《序卦》：「井道不可不革。故受之以革。」井道久必污穢，非革舊取新不能潔淨，故以革繼井。

　　革。己日乃孚，元亨，利貞，悔亡。

　　「己日」，是已到了非變革不可的日子。變革是不輕易的，若不到變革的日子，就輕易變革，人必疑懼，便要多事了。已到了變革的日子，再行變革，人才不相疑而相信。故說「己日乃孚」。「乃」字，有難的意思。「革」，是因著弊壞，不得不然。舊污除去，萬象更新，自然可以大通了。然變革以後，不守正道，以暴易暴，便要有悔了。所以一經變革，便利在堅守正道，方合「去故」（《雜卦傳》「革，去故也」）的大義，而免變動的後悔。這也是古人最重改作的意思。

《象》曰：革，水火相息，二女同居，其志不相得，曰革。

火燃水能耗乾，水決火必立滅，故曰「水火相息」。「息」消滅的。「二女同居」，中女在少女以下，無嫡管束，其心是萬難相得的。如火上澤下，中在少上，不過一睽便了。此澤上火下，少在中上，所以較睽為重，非變革不可了。

己日乃孚，革而信之，文明以說，大亨以正，革而當，其悔乃亡。

「革而信之」，是實行弔民伐罪的事。東征西怨，南征北怨是相信的事實。離明，兌說，明便能課事理，變革的不苟且；說便是順潮流變革的不冒失。變格本是容易有悔的事，稍一失當，變越弄越糟。今「大亨以正」，事理通順，人心和平，如此變革允當，其悔才能消亡而歸於無有。若如秦變法，趙胡服，莽革漢，靈寶革晉，那便不得為「革而信」、「革而當」，其悔所以斷不能亡。

天地革而四時成，湯武革命，順乎天而應乎人，革之時大矣哉！

限極陽生是革陽，陰極陽生是革陰，故陰往陽來為春夏，陽往陰來為秋冬，四時便成了。桀紂暴虐，天人共怨，湯武實行革命，實是順從天理，應合人心，可見革道於天地世運，都有最重要的關係；而尤莫大於得時，若稍失時，便難成功。

《象》曰：澤中有火，革。君子以治歷明時。

「澤中有火」，水盛便息火，火盛便息水，故有革象。君子按日月雖辰以治歷數，而明定四時的次序，是時序為必要的變

革。蓋時序不革，不能成歲，君子「治歷明時」，四時才能合序。由此而推，革道關係的重大，會心自當不遠。

初九。鞏用黃牛之革。

「鞏」是束縛、堅固。「黃」是中色。此「革」字，是皮革的革。變革事體極大，必合時得位，更有相當的才，審慎而動，才能無悔。九在初，是時不當動；位在下，是地位不當動。才剛陽而居離體，未免火性太大而躁，是人又不宜動，此時必以中道堅固自守，如結結實實的用黃牛的皮革束住，暫勿妄功，才能合法。桓玄篡位，自取殺身，便是妄功所致。

《象》曰：鞏用黃牛，不可以有為也。

時、位、才，都不相當，故不可以有為。

六二。己日乃革之，征吉，無咎。

以六居二，柔順中正，又為文明主體，上與剛陽的大君為正應，中正文明，無偏無蔽。應上便有權勢，體順便無違悖。時、位、才，都相當了，這便是卦辭所說的「己日乃孚」。故曰「己日乃革之」。因「二」盡美盡善，故進行變革，無有不吉，並不能有一點過咎的。

《象》曰：己日革之，行有嘉也。

既「己日乃孚」，一經進行，其成就自是可嘉，故曰「行有嘉」。「行」釋「征」字。「嘉」釋「吉無咎」。

九三。征凶，貞厲。革言三就，有孚。

「三」居下卦以上，是位已漸高了，緊接上卦，權也有一點了。處離上，剛明至極，是也不為無才，似乎可以行變革的事了。今曰「征凶，貞厲」，是進行必凶，雖正也危，何以如此垂戒呢？是因「九三」不患不剛，患在太剛；不患不陰，患在太陰。「九三」，如此剛明過中，就恐其變革的過於冒失，將使天下人皆疑懼而心難誠服。必如革卦卦辭所言的「三事」，都能成就而不相違背，然後才能取信於天下。所言的「三事」，是甚麼呢？就是「大亨、大信、大正」那三事。大亨，人情便無不通。大信，是對人不欺不詐。大正，是做事毫無邪曲。此三事都能成就，無論如何變革，自無往而不利了。王安石施行新法，惜未注意及此。

《象》曰：革言三就，又何之矣。

「又何之」，是又焉往而不可的意思。「之」作往解。

九四。悔亡，有孚，改命，吉。

下互巽，為命令，此居巽上，又改入上卦，故云「改命」。革下三爻。有慎重改作的意思。上三爻。便革而當了。故於「四」開口便說「悔亡，有孚，改命」，就如離交於兌，是把夏令改為秋令了。又如湯改夏的命令而為商，武改商的命令而為周。「四」為改革的大臣，如伊尹、太公是。有孚，是上有孚於「五」，下有孚於民。上下都能有孚，所以得吉。

《象》曰：改命之吉，信志也。

「信志」，便是有孚。革以有孚為本，今上下都信其志，改

命所得吉。

九五。大人虎變，未占，有孚。

「九五」以陽剛中正的才德，當兌金肅殺的時候，而為順天應人的舉動。「四」與「二」又能為征吉改命的元勛，「五」既有其位，復有其德，人民引領，宇宙更新，「大人虎變」，革道庶幾盡善盡美。乾五曰龍，革五曰虎，是因揖讓為文事，故稱龍；征誅尚武功，故稱虎。天下共信，後來其蘇，這便是「未占有孚」。「未占有孚」便是「不疑何卜」。

《象》曰：大人虎變，其文炳也。

「文」是文章。「炳」是光彩。以人事論，改正朔，易服色，制禮作樂，煥乎其有文章，這等彪炳可現，無怪天下都願仰望其豐彩。

上六。君子豹變，小人革面。征凶，居貞，吉。

虎大，豹小。「上」為陰，故曰豹。「九五」為君，稱大人。此為佐命的勛臣，故稱君子「上六」革道已成，如漢蕭何、陳平諸臣，其出身或為吏胥，或為署販，此時都開國承家，列爵分土。班孟堅所說「雲起龍驤，化為侯王」，那便是「豹變」，也是因革命成功。「九五」既「虎變」而總理國成，「上六」便「豹變」而分掌國事。「小人」，便是百姓。「革面」，是換一副面孔。從前為暴君污吏的百姓，都是面從心違；如今既經改革，皆心悅誠服了。湯出征而嫌後，武肆伐而倒戈，那都是「革面」的情況。「征凶」，是言此時的百姓。若別有所往，便為梗化的頑民，故凶。若能安居以「俟我後」（「後」作「待」字

講），便正而吉。

《象》曰：君子豹變，其文蔚也；小人革面，順以從君也。

「文蔚」，是文彩薈萃，蔚為大觀：「順以從君」，就是「不識不知，順帝之則」的情況。

鼎卦

鼎，為烹飪的器具。卦離上巽下，下，一陰兩開、為足；二、三、四，陽如中間滿貯物品而實，為腹。五，一陰分列左右，為耳。上，一陽，為鉉。合為鼎象。又，按上下二體說，中虛在上，下有足，並以木入火，也為鼎象，兼有鼎義。《序卦》：「革物者莫若鼎，故受之以鼎。」鼎能變生為熟，化堅為柔，改腥膻為馨香，都是變革物質的事，故以次革。

鼎。元亨。

卦辭與大有（䷍）同，「元亨」以外無餘辭，解詳《彖傳》。

《彖》曰：鼎，象也。以木巽火，亨飪也。聖人亨以享上帝，而大亨以養聖賢。

彖，是說本卦六爻有鼎象。巽為入，巽火，便是入火。亨，讀作烹，烹飪，就是蒸煮燔炙的那些事。象，是鼎的形狀；烹飪，是鼎的作用。聖人，指君說；聖賢，指臣說。古人有大德的

都可稱聖，湯誥曾稱伊尹為元聖。亨飪最大的用項，莫過於祭祀上帝，及款待聖賢。享上帝，貴誠不貴物，故止曰「亨」。養聖賢，貴豐，故曰「大亨」。

巽而耳目聰明，柔進而上行，得中而應乎剛，是以元亨。

耳目聰明，便是明目達聰，為養聖賢應得的報酬。離明巽入，有孔子所云「耳順」，聲人心通的意思。柔指「五」說。此柔交在革居下體，今在鼎居君位，故曰「進而上行」。「五」居上得中，下應剛陽的「九二」，故曰「得中而應乎剛」。以人事而言，在上的能虛心以養聖賢，在下的能實心以報知遇，是以為元亨。

《象》曰：木上有火，鼎。君子以正位凝命。

「凝」是凝重。巽為命令，故言命。「木上有火」，是火附於木，方顯出鼎的作用來。君子效其作用，遂正其位，無偏倚的動作。凝其命，必莊重其言辭。鼎安重不可遷移，君子鎮定不能動搖，古人所以說定國為定鼎。

初六。鼎顛趾，利出否，得妾以其子，無咎。

「否」讀作鄙，作污穢解。「初」居下，鼎趾象。凡在烹飪以前，必先洗濯其器以除污穢。「初」正在此時，將鼎洗淨，必顛倒令鼎趾向上，其中污穢傾出才能用，故云「鼎顛趾，利出否」。但洗鼎的時候，鼎趾顛倒向人，好像上下倒置了，然因傾除穢物，故必須如此。也如置妾本非必要，然以妻無子，欲以妾生子，雖寵愛不免在妻以上，因理由正當，故也必須置妾。若專為娛樂而置妾，與非因洗鼎而顛趾，便有過咎。今既皆有正常的

理由，那就可以無過了。中女與長女同在一卦，上又互兌，故云妾。中女少女，都在巽長女以上，有顛倒象。

《象》曰：鼎顛趾，未悖也；利出否，以從貴也。

「未悖」，是說顛趾好像上下顛倒·然洗器的時候，應該如此，未為悖理。貴對賤說，鼎中污穢，便是賤物。「以伙貴」是欲把珍品貴物，用鼎烹潤，不得不把賤劣的東西先行除去。這便是從貴去賤，此中也有「得妾以其子」的意思。

九二。鼎有實，我仇有疾，不我能即，吉。

「二」以剛居中，能守其剛中的實德。雖比於「初」，而以其非正，不肯輕與交接。「仇」作匹配解。二陽，對初陰，故說仇。「有疾」是說其非正，即是相就。「不我能即」，是因其有疾，不能教他前來就我。如此「二」能以剛中自守，不能與人苟合，所以能吉。「仇」作偶解。

《象》曰：鼎有實，慎所之也；我仇有疾，終無尤也。

「慎所之」，是無往不慎。此言「九二」有陽剛的實德，故動輒慎重。既能如此僅慎，不至失身於陰黨，那是終無過尤的。昔管寧與華歆同學共席，有達官過門，歆出觀而寧不動，便是「慎所之」。寧與歆割席分坐，便可「終無尤」。

九三。鼎耳革，其行塞。雉膏不食，方雨虧悔，終吉。

「三」，變為坎，上互便也成坎，坎為耳痛，「耳革」象。坎險重重，行塞象。「三」變，下互離為雉，坎為膏，「雉膏」象。上互本為兌，因「三」變不成兌口，不食象。「三」變上互

坎水，下也為坎水，「方雨」象。鼎所用以舉起挪移的，全在兩耳。「三居」巽上，上應離的上爻，木火都盛到極處，鼎中正在沸騰，兩耳也便極熱，作用變革，不能舉移，故曰「鼎耳革，其行塞」。然雉肉極美，雉膏更美，若火候太過，就是食品中極珍貴的雉膏，失飪也恐不能食了。此時只好以水救濟，若如火將燎原，止遇天雨，立時便把那沸騰的勢子殺下去，始雖似要有悔，一經救濟，也就可以減免而終能得吉了。「虧」有減免意。

《象》曰：鼎耳革，失其義也。

義，是宜。宜，是恰當其可。烹飪時以木入火，無過不及，必得其宜，才好。「三」因木火太過，便失了烹飪的火候，不能恰當其可了。

九四。鼎折足，覆公餗，其形渥，凶。

「餗」是珍膳，為實鼎的珍。「四」居大臣地位，自當擔任重事。任重事，便獨力難支，必用人幫助才好。然「四」下與「初」應，「初」為陰柔小人，是不可用的，而「四」偏用他，不但不能勝任，且必壞事。「初」為鼎足，上互兌為毀折，折足象。鼎實近鼎耳，是很滿了。鼎一折足，滿鼎珍膳，立時傾覆。「初六」如此情事，都因「九四」用人不占。「公餗」是從享上帝養聖賢上立說，以明與家常便飯不同。為大臣的，因所用非人，失敗至此，未免難以為情，故「其形渥」。「形渥」便是誠中形外，面赤汗流，愧悔無地，其凶自不待言。

《象》曰：覆公餗，信如何也？

信任太專，竟至失事，何以如此信任，問心也難自解，故曰

「信如何」。房管用李楫、劉秩，王安石用呂惠卿，類此。

六五。鼎黃耳，金鉉，利貞。

「五」在鼎上，陰爻兩開，耳象。鼎的舉措在耳，故耳正當
君位。「五」有中德，故云「黃耳」。「鉉」為鼎的提繫。
「金」剛德。鉉位在鼎上，都指「上九」說。耳為一鼎的主，耳
虛中，鉉便可繫；鉉繫耳，鼎便可用。故「六五」虛中以得「上
九」的幫助，而後鼎中的美味，享上帝，養聖賢，以利天下，達
聰明目，重器爛然，定鼎功成，更利用正道以固守，斯可以長治
久安了。

《象》曰：鼎黃耳，中以為實也。

「六五」虛中應剛，是以中為實德，也就是坤卦「六五」美
在其中的意思。

上九。鼎玉鉉，大吉，無不利。

「上九」以一陽互乎鼎耳，鉉象。金鉉是剛的，「六五」本
其柔性，仰視「上九」，欽佩其剛，故稱金鉉。玉體是能剛柔而
溫潤的，「上九」以剛居柔，而與「六五」柔體更相密比，是剛
健溫柔，「上九」兼有，故曰「玉鉉」。玉豈可為鉉，《易》只
以便於取象，故不必實有其物，與「困金車」同。「上九」既能
如此剛柔適宜，動靜不過，自能大吉而無所不利。「上」處境本
已無位，而井（☵）、鼎皆以為吉，是因水以汲而出井為功用，
食以烹而出鼎為功用，同一「上」出為功用，所以井為元吉，鼎
為大吉。然大有「上九」爻辭，也與井、鼎相同。其相同處，在
井為通養，在鼎為養聖賢，在大有為尚賢，所以辭也相同。

《象》曰：玉鉉在上，剛柔節也。

剛健溫柔，皆能中節，「上」居成功致用的地位，而能比德於玉，所以大吉而無有不利。

震卦

震下震上

以『初九』為卦主

　　震一陽生於二陰以下，有從地下一衝而出的勢子，其象為雷，其義為動。乾坤交而生物，此為乾一索所得，故為長男。《序卦》：「主器者莫如長子，故受之以震。」鼎為重器，不可無主，故以此繼。

　　震。亨，震來虩虩，笑言啞啞，震掠百里，不喪匕鬯。

　　震陽生於下，動而向上，有生生不已象。生生不已，自是亨道。《易》本能對於「危者使平，易者使傾」，人能於平時安不忘危，此心常如禍患臨頭，虩虩恐懼，不敢輕慢。日用尋常，舉動有法，一笑一言，都啞啞然安適自如。平常能夠這個樣子，雖於頃刻間突然發生變故，就算霹靂一聲，「震掠百里」，然此心有主，態度安閒。迅雷的聲威雖大而遠，而主祭的手中，所持祭器，斷不至委棄而喪失。居安思危，操持有素，聞驚不驚，以守宗廟社稷，庶幾無慚：「虩」，是壁虎，常有周環顧慮不自安的樣子。「虩虩」，是恐懼的意思。「啞啞」，是和平安適的樣子。「匕」是棘木作的，用以取鼎中實物，升於俎上的器皿。

「鬯」是盛酒的器皿。虩，音戲。啞，音厄。

《象》曰：震亨。
震有亨道，自不待言。

震來虩虩，恐致福也。笑言啞啞，後有則也。
「恐」是恐懼。「恐致福」，便是生於憂患。「後有則」，
日用起居，不違理，不越分。凡此皆由恐懼而來，能恐懼而後自
處有法則，有法則便安而不懼，處震的道理如是。

**震驚百里，驚遠而俱邇也。不喪匕鬯，出可以守宗廟社稷，
以為祭主也。**
雷震及於百里，遠者鬯，邇者懼，聲威極大。然主器的誠敬
至極，不能驚懼而有失。此等態度，若繼世出而為君，自可長守
宗廟社稷，永為祭主，而無喪失之可言。震為長子，故言主祭。

《象》曰：洊雷，震。君子以恐懼修省。
「洊」作再字解，有重襲的意思。因上下皆震，故為「洊
雷」。雷足以驚人，雷重發，聲威越大，驚人越甚。君子若當此
時，不但不驚恐，且有相當的功用。孔子迅雷必變，便是功用。
其變便是改變常度，其一身的常度，有必須自修的，便加意自
修，然自修也難免有過當的地處，故必須隨時自省，然後可以無
過。元論如何震驚，因其先事常常恐懼，臨事自能毫不恐懼了。

初九。震來虩虩，後笑言啞啞，吉。
「初」為卦主，處於震下，而剛陽得正，是能先事戒懼的。

故彖辭所言，故此爻可當而無愧。

《象》曰：震來虩虩，恐致福也；笑言啞啞，後有則也。

冷靜處理突如其來的狀況，就會記取教訓了，沉著應變了。

六二。震來厲，億喪貝，躋于九陵。勿逐，七日得。

「六二」居中得正，是善於處震的，而下乘「初九」陽剛，是主震的。剛動奮而向上，最難抵擋，故曰「厲」。厲有猛厲、危厲兩義。「億」是測度。「貝」是財物。「躋」是升。「九陵」，是岡陵最高處。「逐」是追逐。此以震來既猛，怕不能當，只可把財物委棄一概不管，自己升至岡陵最高處，一身免禍，便為得計，絕不戀惜財帛，妄事爭逐。「二」，能如此處變，中正自守，何等大方。然震不常震，忍耐七日，震終時過所有貨物，便能復得了。此爻始如破甑弗願，終能去珠復還。高祖避項羽，光武避更始，皆此爻意。卦只七位，七便改易，故言「七日」。

《象》曰：震來厲，乘剛也。

當震而乘剛，彼猛而己危，所以不能抵禦。

六三。震蘇蘇，震行無眚。

「蘇蘇」是恐懼不安的樣子。陰為陽所震動，故恐懼不安。「三」去「初」雖遠而比於「四」，是下「初」的震動才過，而上「四」的震動又來，對「初」既蘇，對「四」又蘇，故曰「蘇蘇」。上互坎多眚，三變便為陽，得正，且當位。前因坎陷難行，今一變便改陰柔而成陽剛，就可以行動自如。既能行動，更

因坎體已變，便可無眚了。

《象》曰：震蘇蘇，位不當也。

「三」當重震相連，陰柔不中不正，處位不當，所以不免蘇蘇不安了。

九四。震遂泥。

「遂」是無有回反的意思。「泥」讀去聲，作沉溺解。「九四」以剛居柔，不中不正，且陷於二陽中，處震不能自守，欲動不能興奮，是其才既無能為，又被宴安的私欲陷溺而不能拔脫，故曰「震遂泥」。此爻在互坎中心，故陷溺難反，宋高宗不能恢夏中原，迎還二主，是此爻義。

《象》曰：震遂泥，未光也。

「四」陷於二陰中間，沉溺於私欲而不知反，是不能有光的。

六五。震往來，厲，億無喪，有事。

「初九」始震為既往，「九四」洊震為復來，「六五」居君位，以柔弱才當洊震時，是往來皆厲，危懼已極；然「五」有中德，才雖不足以濟變，而憑此美德，便可自守，權衡億度，恐懼修省，把目前所有的事，概能維持得住，不至喪失。這便是「六五」以有中德所收獲的。

《象》曰：震往來厲，危行也；其事在中，大無喪也。

「六二」以來厲而喪貝，「六五」往來皆厲，應該大有喪失

的，然「五」有極美的中德，凡所有事皆不失中，雖行動皆有危機，也就不至大有喪失了。

上六。震索索，視矍矍，征凶。震不于其躬，于其鄰，無咎。婚媾有言。

「上六」以陰柔處震極，暗而好動。一遇變故，方寸已亂，故有「索索」、「矍矍」象。「索索」是神氣消索。「矍矍」是瞻視不定。遇事心無主張，萬難濟變，若想進行，凶象立見，故曰「征凶」。然失敗至此，都因事先未能預防。若不等到了本身，在鄰近才發現的時候，就防備起來，那便可以無咎。然因事大為薄，處理當然難以盡美盡善，外人雖不至苛責，而親戚眷屬毫不客氣，責言是免不了的，是能事先預防尚且如此。不然，更不知如何群起交責了。

《象》曰：震索索，中未得也；雖凶無咎，畏鄰戒也。

中，是謂中心。未得，是因不得主張，方寸已亂，索索、矍矍，正與「笑言啞啞」相反。「畏鄰戒」，是一見變動到了鄰近的地方，便恐懼修省，先自戒備起來，能如此畏俱戒備，才得無咎。不然，凶事是終不能避的。

艮卦

艮下艮上

以『上九』為卦主

艮為止，一陽止於二陰以上，陽從下升在極上而止，此為艮義。又其象為山，下坤土厚重，為山體，重濁在下而不動，一陽輕清尖銳畫於其上，此是艮象，兼有止義。《序卦》：「震者，動也。物不可以終動，止之，故受之以艮。」所以次震。

艮其背，不獲其身；行其庭，不見其人，無咎。

艮象人全部身體，其義為靜止，靜止以能防物欲為上，於止知其所止，是止便貴得所應止的所在，以不見所欲為至善。老子云：「不見可欲，其心不亂。」本卦既象人身，人一身不能自見的，只有脊背。凡可欲的東西，若如脊背永不相見，靜止的善道，才易成功。若把容易動欲的事物，羅列在面前，就算強制著不為所動，在人看著不近人情，未免不指為奸邪，易至取咎。今既將可欲的止於不見的處所，便能防物欲於萌芽未生的時候。既能防於未萌，凡易惹人動欲的正身，是永不得見的。故曰「艮其背，不獲其身」。物欲不見，神清氣爽，時而徘徊庭院，也斷然見不著有以物欲的私事，來相誘的，故曰「行其庭，不見其

人」。從此內欲不萌，外物不接，動靜各止其所，自能立於無過之地了。

《彖》曰：艮，止也。時止則止，時行則行，動靜不失其時，其道光明。

時止固然為止，時行似乎非止了。然行而合時，已當於理，正是得止。止本是止於至善，至善合時，便是孔子「可以行則行，可以止則止」的步驟，莊子所說「泰宇定而天光發」，艮道光陰如此。

艮其止，止其所也。上下敵應，不相與也。是以不獲其身，行其庭，不見其人，無咎也。

「艮其止，止其所也」，上句「止」字，便是「背」字，所以下文從「不獲其身」說至「無咎」，不再說「艮其背」了；下句「止」字，是解「艮」字；「所」字，是解「背」字，便是說止於所當止的去處。凡上下相應，必一陰一陽，才能相合，而朝夕把晤。今上下六爻，各相敵對，不相應與，故曰「上下敵應，不相與也」。然八純各卦，六爻皆不相立，何以但於此卦說上下敵應呢？是因卦義既止而不交，六爻又對峙而不相應合，是與「止」意相符，故於此處發明此理。上下既為敵應，物欲不能交相引誘，所以能如卦辭所說的靜也得止，動也得止，自能無咎。

《象》曰：兼山，艮。君子以思不出其位。

內外皆山，故云「兼山」。兼，是指重艮說。君子讀艮，知凡天下任何道理，都宜止乎其位。從名分上說，父子、兄弟、夫如、朋友，各有位。從境遇上說，富貴、貧賤、夷狄，也各有

位。處於何位，思想便應在於何位。若處於此位，而作分外的妄想到了其他的位子上，那便是出乎其位，與艮止的道理相反了。君子法艮知止，斷不出此。

初六。艮其趾，無咎，利永貞。

艮體像人身，「初」在最下，趾象。趾是先動的，當先動的時候，便止而不功，是不輕舉冒進，可以無過。然恐其止於初而懈於終，故戒以「利永貞」。「利永貞」，是利於常久貞正而堅固。

《象》曰：艮其趾，未失正也。

理所當止便止為正。此「正」字，便是爻辭的貞，爻曰「利永貞」，象曰「未失正」，可見「初六」的艮趾，是理所當止的。

六二。艮其腓，不拯其隨，其心不快。

「六二」居中得正，是能止於至善的，上既無正當的應援，而與「三」密比，「三」居下卦以上，是主乎止的，然剛而失中，動靜斷難適宜，而又剛愎自用，恥於下問。「二」德雖中正，「三」不能降心相從；「二」的行止以「三」為主，「三」為心位，「二」在趾上為腓，心動腓便會相隨。《易》例以相近的下位為隨，「二」既不能以至善的大道拯救「三」的不中，勢不得不勉強隨和。「不拯而隨」，是雖本欲艮其腓，而以言不聽，道不行，又不能不隨上而動（隨上而動，腓所當然），其中心所以不能暢快。「腓」字解詳咸卦。

《象》曰：不拯其隨，未退聽也。

「退聽」，便是下從。下互坎，爻辭不快，是從坎為心病加憂立言。象說「未聽」，是從坎為耳痛立言。

九三。艮其限，列其夤，厲薰心。

「限」為上下身的界限，就是腰胯。「夤」為脊，是脊骨。「列其夤」作峙立不功，等於虛設解。前言艮背，是能動而故止，如人坐立安靜，而揖往俯仰，禮節不廢，故可無咎。此言列夤，是由艮限，腰胯不能屈伸，而脊骨等於虛設。本爻為一身之樞紐，不當止而止，如木雕泥塑，又如人患半身不遂，其危屬難安，哪能不薰灼其心呢？

《象》曰：艮其限，危薰心也。

凡事超過了一個度，就會產生危險了。

六四。艮其身，無咎。

「六四」以陰居陰，是止而得正的，如人的視聽言動，為一身的作用。非禮勿視、勿聽、勿言、勿動，便是「艮其身」。能如此，自能無咎。若「九三」艮限，是但知止而不知動，把視聽言動，都不用了，那還行麼？

《象》曰：艮其身，止諸躬也。

是能靜止其身而不躁動，故曰「止諸躬」。

六五。艮其輔，言有序，悔亡。

「五」以陰居陽，易至有悔。然「五」得中，而陰陽調劑得

宜，知敗事皆生於言，因思與其言而不善，不如止其輔頰而不言。止而不言，並非不言，是審而後言。審而後言，是言有程序而不亂發，又何悔不能消滅呢？高宗三年不言，一言而四海皆仰望；威王三年不鳴，一鳴而齊國都震驚。止在言先，不輕出口；止非緘默，重在有序。斯為艮道。

《象》曰：艮其輔，以中正也。

「五」以得中為最善：「艮其輔」，使其言有序，是其止能合於中，合中便為正道，是以合中而處事，便得正道，故曰「以中正也」。《本義》謂多此「正」字，又有謂「正」字當作「止」字的，都因五不當位，不得為正，故其說不一。不知能「中」便無不正，「中」固可以包括「正」字，而「正」卻不能包括「中」字，他卦往往如此。

上九。敦艮，吉。

「上九」剛實居艮終而為卦主，其晚節的堅勁，如泰山喬岳，其靜止萬不能搖，其高厚萬不能移。此伊尹將告歸，孔子不踰矩的境界，安得不吉？

《象》曰：敦艮之吉，以厚終也。

艮「萬物之所成終而所成始」，故言「以厚終」。終既敦厚，萬事都從此始，更顯出靜者多妙來了。

漸卦

艮下巽上

以『六二』『九五』為主

　　漸，是漸進而不急遽的意思。卦上巽下艮，山上有木，以漸
而高。漸高是進有序，故為漸。《序卦》：「艮者，止也。物不
可以終止，故受之以漸。」止必有進，是屈伸久暫的定理，漸所
以次艮。

　　漸。女歸，吉，利貞。

　　女子謂嫁曰「歸」。「女歸」，是必須漸進的。媒征全，大
體備，才能成婚。若歸不以漸，那便是奔了。漸進為歸，速便為
奔，故「女歸」以漸為吉。然本卦以長女而配少男，恐有憎嫌其
少小的意思；而少男漸長漸大，長大自然能盡夫道，所以利於堅
固守止以待。若不守正以待，只嫌其目前不盡夫道，恐怕就要發
生意外了。

　　《彖》曰：漸之進也，女歸吉也。

　　君子難進，及進以禮，都是漸進的意思。世人往往不明漸進
的道理，所以說，必須如「女歸」的那個樣子，才算真能漸進而

得吉。

進得位，往有功也。進以正，可以正邦也。

「九五」剛健中正而居大位，「六二」以柔順中正大道，與為正應，是文王后妃化始宮闈。由修身、齊家，漸而至於治國、平天下，那樣情事，故曰「往有功」，故曰「可以正邦。

其位，剛得中也。

此以卦體言，指「九五」。

止而巽，動不窮也。

此就上下二體，明漸進的美處。止，便能不暴。巽，便能用謙。以此漸進，自然不至發生阻力，動有困窮的情事。

《象》曰：山上有木，漸。君子以居賢德善俗。

「山上有木」是因山而高，且漸長漸高，不是從地下突然高起來的，故為漸。君子玩其義，知薰陶漸染，習俗移人，都是由漸而來，所以必須擇有賢德善俗的鄉里居住，以便耳濡目染，使舉家漸摩賢德，漸習善俗，漸成為模範家庭，方合卦義。孟子所說「引而置之莊、岳之間」，意與此同。

初六。鴻漸于干，小子厲，有言，無咎。

「鴻」是水鳥。此鳥往來有時，先後有序，於漸義為切。昏（同「婚」）禮用鴻，取不另配的意思，於女歸義為切，故六爻皆取鴻象。「干」是水岸。鴻離升水先進於岸，次進於磐、於陸、於木、於陵、於逵，一步剛一步，確為漸進。「初六」陰柔

而居艮初，由下漸進而上，故有「鴻漸於干」象。此喻少年新進，初出茅廬，上無應援，在己正危厲屬不安，在人還難兔譏誚，然實非越級躁進，揆諸漸義，可云無過，故謂「小子厲，有言，無咎」。「初」與下互坎相近，故云「干」。艮少男，故云小子。

《象》曰：小子之厲，義無咎也。

雖似危厲，而以居下，柔靜不躁，按諸卦義，實屬無咎。

六二。鴻漸于磐。飲食衎衎。吉。

艮為石，故說磐。互坎，飲食象。「二」中正，上應「九五」，其上進有安裕平易的態度。「磐」，是很安平的大石。因「六二」漸進，很是穩重，故取象漸磐。自干至磐，又進一步，鴻食便呼眾。群聚飲食，安樂和鳴，很有安詳的光景。「衎衎」，和樂象。「初六」不中不正，上無應援，故「小子厲，有言」。「六二」，柔順中正，上應「九五」剛健中正，故「飲食衎衎」，無有不吉。

《象》曰：飲食衎衎，不素飽也。

「二」以與「五」為正應而得食祿，是有中正的道德，能給國家出力，不是虛糜俸綠的，所以「飲食衎衎」，有「委蛇委蛇，自公退食」的態度。

九三。鴻漸于陸，夫征不復，婦孕不育，凶，利禦寇。

大地高平為陸，本爻變坤地，陸象。「九三」自磐而陸，又進一步。然鴻為水鳥，陸非所安，因「三」陰陽不中，上無應

援，故取象如此。「三」比「六四」，日往親暱，知進而不知反，此從互坎取象。坎中男，為夫，一變而坎象不見，故云「夫征不復」。又上互離，為婦，為大腹，坎中滿，孕象。一變而坎孕象不見，故云「婦孕不育」。是因「三」與「四」本非正式夫婦，故雖有孕，也不能公然生育，如此安得不凶呢？又坎為盜，寇象。離為戈兵，變坤順，更因「三」謹慎不足，剛猛有餘，恐其為寇。曰「利禦寇」，是欲其剛猛用在禦寇上面，勿用在為寇方面。

《象》曰：夫征不復，離群醜也；婦孕不育，失其道也；利用禦寇，順相保也。

「離群醜」，是因「三」暱「六四」，為一切醜事所沾染，洗刷不掉，也不想回頭，故曰「夫征不復」。「失其道」，是謂「四」失了婦道，不便公然生育，所以「婦孕不育」。「順相保」，是因禦寇利於行險而順，今變坎成坤，便是行險而順，可以大獲順利而保守無失，敵曰「利用禦寇」。

六四。鴻漸于木，或得其桷，無咎。

「六四」陰柔無應，據在「九上」剛陽以上，又為多懼的地位，絕非安全的處所，如鴻集於木。巽木在艮山上邊，鴻進於此，較陸更高了，然鴻掌趾連如鴨，不能握木，木雖高非其所安。惟「四」以陰居陰，得正，承上陽剛中正的「九五」，巽以事上，高而不危，故有漸木得桷象。「桷」是平柯，枝柯橫平，便可安樓其上。得安姑安，於漸進的卦義不背，故得無咎。

《象》曰：或得其桷，順以巽也。

安全在乎順巽，其心能順以正。其身能卑以巽，便在不安的時候，也能得一粗可安身的機會。「四」「或得其桷」，便是因其能順以巽。不然，哪能無咎呢？

九五。鴻漸于陵，婦三歲不孕，終莫之勝，吉。

「陵」是高阜。「五」變，為重艮，故象陵。鴻進於此，又高一步。「五」居尊而立「二」。「五」陽。「二」陰。上下合志一德，大有為於天下。如鴻毛遇順風，本無阻礙，然竟三歲而不得合，如婦人三年不孕一般。蓋因「五」欲親「二」，而「九三」在旁離間他，如蒯通說韓信。「二」欲親「五」，而「六四」在旁離間他，如管蔡毀周公。所以有「三歲不孕」象。然君臣皆有中正的美德，「九三」、「六四」的離間計，終不能永遠取勝。以先雖不免小有阻力，後來終能得吉。上互離，為大腹，而中虛，故曰「不孕」。離三數，故云「三歲」。

《象》曰：終莫之勝吉，得所願也。

隔害的終莫能勝，自然能得如所願，得所願，又安能不吉？

上九。鴻漸于逵，其羽可用為儀，吉。

「逵」，為空中雲路。「鴻漸于逵」，是鴻以漸進至於無有再離的去處，遂離開所止的地方，而化翔於天路。雖然高入雲際，究係由漸而來，此因「上九」剛陽處於極高的地位，又在巽體以上，巽又為高，故以此取象。觀鴻的進行，既以漸而不失時；觀鴻的翔空，更以群而不失序。雲空水畔，高潔幽嫻，雖為羽族，而其進退往來，實足令人取法。果得其意，自合吉道。

「儀」是法。

《象》曰：其羽可用為儀吉，不可亂也。

　　君子進身，自下而上，由賤而貴，一舉一動，莫不有序，不失其序，便無不吉。故「上九」雖處高而無位的地方，也足以為人物中的儀表，而可貴可法。是君子無論居何地位，都貴於卓然而不可亂。賢士大夫，名媛淑女，幸於此漸道注意，勿視為陳言腐論，不難化行俗美了。

歸妹卦

兌下震上

以『六三』『上六』為成卦主、『六五』為主卦主

　　婦人謂嫁曰歸，女長的曰姊，少的曰妹，因兌為少女，故曰妹。卦兌下震上，以少女從長男，女悅男動，其歸非正，故直曰歸妹。《序卦》：「漸者，進也。進必有所歸，故受之以歸妹。」漸為「女歸」正義，兩卦相形，優劣可判，故以繼漸。

　　歸妹。征凶，無攸利。

　　「易」有專言男女配合的四卦。咸（☷）、恒（☷）、漸及本卦。咸是止而說，二氣感應。恒是巽而動，夫婦常道。漸是靜而順，配合以正。獨本卦赤裸裸的名為歸妹，是因本卦有二失：一，不待取而自歸，失了婚姻的大禮，按卦象，女先於男，與咸男下女正相反；一，以少女歸長男，失了年歲的班配，按卦義，女自出於情願而悅樂，與咸兩少相交又相反。故不曰「妹歸」，而曰「歸妹」，以明失禮；不曰「歸女」，而曰「狗妹」，以明失時。凡卦辭直言吉凶而不著他辭的，大有與鼎直言「無亨」，此直言「征凶，無攸利」，蓋尊德養賢，是人君的盛節，故讚美以外無他辭；自媒自薦，為婦女的醜行，故指斥以外無他語。

《彖》曰：歸妹，天地之大義也，天地不交而萬物不興。歸妹，人之終始也。

萬物無獨生獨成的道理。男有室，女有家，本為天地造物的大義。天地交，萬物才生。男女便是小天地。男女不交，人道就要滅絕。歸妹為處女道終，而婦道從此開始。有夫婦然後有父子，前終後始，相續不窮，故曰「人之終始」。

說以動，所歸妹也。

歸妹雖為天地的大義，而「說以動」，與咸卦「止而說」大不同了。卦象女先乎男，是所歸在乎妹，為妹所自己主張的，如此便係私情，而不合正理了。

征凶，位不當也。無攸利，柔乘剛也。

二、四陰位而居陽，三、五陽位而居陰，是諸爻皆不當位，所處都不正，無往而不凶。大概以說而動，相配合的夫婦，斷無有不失正道的。還不但位不當，更有柔乘剛的錯處。男剛女柔，夫唱婦隨，才為常理。今「九二」陽剛為「六三」陰柔所乘，「九四」陽剛為「六五」陰柔所乘。夫屈於婦，婦制其夫，男牽欲而失其剛，婦恃寵而失其柔，倡隨倒置，哪能無害而有利呢？

《象》曰：澤上有雷，歸妹。君子以永終知敝。

雷震於上，澤隨而動。陽動於上，陰悅相從。君子觀其配合失正，知其終必有敝。不但昏（婚）姻，推至其他事物，莫不皆然，所以惟懷永圖（長久之計），慎終於始。

初九。歸妹以娣，跛能履，征吉。

「初九」居下而無正應，故為娣象。古時嫁女以侄娣從，嫡下皆為娣妾。凡女歸不待六禮齊備，便為失禮。但陪嫁的娣妾，不嫌失禮。少長不班配的為失時，但娣妾可以待年，不嫌失時。是卦義雖凶，而「初」獨無嫌，故如跛足的尚能步履，雖不能遠行，而於其個人的身分上，無有不合。是少長相配的行為，在妻便凶，在娣便可以化凶為吉。兌為妾，當歸妹時故象娣。兌毀折，初在下，變坎，為曳，「跛能履」象。

《象》曰：歸妹以娣，以恒也；跛能履吉，相承也。

娣媵從嫡而歸，斯為恒道，故曰「以恒」。但身分卑下，雖其德剛陽得正，然事事仰承人的鼻息，雖云恒道，也不過如跛足的能履罷了。

九二。眇能視，利幽人之貞。

卦為歸妹，故雖陽爻也取女象。「九二」陽剛得中，上有正應，是能剛決合中而為嫡配的，較「初九」娣妾的身分，優勝得多了。但與相應的，陰柔不正，是賢婦以夫也不良，不能大顯其內助的手段，不過獨善其身而小試其才，如眇目的雖能視，而不能及遠的樣子。然女子最重貞正，「五」雖不良，「二」卻能守其幽獨的貞操。此處所說「利幽人之貞」「利」字的意思，是「二」的本心以此為相宜，不是戒辭。兌毀折，互離目，眇象。在坎下，坎為隱伏，故曰「幽人」。

《象》曰：利幽人之貞，未變常也。

《禮記》所云：「一與之齊，終身不改。」此為婦人的常

道。「二」以能守幽人的貞操為利，是永終不會改變常道的。

六三。婦妹以須，反歸以娣。

「須」是賤妾的稱謂。「六三」居下卦以上，本非賤婦女，但不中不正，為兌悅的主體。是工於獻媚取憐，為婦女中品行最賤的：「歸妹以須」，是既已於歸，而夫家方知其為下賤的女流，遂將其退回。其家無可如何，只得仍向其夫家，要求反回，歸為妾媵了事，故曰「反歸以娣」。

《象》曰：為妹以須，未當也。

不中不正，專以取悅為事，位未當，德也未當，無怪其終歸到下賤的地位上。

九四。歸妹愆期，遲歸有時。

「愆期」，是過期。以剛陽居四，「四」上體，處境略離，剛決在女子為正德。心地賢明，其結婚自然絲毫不苟，非相當，非禮備，決不輕許。因選擇甚細，不得正應，至摽梅（男女婚配正當的時候）佳期已過，尚未於歸。然一遇良緣，自能珠聯璧合。婚姻不可急就，稍遲自有其時，時至便歸，不近稍待罷了。士君子學成待用，也應如此。

《象》曰：愆期之志，有待而行也。

所以愆期的緣故，是居心必待選擇適當，諸事圓滿而後才行。「行」是出嫁。

六五。帝乙歸妹，其君之袂，不如其娣之袂良。月幾望，吉。

「六五」柔中居尊，下應「九二」，尚德不尚飾，故為帝女下嫁。「帝乙歸妹」，泰卦「六五」，曾經著明。諸侯妻曰小君，妻道是以德助夫的，妾道是以色悅夫的，故帝女下嫁並不備極盛的裝奩，是以「其君之袂，不婦其娣之袂良」。袂是衣袖。女衣重袖，故專說袂。帝女貴而有德，本極圓滿，今因謙虛如月幾望，而尚未滿盈，最得吉道。本卦以少女不待夫家相求而自歸為非禮，而凶。然帝女，例無人敢去求親。為女擇婿，送女下嫁，皆由女家一方面主持。是不待娶而自歸，於常人為非禮，於帝女為適宜，而於卦義相吻合，所以得吉。

《象》曰：帝乙歸妹，不如其娣之袂良也；其位在中，以貴行也。

既得中道，又為帝女。有此美德，有此尊貴，行歸夫家，何必尚飾呢？

上六。女承筐無實，士刲羊無血，無攸利。

「刲」音虧，作屠割宰殺解。「上六」女歸至終而無正應，是女歸有始無終的。《大象》所說「永終知敝」，「上六」便是。凡祭祀夫婦各有職掌，女承筐而實蘋蘩，士刲羊而取毛血。祭品齊備，典禮斯成。今當肅穆供職的時候，筐籃空虛，蘋蘩莫薦，士見女不盡職。至刲羊時，無心淡腸，也割不出血來了。以承祀奉先的大典，竟至不能成禮而還，此皆因少女來頭不正，所以最後結果也就不良。先言女而後言士，是明其罪在女，故「無攸利」的爻辭，與卦辭同。兌為婦女，震為士，震又為竹，且有

筐象，變離中虛，故云「無實」。兌為羊，離為戈兵，故云「刲羊」。變離，互離，坎血在中，被上下兩火蒸燒乾枯，故云「無血」。

《象》曰：上六無實，承虛筐也。

　　《象傳》專提出女一方面不盡職的事實來，也是以祭祀不能成禮，專歸罪於女一方面，一失足成千古恨。周公微示其意，孔子顯露其辭，眾惡所歸，是不能原涼的。

豐卦

離下震上
以『六五』為主

豐《序卦》：「得其所歸者必大，故受之以豐。」物所歸聚，愈聚愈盛。女歸如能宜家，家道也必豐盛，故以豐繼歸妹。卦離下震上，雷電交作，勢極盛大，豐象。以明而動，陰足以照，動足以亨，理財聚人，日見盛大，豐義。

豐。亨，王假之，勿憂，宜日中。

豐為盛大，家國天下，本是一理。既能盛大，無論何事，靡有辦不通的。是豐中自有亨道，然必如王家，四海富有，群生繁庶，盛大才算到了極處。但盛極必衰，是為常理。聖人遠慮，未免深憂，又思空憂無益，此時宜以持盈保泰為主義。常如赤日方中，不至稍有偏昃，處盈能守中道，便可以常保其豐亨了。「假」讀為格，作至解。

《彖》曰：豐，大也。明以動，故豐。

致豐在乎「明以動」，可見處豐非明不可，昏便不能處豐，故孔子先發此義，示人以玩辭的方針。

王假之，尚大也。勿憂宜日中，宜照天下也。

王家富有四海，眾有兆民，是最崇尚盛大的。日昃便有不能普照天下的憂慮。處豐而能永久保守，宜如日中的光陰。普照天下，不讓他稍現昃象，如此便可永保。若每日空費憂思，是無有用處的。

日中則昃，月盈則食。天地盈虛，與時消息，而況于人乎，況于鬼神乎？

日中盛極，便要昃斜。月望盈極，便要虧缺。天地造化，盈虛消息，每因乎時，是天地且不能常盈而不虛，而況人與鬼神？「盈虛」是盛衰。「消息」是進退。「鬼神」是變化的動機。理盛衰，隨時進退。人若處在豐盛的時候，而偏昃不守中道，將立見變化不能保守了。所以處豐也不必多所憂慮，但能把如日方中的態度保持得住，那就好了。

《象》曰：雷電皆至，豐。君子以折獄致刑。

雷電齊來，聲勢盛大，斯為豐象。離明察，震威嚴。君子觀象，知「明以動」，與聽訟的道理相合，始而治獄，法離電的明察，以折其獄，是非曲直必得其情，終而科刑；法震雷的威嚴，以致其刑，輕重大小必當其罪。

初九。遇其配主，雖旬無咎，往有尚。

「初」為下卦初爻，「四」為上卦初爻。此始明，彼始勤，故此言「配主」，彼言「夷主」。兩陽雖非正應，兩德自是相同。且明動兩相借光，遂相須成為大用，往而相從，故不但無咎，而且可得好處。」『旬』作均字解。「尚」是嘉尚。

《象》曰：雖旬無咎，過旬災也。

「過旬」，是與配主共事，過了平均線的意思。如日中便昃，月盈便食，那便是過了平均的限度。凡事不均，就難保不有意外的災眚。

六二。豐其蔀，日中見斗，往得疑疾，有孚發若，吉。

蔀，是草名。下互巽，為柔木，草象。斗，是量器，應爻震象，斗星象帝位。以「二」應「五」，故云。震又為蕃，草盛象，言亂草蕃盛蔽日。雖見星星微光，也不過如黃昏見的斗星雲了。此因「六二」為離明主體，而上應「六五」。處君位而柔暗過甚，故以「豐其蔀」，當日中不見日而見斗取喻。「二」雖有中正至明的才識，而上應暗主。彼既不肯近賢，若去與彼相近，彼心不安，轉恐有猜疑疾恨的情事。「二」不得已，只有竭盡誠心，以感發其志氣。至誠動人，一經感發，彼庸主昏暗可開，豐盛的狀況，藉可保守，自能化凶為吉了。伊尹輔太甲，孔明輔後主，都是此意。

《象》曰：有孚發若，信以發志也。

「志」是「六五」的心志。「有孚發若」謂以自己的誠信，發君上的心志，果能生效，其吉可知。也因「五」雖柔暗，究竟得中，加此「六二」中正至明，實心啟沃，哪會不生效力呢？

九三。豐其沛，日中見沬，折其右肱，無咎。

「沛」是草澤掩蔽，禽獸暱居的地處。「沬」，微有明光，是斗旁的輔星。肱是膀臂。「右肱」是正臂連正手，一身最有力的。上互兌，巽草，兌澤，上應震上爻為蕃，故象沛。「五」君

位，「二」與相應，故見斗。「三」應「上」，「上」便是斗旁輔星了，故見沫。本爻變，下互艮手，原互巽為長，是與手相連而長的，故為肱。兌為毀折，故折肱。「三」陽明而正，上應「上六」，柔暗蔽明，故有「豐其沛」日中不見日而見沫象。明既以柔暗掩蔽，是以有用的才具，棄置於無用了，故為「折其右肱」。然雖不見用，是因上無人援手，「三」不能自任其咎，故無咎。

《象》曰：豐其沛，不可大事也；折其右肱，終不可用也。

「三」與「上」應，上柔暗且無位，哪能共成大事呢？既無援助，如折右肱，便終不能見用了。

九四。豐其蔀，日中見斗，遇其夷主，吉。

「夷」是平等，指初爻言。同為上下卦的初爻，此始動，彼始明，明動相助，力敵勢均，故曰「夷主」、「配主」。「二」應「六五」，「四」比「六五」，同在下互巽體，同在暗主以下，故豐蔀見斗，辭也相同。此時若與「初」遇，明動互相資助，共商保豐大計，識力均等，自有吉道，故曰「遇其夷主，吉」。

《象》曰：豐其蔀，位不當也；日中見斗，幽不明也；遇其夷主，吉行也。

「位不當」，是以比「五」而言，不是專指「九四」陽居陰位說。「二」居明體，是幽在上而明在下。「二」的本身猶明。若「四」已出離體，是純乎幽暗而不明了。行是動，動而應「初」，便吉，是「遇其夷主，吉」，全在震的行動上。

六五。來章，有慶譽，吉。

「來」是招來。「章」是章美。「六五」為本卦主體，與下「六二」為應。「二」有章美文明的才識，若能援引重用，是自身雖無保豐的能力，因能招來大賢，自然便有慶幸美譽而得吉。

《象》曰：六五之吉，有慶也。

有慶才有譽，慶是事實，譽是虛名，未有無慶而有譽的。言慶，譽便在其中。

上六。豐其屋，蔀其家。窺其戶，闃其無人。三歲不覿，凶。

「上六」柔暗，居明動豐盛的極處。「豐其屋」，是富潤屋的樣子。承平日久，奢侈已甚，柔弱昏暗，哪能保守？前「豐其屋」，今已「蔀其家」了。「蔀其家」是「庭草無人隨意綠」的樣子，破落門戶，寂無人煙，縱待三年，也難恢復舊現。盛極必衰，動極必靜，故有此象，其凶已甚。窺、覿、三歲，都從變離取象。

《象》曰：豐其屋，天際翔也；窺其戶，闃其無人，自藏也。

豐盛的時候，其勢為為人所瞻仰，如翱翔於天際，可望見而不能湊合。一經衰落，從前的光彩氣焰，一概由自己掩藏起來了。權奸抄沒，富室凋零，有此狀況。

旅卦

艮下離上
以『六五』為卦主

旅《序卦》：「豐」，大也。窮大者必失其居，故受之以旅。」豐盛的到了窮極，房舍售去，勢必他往，旅故次豐。卦高上艮下，山止於下，不動，象舍館。火動於上，不處，象行人，故為旅（《雜卦傳》「旅不處也」）。

旅。小亨，旅貞吉。

他鄉作客，舉目無親，然只要旅費不虧，也便不生阻力，故為小亨。卦離明艮止，見事明瞭，時止則止，是為旅行的正道，自無不吉。

《彖》曰：旅小亨，柔得中乎外，而順乎剛，止而麗乎明，是以小亨，旅貞吉也。

「六五」陰居尊位，位在外卦，而上下都為陽剛，是「六五」處中性順，故為「柔得中乎外而順乎剛」。下艮止，上離麗，是既能靜止，且用事無不光明，故得如卦辭所云。

旅之時義大矣哉！

旅行的時候，重在早晚適宜；旅行的要義，重在隨機應變。或以旅得，或以旅喪，所關甚大。

《象》曰：山上有火，旅。君子以明慎用刑，而不留獄。

火在山上，是高明無有不照。君子觀玩此象，以用刑能如此明罪犯輕重，既不難盡得其情，再益以慎，更無失出失入的情事。獄是不得已而設的，問明以後，當罪便罪，當宥便宥，毫不留滯，人民便受益不少。「明」，象離火。「慎」，象艮止。「不留」，便是旅。

初六。旅瑣瑣，斯其所取災。

「初六」陰柔在下，上雖有正應，而以在旅，且係離體，其性上炎，不能下就為援。賤役旅行，無人幫助，鄙瑣猥細，自取侮辱。可見旅行一事，浪費固屬不宜，過於吝嗇，便要敵人看輕了。

《象》曰：旅瑣瑣，志窮災也。

「窮」是局促淺陋，因其志局促淺陋，所以不免取災。

六二。旅即次，懷其資，得童僕貞。

「即」，是就。「次」，是臨時歇身的房舍。旅行即次，身體安適；旅行懷資，用費寬裕；再得貞正無欺的童僕相隨從，是為最完善的旅行。因「六二」有柔順中正的美德，故能如此。

《象》曰：得童僕貞，終無尤也。

既得童僕忠貞可靠，即次懷資，自能得當而無所失，故「終無尤」。

九三。旅焚其次，喪其童僕，貞厲。

捨次，都從反取象。「三」上緊接離火，是房舍上有火，故言焚。「九三」過剛不中，與「六二」柔順中正全相反。過剛，人便不敢惹。不中，處事多失當。所以要住宿，旅館焚了，再尋其童僕，把很忠貞的童僕，也喪失了。棲身無地，侍奉無人，恃強而危，吃虧至此。

《象》曰：旅焚其次，亦以傷矣；以旅與下，其義喪也。

旅失所安，也很夠傷心的了。以旅行正在親人甚少，需用童僕的時候，因著待遇下人過剛，一點恩情無有，好像對待路人一般，童僕中越是可靠的，越傷其心，喪其童僕，論理也是應該的。「與」是對待。

九四。旅于處，得其資斧，我心不快。

「四」以陽居陰，在上卦以下，是能巽順從人，不自高亢，於旅行最宜的。旅處，與即次不同。即次，是就館安居。旅處，是暫止而息肩。下互巽為利，資象。上離戈兵，斧象。資可作食宿費，斧可作防身器。是因「四」才具剛明，且柔而謙下。「初」與「五」都與親近，故能得其資財，及自衛的利器。此在旅雖未為不善，然終不若得一忠貞可靠的童僕，在行旅中依為左右手，方為心滿意足，故心不快。此也因「四」不中正，所以不能圓滿如「六二」。

《象》曰：旅于處，未得位也；得其資斧，心未快也。

　　九居四為不正，故未得位。但得資斧，在親寡時，而左右無人，故心未快。

六五。射雉，一矢亡，終以譽命。

　　雉，文明鳥。離為雉，故云。「五」居君位，為文明主體。「射雉」是言有犯上作亂的，以人君為集矢的目的地，一矢射去，而君途出亡。「亡」作出奔解，此為君主旅行，與卦義爻義正合。唐玄宗幸蜀，肅宗即位靈武；德宗幸奉天，奔梁州，是如文明雉鳥，一見有人來意不善，恐被傷害，應即騰空飛去。到了郭子儀、李光弼、李晟、渾瑊諸將相，收復故物，得返帝京，然後發布明令，分別嘉獎，任命中興，封爵賜土。這便是「終以譽命」了。非「六五」柔中順剛，止而麗明，不能得此結果。

《象》曰：終以譽命，上逮也。

　　「五」在旅中，賴順「四」，與應「二」而得安。以譽命及於其身，此為君上當然的事。「逮」作及字解。

上九。鳥焚其巢，旅人先笑後號咷，喪牛于易，凶。

　　離就木說為科上槁，枯木在上，外圓實而中空虛，鳥巢象。離火上炎，焚象。牛，為順物，用比順德。從離為牝牛取象，當羈旅窮極的時候，性剛而不中正，炎上到了極點，躁妄高亢，與柔中順剛止而麗明的旅道，大相背謬。巢，是鳥所安止的。「焚其巢」，便失其所安而無所止。此如「上九」喜居人上，處在至高的地方，先甚快意，而笑樂，到了人皆疾惡，失其所安，遂又不免號叫咷。是皆因一味驕傲，把那順德、輕描淡寫的喪棄淨

盡，遂惹出這許多的凶象來。

《象》曰：以旅在上，其義焚也；喪牛于易，終莫之聞也。

以旅行的時候，而過於高亢，宜乎犯了眾怒，焚其巢而使其不得安身。彼既高亢，便失順德，人既如此見惡，量有凶危在前，又哪能得人警告，使他聞知呢？

巽卦

巽上巽下
以『九五』為卦主

巽《序卦》：「旅而無所容，故受之以巽。巽者，入也。」旅行親寡，非巽順不能見容。人能巽順，雖在羈旅，無往而不能入。巽故次旅。卦一陰伏於二陽以下，順從二陽，是為巽義。

巽。小亨，利有攸往，利見大人。

巽何以曰「小亨」呢？蓋將本卦分析作兩卦說，一陰雖為主，然不能獨立而必須順從二陽。合為一卦說，「初」與「四」皆在下，而順從在上得位的「二」與「五」，無往而不順，是以見大人也有利而無阻，惟其在下而不克自立，是以僅足為小亨。

《彖》曰：重巽，以申命。

「重巽」是上下皆巽。上順道以施命，下奉命而順從以申命。「申命」，是恐人不從命，反覆叮囑的意思。重，便是申。巽，便是命巽，在天為風，在人君為命。風是天的號令，其感物無有不入；命是人君的號令，其感人也無有不入。

剛巽乎中正而志行，柔皆順乎剛，是以小亨，利有攸往，利見大人。

剛巽乎中正，是謂「九五」以陽剛而順乎中正大道。建中表正，以行其志，於是上下陰柔，無不順從陽剛以行事，故得如卦辭所云。

《象》曰：隨風，巽。君子以申命行事。

前風過而後風繼至，故曰「隨風」。君子效法重巽，以申命令而行政事。「申命」，是曉諭，在行事以先。「行事」，是踐言，是申命以後。

初六。進退，利武人之貞。

巽，為進退，故云。變乾純剛，故曰「武人」。履（䷉）「六三」變乾也說武人。皆陰居陽位，一變純陽，便為武人了。「初六」陽柔居下，未免卑巽太過，有遇事狐疑進退不決的祥子，故教以「利武人之貞」。果能有武人的剛決而貞正，既可化其柔懦，更不至於武斷。剛柔相濟，便無所失，「初」最應該如此。

《象》曰：進退，志疑也；利武人之貞，志治也。

寸心狐疑，進退不決，最易誤事。若柔而能濟以剛，整飭振作，改疑為治，前後判若兩人，始不決而終能剛斷，變化正在立志，其利不可勝言。

九二。巽在床下，用史巫紛若，吉，無咎。

巽，陰下陽上，有床象。巽性伏，「二」上無正應，退與

「初」陰相比。「初」在「二」下，故曰「巽在床下」。互兌為巫，周禮，掌卜筮的曰史，史是男的；能禱告降神的曰巫，巫是女的。床，人所安居。今在床下，便不安了。凡人過於卑巽，非怯便諂，都不合正道。「二」剛而得中雖恭巽已極，卻也不怯不細諂，更常恐開罪於人，不時問卜禱神。男女史巫，來去紛紜，如此小心，自能吉而無咎。

《象》曰：紛若之吉，得中也。

以「九二」得中，故吉。

九三。頻巽，吝。

「頻」是頻顣不樂（眉頭不展，頻顣就是）。「三」以陽居陽，過剛不中，因在下體以上，為四陰所壓迫，志屈難伸，勉為卑巽，故有頻顣的情狀，所以為吝道。

《象》曰：頻巽之吝，志窮也。

心剛亢而勉為柔巽，其頻顣的狀態，把他那窮促的心志，和盤托出，故吝。

六四。悔亡，田獲三品。

「六四」陰柔無應，乘承皆剛，本應有悔，而以陰居陰，又在上體以下而巽於上，依尊履正，故得悔亡，更如田獵尚能大獲，「三品」悉備。「三品」，一為乾豆，（豆是祭器，用乾肉實於其中），二為賓客（是供宴會的），三為充庖（是庖廚中隨便用的），可見天下事全在處理，處理盡善，便能轉悔為功了。

《象》曰：田獲三品，有功也。

「有功」，是以田獵有獲，喻申命有功。

九五。貞吉，悔亡，無不利。無初有終，先庚三日，後庚三日，吉。

「九五」建中表正，發布命令，自無有能違背的，故連翩斷以吉辭曰「貞吉，悔亡，無不利」。然號令剛直，人民初見或不甚樂，以後仔細體察，無不中正，遂皆一致順從無忤，故曰「無初有終」。「先庚三日，後庚三日」，庚為上章，章是公文書，又有更正的意思。因上互離為日，又三數，故說「三日」。巽為命令，離為文章，公文書象。是應發佈的命令，由掌公文書的把草稿呈送上來，先加以三日的酌核，再加以三日的討論，至修飾潤色，盡善盡美，然後發布。如此慎重，又安能不吉呢？

《象》曰：九五之吉，位中正也。

建中表正，「九五」當位，焉得不吉？

上九。巽在床下，喪其資斧，貞凶。

「上九」在下而卑，故為「巽在床下」。「上九」在下而高，何以也為「巽在床下」？是因「上九」巽極而過於順，在上而過於順，便與在下的卑而順無異了。然「上九」「巽在床下」，雖與「九二」同，而「九二」吉且無咎，「上九」何以偏凶呢？蓋「九二」順而得中，「上九」不然，以位極人臣，身極崇高，而竟如此卑下，是必因保其富貴權勢，遂不免有患得患失的心，不知心愈卑而身愈危，故小必喪其財，大並喪其權，雖正也凶，何況不正？此如李斯憂蒙恬代其樞位，便順從趙高廢立的

邪謀；懼失其爵祿，逢迎二世的嗜好，委曲求容，遂致後來身家俱喪。司馬遷謂為保持爵祿，阿順苟合，可謂如見肺肝，正此爻義。

《象》曰：巽在床下，上窮也；喪其資斧，正乎凶也。

「巽在床下」，是巽到極端，窮至盡頭了。巽本善行，如「上九」這樣卑巽，而且「喪其資斧」。雖正也凶，何況不正？「正乎」二字似問辭，「凶也」二字似答辭。

兌卦

兌上兌下

以『九二』『九五』為卦主

兌為悅，一陰進於二陽以上，是喜悅發見於外了，故為兌。《序卦》：「巽者，入也。入而後悅之，故受之以兌。」物相入便相悅，相悅更相人。兌象為澤，能潤萬物，萬物得潤，自無不悅，故以次巽。

兌。亨，利貞。

人心喜悅，定能亨通。亨是卦德所固有的，但相悅易流於不正，故戒以「利貞」。

《彖》曰：兌，說也。

釋卦名與咸（☷）同，咸是無心的感，兌是無言的說。以說解兌，兌本為說，特以說不在乎言，其說才為真切，所以為兌。

剛中而柔外，說以利貞，是以順乎天而應乎人。說以先民，民忘其勞。說以犯難，民忘其死。說之大，民勸矣哉！

「剛中」指二、五兩爻。「柔外」指三、上兩爻。剛居中，

中心誠實。柔在外，接物和悅。外雖柔悅，中實剛介，故謂「說以利貞」。兌既內剛外柔，自能上順天理，下應人情。聖人以此道作事，自身先為表率，民心便喜悅相從，也就忘其勞苦。人本好逸惡勞，今忘其勞，這全在表率的極其得法。不但不惡其勞，且忘其勞，還不止忘勞，便是犯難，心也喜悅赴義，把其生命也能置於度外而忘其死。何以能至此呢？是民皆知聖人勞我，便是為我求逸；犯難，便是為我求生。忘勞，如禹治水；忘死，如湯征西怨等情事。兌悅的大處到了人民自相勸勉，惟知奉公，可謂天下大悅，無以復加了。

　　《象》曰：麗澤，兌。君子以朋友講習。
　　二澤附麗，交相浸潤，便互有益處。君子觀其象，而聯合朋友講習。講是講未明的，習是習未熟的。互相涵濡，交有補益。是兌澤意義，極有關於道德學問，所以《倫語》首篇，就以有朋遠來，學而時習為悅樂。

　　初九。和兌，吉。
　　「初」，陽剛居下，上無係應，且六爻惟「初」不比陰，陽剛便無邪媚的嫌疑，居下便無驕亢的惡習。無應無比，便無陰私的系類，如是自能諸事中節而毫無乖戾，故曰「和兌，吉。」

　　《象》曰：和兌之吉，行未疑也。
　　卦四陽惟「初」與陰無系，故行未疑。

　　九二。孚兌，吉，悔亡。
　　「九二」當悅吋比陰柔，而己又居陰，是宜有悔了。然剛而

得中，孚信內充，雖近小人，不以其媚悅而失正，此所謂和而不同的。能如此，中孚而悅，便得吉而悔亡了。

《象》曰：孚兌之吉，信志也。

心所存為志。信志，便是誠心。二剛實居中，誠信出於剛中的心志，哪能因悅小人而自取後悔，致失吉道呢？

六三。來兌，凶。

外去為往，向內為來。「來兌」，是前來求悅。「六三」陰柔不中不正，是悅人不以道的，如宋彭孫為李憲濯足，丁謂為萊公拂須，千古話柄，所以為凶。

《象》曰：來兌之凶，位不當也。

陰柔而處位不中正，故有此象。

九四。商兌未寧，介疾有喜。

悅道不一，有事君容悅（容悅，是阿諛求容，以逢迎取悅於人）的，有以安社稷為悅的。「九四」為近君的大臣，以安社稷為悅的，必須商榷冉三，斟酌盡善，還恐未能得當，中心時有不安。若容悅的小人，一言一笑，皆足以病君。如君心勤政，必病以安逸，君心憂亂，必病以宴樂。「六三」「來兌」，便是容悅的小人。非「九四」剛正，使其與「九五」隔絕，大概靡有不足以致疾的。是「六三」為君心的疾病，「九四」為君心的藥石。故「九四」為「六三」所不喜，而「九四」偏其喜，也非「九四」所私喜，「九四」系為用其隔絕手段，使「六三」不得近「九五」，才有此喜。是此喜實為國家的大慶了，如魏徵用而封

倫沮，李絳人而承璀去，即此爻義。「介」作隔解。兌為口，互巽，不果，故「商兌未寧」。變坎為疾。兌悅，為有喜。

《象》曰：九四之喜，有慶也。

「九四」既能去疾，從此專承「九五」，君臣一德，行其剛陽的大道，且為國家大慶，還不上限於「九四」一爻。

九五。孚于剝，有厲。

「五」居尊位，剛健中正，是善處說的。然上比「上六」，「六」陰柔，工於取悅，大凡陰求悅於陽，終必至於剝陽。如唐玄宗時候的李林甫，德宗時候的盧杞，都是剝陽的小人。而人君恃其權威與其聰明，深信不疑，諫也不聽，叫他任意剝喪，從此國事日非，危哉岌岌。

《象》曰：孚于剝，位正當也。

正當尊位，而自恃勢足以壓眾，明足以獨裁，為所欲為，不知審慎。哪知若信孚剝喪正道的小人，位雖正當，也是危道。

上六。引兌。

他卦至極必變，兌為悅，極必更悅。「六」為卦主，居極上，是悅而未已的，再為外物交引，其悅便恐出了軌道。然「上」與「五」最為親比，「五」是剛健中的，故雖不免為外物所引，而以時常觀摩「九五」聖賢的態度，所謂「近朱者赤，近墨者黑」，也斷不至走入邪路。究因其陰柔無決擇力，周公也未表示贊許。

《象》曰：上六引兌，未光也。

　　「上」陰柔悅極，遇事被人引動，自無主張，雖爻詞不著凶咎一字，終覺未甚光明。

渙卦

巽上坎下
以『九五』為卦主

渙《序卦》：「兌者，悅也。悅而後散之，故受之以渙。」
人憂愁便鬱結，喜悅便舒散。悅有散意，渙故次兌。卦巽上坎
下，風行水上，水遇風必散漫，也是換義。

渙。亨，王假有廟，利涉大川，利貞。

下互震，帝王象。上互艮，為門闕。坎為宮，廟象。巽木，
坎水，風動舟行，涉大川象。渙散，便是國家分崩離析的時候，
患難不能久長。一經有大德的出頭建功應業，散難釋險，國運便
能亨通，王業漸就穩固，遂可至有建立宗廟的大舉，以追祀先
王，從此大難已過，如大川而得利涉。然仍宜以正道柔集群眾，
使渙散的永遠鳩聚而安寧，那便亨通到極點了。

《彖》曰：渙，亨，剛來而不窮，柔得位乎外而上同。

卦既以渙散為義，便是上下無邦、天地否的光景。否（䷋）
與本卦只二、四兩爻差異，否卦「九四」陽剛，來居內卦二爻。
「六二」陰柔，上居外卦四爻，便為渙。剛既來居險中，其義自

不困窮，此謂「剛來而不窮」。柔居「四」，既得位於外卦，而上比「五」，「五」無正應，何幸「四」來相助為理，從此君臣同心同德，足以濟渙而致亨通，此謂「柔得位乎外而上同」。

王假有廟，王乃在中也。

渙散未能收合，正勞經略，今大勛已集，至於建立宗廟，王至廟中，虔誠致祭。雍雍穆穆，德洽大川，大告武成，茲正其時。

利涉大川，乘木有功也。

乘木涉川，必不沉溺，用以濟難，必至有功。有功便是利涉，濟險得木，其有把握如此。

《象》曰：風行水上，渙。先王以享于帝，立廟。

「風行水上」，披離漫漶，是為渙象。卦辭言「王假有廟」，是舉其略。《象傳》言「享于帝」，是舉其詳。收拾已散的人心，便離亂為治安，保邦定國，不獨歸功於祖考，更當歸功於昊天。「享于帝」，是《詩・昊天有成命》一章。「立廟」，是《詩・清廟》一章。先王於天下大定後，其追報如此。

初六。用拯馬壯，吉。

坎為亟心的馬，故云「壯」。居卦初，是才見渙散的時候。才見渙散，便用力拯救，更有壯馬相助行事，自易生效，其吉可知。「初六」陰柔居下，其才幹本不能濟渙，惟以其能順從「九二」，故其象如此。

《象》曰：初六之吉，順也。

天下事一見有不好的現象，立時動手拯救，便順而易舉。

九二。渙棄其機，悔亡。

「機」便是機會、機遇的機。君子居心，吉凶與民同患。「九二」才本剛中，時遭險難，就算不當其位，也要出而救世。況「二」居臣位，一見「九五」為剛明中正的大君，可相輔以有為，且遇人君徵聘的機會，如伊尹幡然改而來就商湯，傅說棄版築而來就高宗。上下同德，以濟國難，從此便人民得安，全由「九二」乘機奔就而來，一經著手，立能如願，又何悔還能有呢？

《象》曰：渙奔其機，得願也。

得機奔來，與「五」同德共濟，故能悔亡而如願。

六三。渙其躬，無悔。

「三」在渙時，獨有應援，是無渙散的情事了。然以陰柔的性質，所處又不中不正，雖有「上九」剛陽的應援，也不過獨善其身，止於其躬無悔罷了。渙，是謂處在渙時，讀時應作一頓，不與「其躬」連讚為是。

《象》曰：渙其躬，志在外也。

「上」在外卦，「三」的心志，專靠「上九」作為外援，故其身得免渙散而無悔。

六四。渙其群，元吉。渙有丘，匪夷所思。

「丘」作聚解。「夷」作平常解。天下渙散，起於眾心乖離。三個一群，兩個一夥，私心結合，大局遂壞。「六四」上承「九五」，有濟渙的重責，而居陰得正；下無私應私比，是大臣一秉大公，把天下的群黨，一概解散，不致他們一群一黨的互相傾軋。如此著手一辦，便大善而得吉道。再於小散以後，謀成大聚，是為散中有聚的辦法。常人但知散就為散，不知散正為聚；巨小散中正有大聚，此非常人思慮所能及的，故曰「渙有丘，匪夷所思」。

《象》曰：渙其群元吉，光大也。

解散私群而成大聚，何等光明正大，這非是「柔得位乎外而上同」的「六四」，不但作不到這等大善而吉的地步，就是思想也不能及。

九五。渙汗，其大號。渙王居，無咎。

汗，膚腠所出，可以宣散滯氣，癒人疾病。「五」剛健中正，居尊位，在巽體，指揮濟渙，大功告成。君王以天下為一身，出號令，布恩澤，有如周身汗出，使所有的壅滯鬱悶，一時頓釋。從此人皆信上，咸有所歸。但恭己南面，高居王位，垂拱而天下治，是萬無過咎的。

《象》曰：王居無咎，正位也。

民心一凝聚，就沒任何災咎了。

上九。渙其血，去逖出，無咎。

散大難必清其源，除大病必絕其根。癰疽為病，固能害人，而療治不善，也能害人。癰疽其毒在血，是血為其病根，若存其血，其病就萬不能散：「上九」位居渙終，是能散而絕其根的，所以除去毒血，各使其盡。不但癰疽上毒血全去，即遠於癰疽的地方，也為清血而出其毒。如此療疽，自無後犯；如此濟難，也萬不能有咎。「上九」應坎變坎，故言血。「逖」，是遠。

《象》曰：渙其血，遠害也。

凡足以為害的，盡情解散，故曰「遠害」。

節卦

坎上兌下

以『九五』為卦主

節《序卦》：「渙者，離也。物不可以終離，故受之以節。」離散，也必須有一定的節制，節故繼渙。卦坎上兌下，水在澤，平便存，滿便溢，此為節象。兌悅坎險，悅過便肆，用險以止，是為節義。二陽盛，便有二陰阻止；一陽盛，便有一陰阻止，是為節的情與勢。

節。亨，苦節，不可貞。

事既有節，自能亨通。節中本有亨義，節貴適中，過常便要苦了節，至於苦，豈是常道？所以不可固守。凡人立行，或仕或止，或久或速，務得其時；或遠或近，或去或不去，歸潔其身。如陳仲子三日不食，許行並耕，泄柳閉門，皆非正道，是不可持久的。

《彖》曰：節亨，剛柔分，而剛得中。

統觀全體，而剛柔適均。剛以濟柔，柔以濟剛，無不相稱，分觀二體，而二五得中，不失太過，不失不及，無不相宜。如此

節中的亨道，還不是當然固有的嗎？

苦節不可貞，其道窮也。

合中道，便甘便亨。失中道，便苦便窮。苦與甘反，窮與亨反。

說以行險，當位以節，中正以通。

內兌外坎，故曰「悅以行險」。「九五」陽剛居尊，當君位以主節於上，而所節恰得中正，便可以通行天下而無阻。

天地節而四時成，節以制度，不傷財，不害民。

制，是法禁。度，是則例。此就天地人事，廣明節義。天地以氣序為節，寒暑往來，各有定序，四時得告成功，此為天地的節。國家以制度為節，用財有道，使民以時，財不傷，民不害，此為人事的節。

《象》曰：澤上有水，節。君子以制數度，議德行。

澤中容水虛便納人，滿便泄出，是水以澤為節。君子效其義，以「制數度，議德行」。當昔器用宮室衣服，莫不多寡有數，尊卑有度，使賤不踰貴，下不侵上，此謂「制數度」。古昔用人，必考言辨材，論秀書升，人才優劣，各有等級，慎爵祿，惜名器，此謂「議德行」。

初九。不出戶庭，無咎。

君子欲節天下，必先節一家。欲節一家，必先節一身。「初」以陽在下，上復有位，非能節的。然以居得其正，又知所

應在於險地，而位在於下，時未可行，故先節一身，以謹守戶庭，不肯多走一步，故得無咎。三、四、五爻，互艮（☶），為門。「初」與「二」皆在內，不出象。「初九」，居兌始。兌，於時為酉，正宜閉戶休息，不出，故無咎。「九二」居在互卦震（☳），震於時為卯，正要開門工作，不出，故凶。

《象》曰：不出戶庭，知通塞也。

節，兼「通塞」言，也如艮兼「行止」言。初不出庭，是知塞，便當節止了。若知通，當出便出。尾生的信義，水至不去，是不知通塞的。「九二」適坐其病。

九二。不出門庭，凶。

「不出戶庭」，「不出門庭」，是一樣的。而「初」無咎，「二」偏凶，何故呢？因「初」為處士，「二」為大臣。身既為大臣，上逢「九五」陽剛中正的人君，宜輔佐著以「制數度」，以節天下的大欲；宜斟酌著「議德行」，以節人君的大欲。此時萬不可失，今反下等於無責任的處士，但料理門庭以內的事，失德失時，未有如「九二」這樣甚的。時當塞而塞，雖「三年目不窺園」（董仲舒事）也可。不當塞而塞，便等於絕物自廢，有禹、稷的責任。學顏子的簞瓢，其行太謬，其凶可知。當出不出，不知通塞，可參看初爻及《小象》下小注。

《象》曰：不出門庭凶，失時極也。

「極」，做中字解。「失時極」，是失了應時作事的中道了。孔子順時行事，所以為「時中」的聖人。

六三。不節若，則嗟若，無咎。

「六三」處在兌的極處，悅豫驕侈，不知謹節，以致窮困，然其心痛知悔恨，時常以其從前不節，傷不已。能悔便能改過，《易》，以補過為善，所以也許其無咎。臨（䷒）「六三」「既憂之，無咎」，與本爻「嗟若，無咎」意用。

《象》曰：不節之嗟，又誰咎也？

因以先「不節」，所以嗟。不咎人而咎己，故無咎。

六四。安節，亨。

「六四」柔順得正，上承「九五」，安守本位，行止有節；下應「初九」，順性就下，也是安位有節的意思。節以安為善，強勉便不能安。如文王事殷，伊尹不居成功，其安節的風度，哪能不亨通呢？

《象》曰：安節之亨，承上道也。

中正道在上爻「九五」，「四」守本位以承上，道在「安節」，當然能亨。

九五。甘節，吉，往有尚。

「九五」陽剛中正而居尊位，為本卦主體，所謂「當位以節，中正以通」的。本爻變坤土，體味甘，故云。他爻的節，是節自己；「九五」的節，是節眾人。「當位以節」，盡美盡善，人皆甘受，洵為吉道。如此不但行於今而可貴，就垂於後也能通，無往不以此甘節為尚。是所「制數度」，所「議德行」，通諸天下後世，而其美善，實無以復加。

《象》曰：甘節之吉，居位中也。

節貴乎中，當節不節，「六三」不免嗟傷。若過於節，「上六」又見貞凶。惟「九五」甘節而吉，蓋因居位得中，「當位以節」，便無過、不及了。

上六。苦節，貞凶，悔亡。

「上六」節到極處，有苦義。又居在坎險的極處，更有苦義。陰柔成性，吝嗇節縮，人必不堪，守此不變，物窮必乖，故曰「貞凶」。然禮奢寧儉，於義也無大害，故曰「悔亡」。又，《易》以禍福配道義，而道義實重於禍福。從人臣忠節上說，正如大過（☲）「上六」，凶而無咎，此爻「貞凶，悔亡」，便是文信國等先烈殺身成仁的苦節，守正不屈，雖凶而也無所悔。

《象》曰：苦節貞凶，其道窮也。

六在上所居極險，苦節直到無一點活動的地步。其道窮，其遇焉得不凶？

中孚卦

兌下巽上
以『六三』『六四』為成卦主
『九二』『九五』為主卦主

　　中孚《序卦》：「節而信之，故受之以中孚。」節制一定，使人不得逾越，這等辦法，能有信，然後才行得下去。上能信守，下便信從，中孚所以次節。卦上巽下兌，下悅以應上，上巽以順下，是為卦義。澤上有風，風行澤上，感而便動，不稍差失，是為卦象。

中孚。豚魚，吉。利涉大川，利貞。
　　信發於中，是為中孚。豚魚，是至愚無知的。然只要誠信出於中心，就對於豚魚，也能感化。中孚豚魚，是極言誠信無所不及，此蠻貊可行。更深一層，其吉可知。人有誠信至此，無論何等險難，莫有不能濟的，故曰「利涉大川」。雖然，若信而不止，如盜賊男女，秘密所結的信誓，也為彼此有孚，故又以「利貞」為戒。

《象》曰：中孚，柔在內而剛在中，說而巽，孚乃化邦也。

以全體卦象論，二柔在卦內的中間，中虛象。二、五兩剛爻，得上下體的中應，中實象。中不虛，便有私累；有私累，便有害於信。中不實，便無主宰；無主宰，便又失其信。今既柔在內而剛得中，是為中孚而無愧；且上體巽而下體悅，上下相孚，都出於中，如此誠信溥及，萬邦自當向化，而毫無隔閡。若如商鞅徙木立信，出於矯強，等於兒戲，安能化行久遠呢？

豚魚吉，信及豚魚也。利涉大川，乘木舟虛也。

「豚魚吉」，是言信能及於豚魚為吉道，並不是說豚魚吉。木在澤上，是用木涉川，既可不慮沉覆，而上下卦象中虛外實，直是舟形，舟而中虛，在水上，更能輕浮，所以為利涉。

中孚以利貞，乃應乎天也。

天道無偽而有常，中孚以利貞，是「乃應乎天」。

《象》曰：澤上有風，中孚。君子以議獄緩死。

「澤上有風」，風行水動，無欺無飾，中孚象。中孚最大的作用，至誠的感化，在於好生不殺，故君子對於大獄，竭誠審議。若決定處死，仍暫緩執行。「議獄」是於人中求其或有出路。「緩死」是於死中求其或有生理。至大惡大奸，不在是典，故四凶無議法，少正卯不緩刑。

初九。虞吉，有他，不燕。

邪不閑不可存誠，偽不去不能言誠。閑家在婦初來，防心在念初生。「初九」陽剛得正，自無不誠，然也須加意防範，不使

稍變，才為吉道。若或雜以他意，致有二心，如豚放再追，堤決再培。斯已經有他，便不安了。不忠、不信、不習，曾子日省有三；勿視、勿聽、勿言、勿動，顏子所戒有四。皆是戒不虞而慮有他的。「虞」是提防。「不燕」，是不安。

《象》曰：初九虞吉，志未變也。

「志未變」，是言其實心未失。志變，便有他了。

九二。鳴鶴在陰，其子和之。我有好爵，吾與爾靡之。

鶴，八月鳴，兌正秋，故云「鳴鶴」。「九二」在三、四兩陰爻下，故云「在陰」。「好爵」是旨酒；「靡」是醉。「二」有剛中的實德，無應於上，「初」與同德，故有鶴鳴子和、好爵爾靡象。言「子」，是明未出戶庭；言「吾」與「示」，是明未離同類。《詩》云：「鶴鳴於九皋，聲聞於天。」今鳴於陰而子和，其不求遠聞可知。「我有旨酒，式燕嘉賓。」今不燕賓客，但吾與爾引爵共醉，可見同心只有二人。君子實心實德，不勞遠而修邇，故孔子於《繫辭》，兩言「況其邇者乎？」

《象》曰：其子和之，中心願也。

鶴鳴，由中發聲。子和，也是根心相應。故曰「中心願」，願出於中，其孚已極了。

六三。得敵，或鼓或罷，或泣或歌。

「六三」陰柔不中不正，上應「上九」，陽剛也不中止，此極於悅，彼窮於信，雖係正應，轉似敵對，而為累已甚。「三」柔悅無有主張，因與相應，就便盲從。雙方合到一處，「或鼓或

罷」，起止無定；「或泣或歌」，哀樂無常，魂夢難安，醜態百出。「三」與「上」因為私累，為害中孚，竟至如此。下互震為鼓，故云鼓。上互艮為止，故云罷。巽入而伏，泣象。兌見而悅，又為口，歌象。

《象》曰：或鼓或罷，位不當也。

居不當位，心無所主，所以鼓罷無定，不如「初九虞吉」。

六四。月幾望，馬匹亡，無咎。

「六四」承「五」，近君。陰而近陽，有陰受陽光，「月幾望」象。「四」與「初」應，本為匹配，而「四」柔順得正，有大臣風，專心注重大局，不繫念其私覺，故云「馬匹亡」。因互震為馬，故言馬。一變為離，馬象不見，是馬匹亡了。「四」能如此，至誠無私，自得無咎。

《象》曰：馬匹亡，絕類上也。

是謂絕其私類，而上從「九五」。

九五。有孚攣如，無咎。

「九五」剛健中正，居尊位，為中孚主。所謂「孚乃化邦」的，人君的中孚，與在下的不同。在下的中有實德，不牽於外，就算好了。人君以孚信天下為實德，必其誠信纏綿固結，洽於天下，然後才得無咎。巽繩，互艮，變艮為手，攣象。

《象》曰：有孚攣如，位正當也。

「五」居尊，能使天下相孚信固結不解，斯「五」才為正當

其位而無愧。

上九。翰音登于天，貞凶。

「上九」不中不正，處中孚終極的地位，信極便要衰了。雞曰「翰音」（見《禮記》），雞，有信的家禽，天將曉必鳴，有中孚意。巽為高，按三才說，本爻為天位，登天象。鴻鳴聲聞於天，這便是聲聞過情了。「九二」以鶴鳴且僅在於陰，「上九」以「翰音」轉登於天，居上求顯，虛聲求信，常此不變，其凶可知。巽為雞，故曰「翰音」。

《象》曰：翰音登于天，何可長也？

純盜虛聲，哪能久長？

小過卦

艮下震上
以『六二』『六五』為卦主

　　小過《序卦》：「有其信者必行之，故受之以小過。」人所相信的事，在於必行，然行事便不免有過，故以小過繼中孚。卦震上艮下，雷震於山，其聲過常；然非人事，又陰為小，陰過乎陽，也非大事，故為小過。上經終以坎、離，坎、離前為頤與大過。頤（☶），六爻象離（☲）。大過（☰），六爻象坎（☵），後才以坎離結上經。下經終以既濟、未濟，既濟、未基前為中孚與小過，中孚六爻也象離，小過六爻也象坎，後才以既濟、未濟結下經。《易》卦精微至此。

　　小過。亨，利貞，可小事，不可大事。飛鳥遺之音。不宜上，宜下，大吉。
　　大過，是大事過。小過，是小事過。大事關係天下國家，小事僅在於日用尋常。事雖尋常，而道皆貴乎中，然有時也須小有遷就，才能趨近中道。小過正為趨向中道，如「禮奢寧儉，喪易寧戚」便是小過。以小過濟其過，遂可以通行，故曰「小過亨」。不失時宜為正，故曰「利貞」。然寧儉寧戚，此等小事便

可，故曰「可小事不可事」。至於「飛鳥遺音」，是因卦象飛鳥，卦示人以兆，如鳥飛留遺聲音。因上震動撼，下艮安止，欲求安咎，萬勿高舉，「不宜上宜下」一語，便是飛鳥遺音，在飛鳥上無所止，下可棲宿，不上而下，才為合宜。在人事，高亢的失正而背理，卑遜的得正而近情，也是不上而下才為合宜，既能合宜，是以大吉。

《彖》曰：小過，小者過而亨也。

順時正俗，雖過而通。

過以利貞，與時行也。

時當過而過，便不為過。合時宜便為得正，故曰「與時行」。

柔得中，是以小事吉也。

柔得中，指二、五兩爻言。陰柔的得位，無決斷，無魄力，處一身的小事，能與時行尚可無失，所以「小事吉」。

剛失位而不中，是以不可大事也。

剛陽得時，能處理天下的大事。今三不中，四失位，「是以不可大事」。

有飛鳥之象焉，飛鳥遺之音。不宜上宜下，大吉，上逆而下順也。

卦象四陰在外，二陽在內，內實外虛。二陽像鳥身，四陰像鳥翼，飛鳥象。上震善鳴，互兌口，巽風，乘風而動於上，鳥貴

而音尚留，為飛鳥遺音象。飛鳥翔空，無有著落，下巽木附艮山，又為止，是得水可以棲止。愈上愈窮，故鳥上飛為逆；下能附物安身，故鳥下飛為順。

《象》曰：山上有雷，小過。君子以行過乎恭，喪過乎哀，用過乎儉。

雷出地，聲初發甚大。及至山上，聲漸收而微。故有平地風雷大作，而在高山以上，尚有不知覺的，故為小過。矯世勵俗的君子，則效這一卦。有舉趾高的莫敖，正考父以循牆矯正他，循牆便是「行過乎恭」；有欲短喪的宰予，高柴以泣血矯正他，泣血便是「喪近乎哀」；有二歸反坫的管仲，晏子以敝裘矯正他，敝裘便是「用過乎儉」。以上三端，雖為小過，實可藉以漸漸引人中道，小過所以能夠大吉，其義在此。

初六。飛鳥以凶。

小過的時候，上逆下順，所以不宜上而宜下。而「初」以陰應陽，所應在上，本在下而偏欲向上，去順行逆，等於飛鳥無可安身，其凶可知。初、上兩爻，都為鳥翼，故同雲飛鳥。「初」在艮體，當止反，因飛而凶，故云「飛鳥以凶」。

《象》曰：飛鳥以凶，不可如何也。

其凶由於自取，他人是莫可如何的。

六二。過其祖，遇其妣，不及其君。遇其臣，無咎。

「三」在「二」的上面，「三」以陽居陽，故稱祖（「三」剛極，故喻祖）。「四」以陽居陰，故稱妣（「四」稍柔，故喻

姒）。「過其祖」又「遇其妣」，是遇有兩層管束，便不能再往前進了。「五」君位，「二」陰柔小人，居大臣的地位，對於其君，常有非分的心。因兩陽在前，過其一，又遇其一，遂不敢再以非常的事及於其君，故得無咎。「遇其臣」，便是遇三、四兩陽。三、四，對二說為祖為妣。對五說，遇為臣，遇臣便不敢胡行，遂折回而安分守己，不但「六二」無咎，天下國家都可無咎了。

《象》曰：不及其君，臣不可過也。

「二」，本要以非常的事及於其君的，以「二」剛陽的臣，橫阻於前，不能超越而過，是以不及其君。「二」剛雖失位，尚能如此有益於君，使其得位，更當如何呢？

九三。弗過防之，從或戕之，凶。

君子進不可過，而防小人不可不過。若不過防，便似相信。相信，遇事便將相從；相從，就或要受其戕害了。如國人皆知曹操將篡漢，而獨不疑，至加九錫，才有異議，竟受其禍。「九三」過剛不中，故迫切以警戒。

《象》曰：從或戕之，凶如何也。

陰過盛害陽，小人過盛害君子。「凶如何」，就是說若不早防，至於凶事實現，那再想辦法也就晚了。

九四。無咎，弗過遇之，往厲必戒，勿用永貞。

常小過的時候，君既陰柔（指「六五」），而一群陰險的小人，結黨用事。「上六」居上，日在君側。「六二」為大臣以作

領袖，「初六」也飛騰而並進。當是時，群小如此跋扈，君國已危乎其危。然猶幸兩陽分處於內外，以阻遏群小往來的要路，所以聖人對此剛陽的君子，而勉勵他說：「爾雖恬退，而弗過於進；爾既遇群小，萬勿往而相從；若往而盲從，爾身也將不安，是必要戒備，勿用前往，而永遠靜守你的貞正，才得無咎。」不然，能以無咎相許麼？此聖人戒「九四」的名言至理，然當國家多難，得一君子也可恃以粗安。而況三、四同志而分處，一蔽遮大君於遠，一保衛大君於近。「六五」雖弱，不至遽危。故周公東征，不可無召公以為保；良平從軍，不可無蕭何以留中。

《象》曰：弗過遇之，位不當也；往厲必戒，終不可長也。

位不當，故有此等狀況。位若當，就要安邦定國了。與小人不能不遇，然不能往從，就是相遇，也是可暫而不可長的。孔子戒辭，尤為迫切。

六五。密雲不雨，自我西郊，公弋取彼在穴。

本卦大象坎（☵），雲象。互兌澤，雨象。又互巽，兌西，巽東南，從西向東象。以絲繫矢而射，曰「弋」，取坎弓巽繩象。艮為手，坎為隱伏，「取彼在穴」象。時值小過，宜下不宜上，陰至「五」，是已至上了。居尊上的地位，挾勢自亢，膏澤不下於民，如雲密佈於西郊，不能成雨似的。是陰居尊位，決不能濟大事。此時欲恩德普及，澤潤生民，必須下求岩穴賢士，出為埔相才可。故又戒以求助，教以求賢，這也是不宜上而宜下的意思。

《象》曰：密雲不雨，已上也。

陽降陰升，和便成雨。今陰已在上，而陽竟失位，雲雖密，不能成雨，陰過不能成大事，信然。

上六。弗遇過之，飛鳥離之，凶，是謂災眚。

卦象飛鳥，而一飛便凶，「初」與「上」為鳥翼兩端，極尖銳，故此兩爻皆言飛，而皆言凶。過至極上，不知限度。卦義本不宜上，竟上將何所遇，過已至亢；飛而不已，再上將何所托。俗活說：「飛不高，跌不重。」行為與此相反，天災人眚，其凶立至，孽由自作，別無可怨。

《象》曰：弗遇這之，已亢也。

「六五」曰「已上」，是謂其已過。「上六」更過了，所以說「已亢」。

既濟卦

離下坎上

以『六二』為卦主

　　既濟《序卦》：「有過物者必濟，故受之以既濟。」大過是有大過乎尋常的，作大事必有大險，故以坎繼小過，是略過乎異常。然如「行過乎恭」等事，用以矯世勵俗，便無不濟，故以既濟繼小過。卦水在火上，水火相交，各當其用，故為既濟。既濟，是到了天下萬事已經各得其所的時候了。

　　既濟。亨小，利貞，初吉，終亂。

　　既濟，六爻各得其正，是天下已治已安，不但大事亨，小事也亨。當此時蓋無一人不亨，無一物不亨，無一事不亨，凡是正道，無有不利。且必常守此道，由初至終，方能常吉而不亂。不然，如秦滅六國而秦亦隨滅，晉平吳亂而晉亦自亂。蓋多難必戒，便憂，憂便能治；若無難便驕，驕便怠，怠必至於亂。此皆人的常情。故聖人於既濟的世道，恐其「初吉」而不免於「終亂」，故以為言。

《象》曰：既濟亨，小者亨也。

小者也亨，何況大者？

利貞，剛柔正而位當也。

剛居剛位，柔居柔位，全卦六爻，無不當位，六十四卦中，獨此一卦，世道如此貞正，所以應該常守而堅固不變。

初吉，柔得中也。

「二」，以柔順文明而得中處正，故能成既濟的大功。「二」居下體，是「初」到既濟的程度，而又善於處理，是以得吉。

終止則亂，其道窮也。

天下事不進便退，既濟是已治已安，此時若不知持盈保泰，終止其圖強的心志，懈怠逸樂，亂機遂生，時極道窮，理當有變。惟聖人深明此理，思患豫防，能通變於未窮，而不敢稍有止息。此堯舜時代，當禪位的時候，雖也為告終，而斷然無亂。

《象》曰：水在火上，既濟。君子以思患而豫防之。

水火相交，各得其用，故為既濟。當此時，眾人所喜而君子獨懼，初見其吉，便思其亂，先以為患，便預為防，方可以保初吉而終無亂。堯、舜授受，所深相儆戒的以此。

初九。曳其輪，濡其尾，無咎。

「初」以陽居陽，上應「六四」。火體，是銳進不安於下的。然時當既濟，只宜安守。若仍欲進，便是不合時宜。若於其

欲濟時，有人倒曳車輪，使不能前；濡濕狐尾，使不能濟。但能止便能無咎。狐涉水必揚其尾，濡尾自不能濟，他獸同。曳輪、濡尾，皆從坎在前及初爻緊在互坎後取象，變艮手，又為止，故曳而止。

《象》曰：曳其輪，義無咎也。
以此守成，於義當然無咎。

六二。婦喪其茀，勿逐，七日得。
「二」，以文明中正的德行，上應剛陽中正的「九五」，似宜君臣相得，大行其志。然「五」高居尊位，時值既濟心滿意足（「九五」爻位正常坎的中爻，坎中滿，故云），便不思求賢了。就如唐太宗那樣好賢，以後還要懈怠，而況其他？二陰爻，離中女，與五為正應，故言「婦」。「茀」是車上的帷幕。婦人坐車，必須用以蔽障的，此從離外實中虛取象。「喪其茀」，是不能行了。「五」不相求，「二」不成行，如「婦喪其茀」只得懸車了（後漢陳實懸車，懸車是不當官了）。然真才碩學，不能終廢，故戒以「勿逐」。是謂且沉住氣，不必追逐。不過七日，定要另換一個局面，自能得意了。卦只六位，七就變了，故雲「七日」。這是道不得行於今時，自必行於他日的道理。

《象》曰：七日得，以中道也。
濟世的中道在我，故勿逐自得。

九三。高宗伐鬼方，三年克之，小人勿用。
高宗，是商代中興令主。鬼方，是北方部落。「九三」重剛

不中，**當既濟以後，本應與民休息，而「三」居離終，性炎上，偏好大喜功，輕動於戈以征遠方小國。**然山川遠隔，運兵運糧，何等艱難。縱然能勝，而曠日持久，民力也困苦難堪了。此如漢武帝承文景後而伐匈奴，唐太宗當貞觀盛時而征高麗，皆是此類。聖人特著為戒辭，言在上的，若在既濟的時候，遇有獻興兵征遠等計畫的，萬不可用。離戈兵，變震動，征伐象；坎居北，故曰「鬼方」。

《象》曰：三年克之，憊也。

一役至於三年，才能報捷。不但君困、將帥困、士卒困，就是民間，也必至大困。「憊」是力盡筋疲、極困的樣子。

六四。繻有衣袽，終日戒。

「四」在濟卦而水體，故取舟為義。本爻以柔居柔，是能豫備戒懼的。「繻」，當作濡，作滲漏解。「衣袽」，衣內所裝的綿軋絮。袽音茹，行舟必備的東西。舟有罅漏，塞以衣袽，舟可不至沉溺。今既有衣袽各濡漏時以救急，又終日戒懼而不敢懈息，臨事便不至無所措手，慮思應當如此。

《象》曰：終日戒，有所疑也。

疑患將至，無時可忘，故「終日戒」。

九五。東鄰殺牛，不如西鄰之禴祭，實受其福。

人君當既擠時，坐享太平，驕奢易生，故借東鄰祭禮以示警懼。凡祭，時為大，若祭非其時，主祭的再不誠敬，神便不享。若敬謹及時致祭，蘋蘩可薦，黍稷可陳。是以東鄰繫牛，祭禮雖

盛，不若西鄰禴祭，卻能「實受其福」。是都在乎時合不合，不在乎物豐不豐。處既濟的時候，就是這令道理，若不及時思患預防，無論國家如何豐盛，也要發生變亂，不能受福了。朱文公謂東鄰、西鄰，指文王與紂言，故其象如此。

《象》曰：東鄰殺牛，不如西鄰之時也；實受其福，吉大來也。

既濟以後，惟恐過盛。就按祭祀說，舉動正當其時，論祭便勝於殺牛。論祭受福，吉事大來可知。東鄰但恃豐盛，不知按時舉動濟道終亂，就要臨頭。福至吉來，終讓西鄰。

上六。濡其首，厲。

既濟至極，坎體至上，而以陰柔處於此地，其危可知。「初九」濡尾是有後顧的意思。今「上六」竟濡其首，是未慮及前途的險處。若早慮及前途有險以預防，哪能有此禍患呢？此時再不知變，行將溺身，既濟終亂，將實現了。

《象》曰：濡其首厲，何可久也？

但厲而未至於凶，不過說才瀕於危，若知其危而能及早回頭，還可不至於濡首。凡《易》言「何可長」，或「何可久」，從屯（䷂）上到此爻，都是戒以及早改悟，不可長久迷溺的意思。

未濟卦

坎下離上

以『六五』為主

　　未濟《序卦》：「物不可窮也，故受之以未濟，終焉。」既濟是物已盛到極端無以復加了，《易》是變易而不窮的，勿以既濟看作完事，未濟尚緊根於其後，故既濟以後，受以未濟，而終結全部《周易》。未濟便是未窮，以示天地間事事物物，周而復始，治而復亂，永無盡期。本卦火在水上，水火不交，不相為用，且卦六爻皆失其位，故為未濟。

　　未濟。亨，小狐汔濟，濡其尾，無攸利。

　　天地不交為否（☷），因否絕對不通，無亨義，故不言「亨」。水火不交為未濟，目前雖然未濟，將來一定能濟，能濟便亨，故曰「未濟亨」。狐能渡水，渡水時，其尾若著水而濡濕，便失力，不能濟了。老狐多疑懼，故履冰而聽，恐怕身陷下去，其涉水當然也能慎重。小狐但知濟不知謹慎，雖幾乎可以濟過，而竟「濡其尾」，不能濟了；既不能濟，其「無攸利」是當然的。

《象》曰：未濟亨，柔得中也。

「柔得中」，指「六五」陰居陽位。得中，既不柔弱無為，又不剛猛債事，目前未濟，將來必濟，故亨。

小狐汔濟，未出中也。濡其尾，無攸利，不續終也。雖不當位，剛柔應也。

「二」以剛陽居險中，上應「六五」，險既非可安的地方，「五」又有當從的道理。坎為狐，又在水邊，是必欲濟的。若為老狐，尚知疑懼，還能穩健。「二」以剛居柔而在下，是小狐但願速濟，不知謹慎，雖幾濟而濡尾，竟未能出乎險中。進銳的退必速，不能繼續終濟，又安往而有利？然卦雖陰陽皆不當位，而剛柔皆能相應，當未濟而有援助，將來自無不濟。既濟曰「終止則亂」，此曰「無攸利，不續終」，是既濟而生亂，與未濟「不續終」，都因一念的懈怠出來的岔頭，君子是以貴自強不息。

《象》曰：火在水上，未濟。君子以慎辨物居方。

火炎上，水潤下，是物不同。火居南，水居北，是方不同。方物不同，水火不交，故為未濟。君子用以慎辨物，使物以群分，慎居方，使方以類聚，有此大作用，結果尚能分定不亂，使陽居陽位，陰居陰位，未濟便終成為既濟了。

初六。濡其尾，吝。

「初六」陰柔在下，處險而應四，而「四」也不中正，是不能援助的。卦辭所謂「濡其尾」的小狐，正指此爻。少年喜事，急於求濟，而反不能濟，實屬可羞。

《象》曰：濡其尾，亦不知極也。

「極」作終字解。「初六」已既陰柔，所應又不中不正，萬不可靠。若不度德，不量為，冒然思濟，不過徒「濡其尾」，想濟終是不能的。

九二。曳其輪，貞吉。

「九二」陽剛，上應「六五」，居柔得中，是能恭順乎上而不輕進的。坎為輪二變，互艮為止，曳輪象。凡求濟，必內度才力，外量淺深，穩健待時，進不急遽，才可得濟。如唐郭子儀、李晟時當艱危，極其恭順，所以為得正而能保終吉。

《象》曰：九二貞吉，中以行正也。

九居二本非正，以得中，其行也便無有不正。

六三。未濟，征，凶，利涉大川。

「三」在坎上，時可濟了，而未能濟，是因陰柔無為。故欲向前征進，仍舊日不免於凶。也由上互坎，有才要出險，向前一進又遇險陷象，故云。惟陰柔心常畏懼，謹小慎微，涉水最宜，故「利涉大川」。也由本爻一變就成巽木，有可乘以涉川象，故云。

《象》曰：未濟征凶，位不當也。

「六三」居坎上本可以出險了，而以陰居陽，位不當，故「征凶」。

九四。貞吉，悔亡，震用伐鬼方，三年有賞于大國。

　　以九居四，本應有悔，而陽在陰位，剛柔適均，能以貞正，也可得吉而其悔自消。然「四」當未擠的時候，居大臣的地位，有剛強的資質，不動便罷，若用其征伐遠夷，一動必能應大功，受上賞。然未濟的「九四」，聖人讚其伐鬼方而受賞；既濟的「九三」，聖人憂其伐鬼方而困憊，是何說呢？是因時省既濟，便利用靜；時當未濟，便利用動。然未濟的「九四」，也必待三年而成功，是以剛居柔，特別謹慎，故動不輕動，所以也須遲遲。如吉甫伐玁狁，召虎伐淮夷，皆足當此爻義。

　　《象》曰：貞吉悔亡，志行也。

　　爻以「六三」為未濟，「九四」庶幾能濟了，故曰「志行」。

　　六五。貞吉，無悔，君子之光，有孚，吉。

　　「六五」為文明的主體，居中應剛，虛心下求「九二」，共濟大事。如此貞正，自能得吉而無悔，故其大德潤身，光輝發越，虛衷納善，誠意相孚，吉事聯翩，不期而至。

　　《象》曰：君子之光，其暉吉也。

　　光盛散佈出來的為「暉」。言「暉」，是光彩盛極了。「貞吉」的吉，吉在「五」；「暉吉」的吉，吉在天下。

　　上九。有孚于飲酒，無咎，濡其首，有孚失是。

　　九剛而在上，是剛極了；居離以上，又明極了。剛明人就怕自信太深，未免以非為上。而「上九」此時，知濟大事的責任，

「六五」、「九四」連同「九二」，業經完全擔負，已成了克濟的大功，自己惟有順時時宴居，醇酒開樽，斟酌自樂，如此閒散自適，斷無過咎可言。惟飲酒必須適可而止，行動才能不至有非。若以戀戀杯中物，而至於狼藉濡首，雖自信以為無關大局，而當初濟的時候，倘或沉湎不反，暫時雖不過稍微失是，因小害大，深恐在所難免，故於此時加以警告。

《象》曰：飲酒濡首，亦不知節也。

飲酒至於「濡首」，也因不知止節所致。此爻的大意，係因未濟已成既濟，此時勞宜事有撙節，防患未然，才能常保既濟的局面。若驕奢淫佚，流連忘反，鬧得亂機一動，就又要反回未濟了，故借飲酒表示出須得知節來。

卷五·

易傳

繫辭上傳

第一章

天尊地卑，乾坤定矣。卑高以陳，貴賤位矣。動靜有常，剛柔斷矣。方以類聚，物以群分，吉凶生矣。在天成象，在地成形，變化見矣。

此節是說作《易》的本始。《易》有二，有未畫的《易》，有既畫的《易》，未畫的是易理，既畫的是易書，如「天尊地卑、卑高以陳、動靜有常、方以類聚、物以群分、在天成象、在地成形」，這都是未畫的《易》，是易理。聖人出世，仰觀俯察，於是以畫寫理，使理歸畫，而易書生。易書是因彼天地，定吾二卦為乾坤；因天地的卑高，列吾六位為貴賤；因天地的動靜，判吾九、六為剛柔；天地同萬物的分聚，生吾八卦的吉凶；因天地表示的形象，見吾六十四卦的變化。這都是既畫的《易》，是易書。

「天尊地卑，乾坤定矣」，是何說呢？蓋當作《易》以前，乾坤為天地；作《易》以後，天地便為乾坤了。

「卑高以陳，貴賤位矣」，是何說呢？蓋因地位卑、臣道、子道、妻道，皆是地道，故位皆卑而賤。天位高，君道、父道、夫道，皆是天道，故位皆高而貴。上貴下賤，位不可逾，故《禮》以乾、坤為祖，而《易》以乾、坤為門。人室始於門，入

《易》始於乾、坤，學《易》故要先明此理。

「動靜有常，剛柔斷矣」，是何說呢？是因陽動而剛，陰靜而柔。九為陽而動，故斷然知其為天道的陽剛；六為陰而靜，故斷然知其為地道的陰柔。天地本來皆是靜的，靜極生動，動極生靜，一動一靜，至誠不息，是為有常。

「方以類聚，物以群分，吉凶生矣」，是何說呢？是如南人多聰敏，北人多敦厚，這便是「方以類聚」；鵲巢無鴉雛，馬棚無狐穴，這便是「物以群分」。善惡的分聚亦然，離合異趣，好惡相攻，由是而吉凶生。故泰道君子聚而吉，散而凶；否道小人聚而凶，散而吉。八八至六十四，皆是一樣。

「在天成象，在地成形，變化見矣」，是何說呢？蓋有物可見，無物可執，便為象；有物可見，有物可執，便為形。日月在天為象，山澤在地為形。日月垂象於天，故《易》卦坎、離，可以見出天的變化來；山澤露形於地，故《易》卦艮、兌，可以見出地的變化來。變化本為天地神妙的事，人所不能見的，今因天地間的形象著明，而變化遂不可隱。未畫的易理，既畫的易書，將天地神妙的變化，尚且能盡情發洩，而人間的事物還有不能窮極形容而會通的麼？

是故剛柔相摩，八卦相盪。

此下言乾，坤生生不已的大道至理，起先不過一剛一柔，交相摩擦，遂生六子而成八卦。再由八卦推推盪起來，以一交七，由一卦而為八卦，便成為六十四卦了。

鼓之以雷霆，潤之以風雨，日月運行，一寒一暑。

此言摩盪的實際。天地生物，先以雷霆鼓動，振作其代，繼

以風雨滋潤，完成其形。經過日月運行，寒暑更易，萬物遂由生而成了。前以乾、坤貴賤、剛柔、吉凶變化言，是陰陽對待，為交易的實體。此以摩蕩鼓潤運行言，是陰陽流行，為變易的作用。下文總以生成的全功，歸到乾坤上。所謂未畫以前，乾坤為天地；既畫以後，天地便為乾坤了。

乾道成男，坤道成女。

萬物生育，得乾道最多的，便成為男；得坤道最多的，便成為女。男女總人物而言，動植物的雌雄、奇偶，也便是男女。

乾知大始，坤作成物。

「知」作主字解。萬物初感受純陽精氣的時候，那便為始。便是《中庸》所說「造端乎夫婦」的那個造端，此造端乾實為主，故云「乾知大始」。坤接受了乾的精氣，便以其生物的技能，相與妙合而凝，潛滋暗長，迨至物形成就，實質表現，生物的工作才算終結而成功，故云「坤作成物」。乾坤生物，同力合作，而其分擔始終的責任如此難，自是故剛柔相摩至此，當為一段。六子生生不已的推蕩，無非是乾坤剛柔相摩，大生廣生的根性。下文專論生物的功用，而推原於易簡，自為一段。

乾以易知，坤以簡能。

乾所知的只是健而動，健而動便能始物而無所難，故曰「乾以易知」。坤所能的只是順而靜，順而靜便是從陽而己無為，故曰「坤以簡能」。易知、簡能，便是《中庸》所說「夫婦之愚可以與知，夫婦不當可以能行」，愚、不當的夫婦所知所能的事，那還不是簡易至極麼？

易則易知，簡則易從；易知則有親，易從則有功；有親則可久，有功則可大；可久則賢人之德，可大則賢人之業。

乾始物既如此其易，是以雖愚夫也可知。坤成物既如此其簡，是以雖愚婦也可從。事既易知，毫無艱阻，自無不願常相親密的，故曰「易知則有親」。事既易從，毫無煩難，自然無有半途而廢的，故曰「易從則有動」。情既親密，有喜悅而無厭惡，故可久。事既有動，時漸滋而力愈顯，故可大。德，是得於己，在內不露的；業，是見於事，在外顯明的。可久，是賢人的德行，與天同其悠久；可大，是賢人的事業，與地同其博大。

易簡而天下之理得矣，天下之理得，而成位乎其中矣。

明乎易簡，斯天下所有的物理，無不盡知而盡得。大凡天下無論何事，若無有私欲紛擾，其理都是易簡的。如賢人所成的德業，便是天有此易，人心也有此易；地有此簡，人身也有此簡。聖賢德業，與天地參，成位其中，便是天、地、人，顯然並列，成為三才了。

第一章可分作三段，「天尊地卑」至「變化現矣」，是言天地對待的大體；「是故剛柔相摩」至「坤作成物」，是言天地流行的作用；「乾以易知」至「成位乎其中矣」，是言天地大化，人與同功。此皆為孔子詳說作《易》的由來，冠於《繫辭傳》的篇首。

第二章

聖人設卦觀象，繫辭焉而明吉凶。

作《易》以先，有象無卦。八卦既設，象便在卦。到了八重而為六十四，聖人又觀是卦有何等的象，便繫以何等的辭。因有象，便有吉凶藏乎其中，如陰陽奇偶，相交錯。順便吉，逆便凶；當便吉，失當便凶。聖人因其順逆、當否，而繫以辭，以明吉凶的大義，而便學《易》的知所趨向。

剛柔相推而生變化。

剛柔推蕩，陰或變而為陽陽，或化而為陰。所有的變化，都是從剛柔推蕩中生出來。

是故吉凶者，失得之象也；悔吝者，憂虞之象也。

「是故」係接上文。吉凶、悔吝，《易》辭。失得、憂虞，人事。得便吉，失便凶。憂虞雖未至凶，然已足致悔吝。吉凶相對，悔吝居乎其間。悔，是知過欲改尚未及改。吝，是有過不覺或不肯改。悔，自凶而趨吉。吝，自吉而向凶。聖人觀爻象所應得，便分別繫以辭。

變化者，進退之象也；剛柔者，晝夜之象也。六爻之動，三極之道也。

變化剛柔，以卦畫言。進退晝夜，以造化言。柔變剛，進象；剛變柔，退象。剛屬陽明，晝象；柔屬陰暗，夜象。進退無常，故變化為進退象。晝夜一定，故剛柔為晝夜象。六爻，初、

二為地，三、四為人，五、上為天。動，就是變化。極，作至解。六爻的變動，為天地人三才的至理，所以六爻一動，天地人的大道，都見於《易》書。

是故君子所居而安者，《易》之序也；所樂而玩者，爻之辭也。

君子居便甚安，是由學《易》而得其次序，如所居矣似乾卦的「初九」，便安於潛而勿用；如所居類似乾卦的「九三」，便安於朝乾夕惕。所樂而玩，惟在於六爻的繫辭。卦與爻，皆有辭，但爻有變化，取象既多；吉凶悔吝，指點極詳。見善效其所為，見惡戒蹈其轍。開卷有益，可以無過，所以樂玩其辭。

是故君子居則觀其象而玩其辭，動則觀其變而玩其占。是以自天佑之，吉無不利。

平居無事，觀《易》象而玩其辭，以考察吉凶悔吝的本源。到了動而臨事的事候，便觀《易》爻的變化而玩其占，以審決吉凶悔吝的結果。如乾「九三」君子乾惕，便是「居則觀其象」。乾「九四」或躍在淵，便是「動則現其變」。又，如「九四」一動，便變為巽（☴），現此變爻的辭義，玩其無咎的占辭，更為「動則觀其變」。君子如此玩《易》，動靜如有神明默默保佑，從心所欲，自不逾矩，當然得吉而無有不利的。

上第二章，此章言聖人作《易》，君子玩《易》的事。

第三章

彖者，言乎象者也；爻者，言乎變者也。

彖，謂卦辭。爻，謂爻辭。彖有實理而無實事，故言象，象指全體言。爻有定理而無定用，故言變，變指一節言。

吉凶者，言乎其失得也；悔吝者，言乎其小疵也。無咎者，善補過者也。

凡人言動間，善為得，不善為失，小不善為疵，無心而偶有不善為過。吉凶，是從卦爻或失或得上說。悔吝，是從卦爻小有疵累上說。無咎，是從卦爻或有過當，一經補救得法，立歸無過上說。

是故列貴賤者存乎位，齊小大者存乎卦，辨吉凶者存乎辭，憂悔吝者存乎介，震無咎者存乎悔。

「列」是分，陽貴陰賤，上貴下賤。「位」，是六爻的位。此又申說爻「言乎變」句。「齊」，是均。陽大陰小，陽卦多險，陽便為主；明卦多陽，明便為主。雖小大不齊而得時為主，均是一祥。此又申說彖「言乎象」句。「辨」，是別一卦一爻的吉凶，全恃卦辭、爻辭，分辨明晰。此又申說吉凶「言乎失得」句。「存」，是在。

「憂悔吝者存乎介」，就是卦辭爻辭，某卦悔吝、某爻悔吝，在纖介幾微，便深加憂慮。此又申說悔吝「言乎小疵」句。「震無咎者存乎悔」，就是卦象爻象各辭，某卦無咎、某爻無咎，震驚愧悔，結果歸於無咎。此又申說無咎「善補過」句。

是故卦有小大，辭有險易。辭也者，各指其所之。

卦有小有大，如睽（☲）、困（☵）、小過（☶）等卦，便為小。復（☷）、泰（☰）、大有（☲）等卦，便為大。小大，是隨其消長而分。辭有險有易，如文王「履虎尾」、「贏其瓶」、「孚號有厲」等卦辭，周公「其人天且劓」、「載鬼一車」、「困石據蒺藜」等爻辭，便為險。文王「丈人吉」、「君子有終」等卦辭，周公「觀國之光」、「出門交有功」等爻辭，便為易。「險易」，是因其安危而別。然無論何辭，都是為人指明路的。凶，便指以可避的趨向。吉，便指以可往的趨向。「之」作向字解。

上第三章。此章係教人觀玩的事，故先釋象與爻，並吉、凶、悔、吝、無咎五項名義，而後教人體此象與爻，及對於五項占辭、用趨避的功夫。

第四章

《易》與天地准，故能彌綸天地之道。

《易》書中具有天地的道理，故《易》書中的道理，便能彌綸天地的道理。「彌」如封彌的彌，糊合使無隙縫。「綸」如絲綸的綸，失緒雖多，而條理秩然。言《易》與天地，外面彌合得毫無隙縫；而內裡也如天地，事事物物，各有條理。彌而非綸，便空疏無物；綸而非彌，便判然不相干。於此二字，可看出聖人下字的周密來。「准」作均平解。

仰以觀於天文，俯以察於地理，是故知幽明之故。原始反終，故知死生之說。精氣為物，遊魂為變，是故知鬼神之情狀。

「《易》與天地準」，不是聖人安排附會，強與為準的。蓋《易》書所道的無非陰陽，陰陽也無非幽明、死生、鬼神那些事。作《易》的聖人，仰觀天上日月星辰、燦爛文章。俯察地下山川原隰、博大強理。陽極陰生，便漸幽而不明；陰極陽生，便漸明而不幽。因此便將幽明的事故，無不周知。又人物的始終，都關係陰陽二氣。當其始，氣聚而為陽，故生。至其終，氣散而為陰，故死。就原理觀人物的所以始，再反而推究人物的所以終。死生的界說，又無不周知。人的陰神，叫作魄，便是耳目聰明的知覺。人的陽神，叫作魂，便是口鼻呼吸的動作。死便謂為魂魄，生便謂為精氣。天地所公共的，謂為鬼神。陰精陽氣，聚而成物，是從無而向於有，即為神而漸伸。魂遊魄降，形散而變，是從有而向於無，即為鬼而全歸。鬼神的情狀，因此也無不周知。大概天道地道，也不過一幽、一明、一死、一鬼、一神罷了，而作《易》的聖人，無不周知。所以為《易》與天地準，此為聖人窮理所應有的事。

與天地相似，故不違；知周乎萬物而道濟天下，故不過。旁行而不流。樂天知命，故不憂。安土敦乎仁，故能愛。

上言「與天地準」，此言「與天地相似」。似，也就是準。既能準、似，自然無有相違的。知似天，仁似地。知足以周遍乎萬物，若過了便為鑿。道足以救濟天下，一過了便為兼愛（兼愛，是不分遠近親疏，一律皆愛，不合聖道），惟易道是不能過的。旁行，是權變行事，如「伊尹放太甲於桐」，一流便要根本上大錯。惟易道是不能流的，明天理，心無不樂；知天命，隨遇

而安。心樂遇安，如顏子簞瓢陋巷，是萬無憂的。此為一身用《易》的工夫。民情最惡征調，我使安土；民情最惡殘忍，我使敦仁。安集敦厚，順民情，厚民生，還有不相愛的麼？此為眾民用《易》的微旨。本節為聖人盡性所應有的事。

範圍天地之化而不過，曲成萬物而不遺，通乎晝夜之道而知。故神無方而《易》無體。

「範」是模範；「圍」是周圍。天地的大化，本無窮盡，而聖人給他定一範圍，不教他過了中道。這便是「後以裁成天地之道」、「治歷明時」、「體國經野」的那些事。「曲成萬物而不遺」，便是扶植萬物，教他各正性命，一物不能遺漏，如教養栽培的那些事。「通乎晝夜之道而知」，是能通明晝夜的道理，並深知其所以然。晝夜，便包括幽明死生鬼神的那些事。神是隨時變動，無有一定的方向，在陰的忽然在陽，在陽的忽然在陰。《易》也是或為陽，或為陰，交錯代換，更無有拘拘一定的形體，故曰「神無方而《易》無體」。此節言易道最大，有《易》能該括天地，天地不能該括《易》書的意思，聖人窮理盡性以至於命，這便是至命所應有的事。

上第四章。此章言「《易》與天地准」，因作《易》的聖人也能與天地准，故立言能似天地，能範圍天地。

第五章

一陰一陽之謂道。

一陰一陽，兼對立與迭運二義。對立，如天地日月是。迭運，如寒暑往來是。一陰一陽，舉凡天地間事事物物，形形色色，無有能離開的，可謂大道。無此道便無有天地了，然重在一對一，若一對二、或三，那便非道了。

繼之者，善也，成之者，性也。

陰陽為道，道大尤見於生物，繼其道所生的人物，純然元氣。元為「善之長」，無一毫不善揉雜於其間，故曰「繼之者善」。此善氣，是由陰陽所發生，直接付與人物，人物接受以生，即所謂性人物的性，便是陰陽道中，純一不雜善氣所成的。故曰「成之者性」。孔子言性與天道，只此數語。孟子道性善，本此。

仁者見之謂之仁，知者見之謂之知，百姓日用而不知。故君子之道鮮矣。

性善，是整個的。仁、知，是性善中的一部分。如人由本性中發見出惻隱的心事來，那便是性善中的仁。發見出是非的分別來，那便是性善中的知。百處初生，雖與君子同一性善，後為私欲所蔽，習染所污，雖每日或有此心發見，而不知操存，所以君子仁知的大道見端，幾乎滅絕。

顯諸仁，藏諸用，鼓萬物而不與聖人同憂，盛德大業至矣哉。

仁本是藏於內的。「顯諸仁」，是自內而外。「藏諸用」，是自外而內，如瓜果仁的作用，秋冬收斂，便藏於內；春夏發生，又顯於外，故曰「顯諸仁」。「藏諸用」，二氣運行於四

時，鼓動萬物，使其生成，都是純任自然，毫無成心。聖人雖與天地並立為參，然有同的，也有不同的。以生物為心是相同的，而聖人對於生物，不能任其自生自長，其既生以後，如或有一物不能得所，便深以為憂：若天地專在鼓動萬物，既生以後，即付其責任於聖人，而不與聖人同其憂。至於德業，天地聖人是一祥的，仁以時顯，生機便充塞兩間。德何其盛，用以時藏，生機便流傳萬古。業何其大，故孔子贊其盛德大業為至極無以復加。

富有之謂之大業，日新之謂盛德。

「富有」，是凡物皆有，而無一物的缺欠。「大業」，是隨時皆然，而無一時的間斷，藏而愈有，便能顯而愈新。

生生之謂易。

陰生陽，陽生陰，變易無窮。生生不已，聖人取其變易以著書，故名為《易》。

成象之謂乾，效法之謂坤。

聖人畫卦，以純陽主氣而在上，昭然成象，故謂為乾。以純陰主形而在下，易於效法，故謂為坤。

極數知來之謂占，通變之謂事。

有理便有數。「極數」，是究極七、八、九、六的數，預先測知未來。以此占度，便能趨避，有常必有變。「通變」，是通曉陰、陽、老、少等變化，能夠因應適當，以此作事自無不宜。

陰陽不測之謂神。

神，是神妙，不是鬼神的神。陰陽變化，周流六虛，無有形質，難以揣測，這便為神。上言「神無方」，此言陰陽不測謂神，惟其無方，所以不測。

上第五章。此章「一陰一陽之謂道」一句，直貫到底。仁、知、德、業、象法、占、事，無非陰陽，故以「不測謂神」一句作結。

第六章

夫《易》廣矣大矣，以言乎遠則不禦，以言乎邇則靜而正，以言乎天地之間則備矣。

「不禦」是無有阻擋。「邇」是近。「靜而正」是無有煩亂邪僻的情事。「備」是毫不缺欠。廣大，是總說。遠邇，是橫說。天地之間，是豎說。此言易道的變化，就是程子所說「放之則彌六合，卷之則退藏於密」那兩句話的意思。

夫乾，其靜也專，其動也直，是以大生焉。夫坤，其靜也翕，其動也辟，是以廣生焉。

此推言《易》書的廣大。乾坤為萬物的父母，然各有其性。乾性若靜而不動，就專一而無他。一經發動，就質直而無所屈撓。所有四方八表，其氣均能圓滿貫徹，故曰「大生」。坤性若靜而不動，就翕合而不泄，一經發動，就辟張而無所掩拒，所以陽氣所施，坤皆承受，其性能以普遍照顧，故曰「廣生」。

廣大配天地，變通配四時，陰陽之義配日月，易簡之善配至德。

易道的廣大，直與天地相配合：而《易》書所重的變通，就與天地間的四時相配合；《易》書所論的陰陽，就與日月相配合。凡此變通陰陽這些事，都易而簡；而天地的至德，也毫不奇僻複雜，確具易簡的妙處。是《易》所言乾坤易簡的善道，也就可與天地的至德相配合。總而言之，《易》確能與天地相准相似，並範圍天地之化而不過。

第七章

子曰：「《易》其至矣乎！夫《易》，聖人所以崇德而廣業也。知崇禮卑，崇效天，卑法地。

此章是言聖人體《易》以作事，易道是至極無一復加的。聖人崇其德，廣其業，無一不至其極，尤一不是易道。其知識的崇高，禮節的卑順，在在便是效法天地的所為，而與易道相合。如《中庸》所說：「洋洋乎發育萬物，峻極於無天。」聖人的知識崇高，便是效天，所說：「優優大哉，禮儀三百，威儀三千。」聖人禮節卑順，便是法地。

天地設位，而《易》行乎其中矣。成性存存，道義之門。」

天清地濁，知陽禮陰。天地位定，知禮便行乎其中。此易字，便作知禮二字看。知禮在人為性，渾然無有造作，知存於性中一部，禮存於性中一部，知禮兩性，才能成性。道義全從此出，故曰「成性存存，道義之門」。

第八章

聖人有以見天下之賾，而擬諸其形容，象其物宜，是故謂之象。

聖人設卦應象，是何意呢？是因聖人見天下事物極其複雜，欲把無形的真理，全形容出來。如擬龍似象乾，似牝馬以象坤。擬彼形容，象此物宜。由象以識真理，故立象在所必要。「物宜」，是當然的物理。此節與下節對應，下謂爻，此應謂彖。然在未繫彖辭以先，卦只有象，是彖在象後，言象彖自在其中。「賾」作複雜解。

聖人有以見天下之動，而觀其會通，以行其典禮，繫辭焉以斷其吉凶，是故謂之爻。

聖人見天地間人物參差不一的動作，而欲有以參考其得失，以預斷其吉凶，是必先得一卦會通的至要，行典法禮制的當然。得，便繫以吉辭。失，便繫以凶辭。蓋典禮的得失，便是事變的吉凶，如影隨形一般。如乾卦陽剛居在極上，便為亢龍而不可久。如坤卦一陰在下初生，便恐至堅冰而生大故。爻辭所以為爻辭，為其能效天下的動作，故謂為爻。

言天下之至賾，而不可惡也；言天下之至動，而不可亂也。

如此研究易道，其所言天下事物，雖至繁歧；動作，雖至紛紜而都有確當的至理，固定的秩序，存乎其間。若因其繁賾而邊生厭惡，因其紛紜而視為變亂，遂不耐煩悉心研究，易道雖易知易從，那種無從得其要領。

擬之而後動，議之而後動，擬議以成其變化。

擬議，是裁度計劃的意思。此言按照卦象卦爻，把自己的身分地位擬議確當，然後再言再動，遇有變化，才能應付。若言動非經過幾番擬議，倘或猝然變化，便要無所措手，而一事也不能成了。如孔子仕、止、久、速，稱為時聖，全是由擬議而成其變化。此下所舉中孚「九二」等七爻，皆是擬議而後言動的榜樣。

「鳴鶴在陰，其子和之。我有好爵，吾與爾靡之。」子曰：「君子居其室，出其言善，則千里之外應之，況其邇者乎？居其室，出其言不善，則千里之外違之，況其邇者乎？言出乎身加乎民；行發乎邇，見乎遠。言行，君子之樞機。樞機之發，榮辱之主也。言行，君子之樞機。樞機之發，榮褥之主也。言行，君子之所以動天地也，可不慎乎？

此中孚（☲）「九二」爻辭。「鳴鶴在陰」，氣同便和。「出言」，是釋鶴鳴；「千里之外應之」，是釋子和。言為心聲，出乎身可加乎民；行為心跡，發乎還可現乎遠。此四句釋「好爵、爾靡」。戶以樞為主，樞動而戶有開、有闔；弩以機為主，機動而弩有中、有不中。君子的言行，便是君子一身的樞機，樞機發動，善便主榮，不善主辱。且善便可感召天地間的和氣，不善便可感召天地戾氣。言行動關天地，所以必須要格外慎重，事先擬議完善，才可以發動而無害。

「同人，先號咷而後笑。」子曰：「君子之道，或出或處，或默或語。二人同心，其利斷金。同心之言，其臭如蘭。」

此釋同人（☰）「九五」爻辭。孔子以君子之道，在乎心不在乎跡，故同人的先悲後喜，與君子此出彼處，此語彼默，皆所

不計。只要同道，禹（大禹）憂、顏（顏淵）樂同一情，微（微子）去比（比干）死同一意。金質雖堅，然其堅不及人心，故二人一心，堅金可裂。薰獲同器，童子也能知其臭味不同，若同是一蘭，同在一器，無有混餘；無論此蘭是南山的，彼蘭是北山的，其代相同，十聰明人也不能分辨何蘭產於南山，何蘭產於北山。同心的言論，其臭味相同也是如此。

「初六。藉用白茅，無咎。」子曰：「苟錯諸地而可矣，藉之用茅，何咎之有？慎之至也。夫茅之為物薄，而用可重也。慎斯術也以往，其所失矣。」

「藉」作趁墊解。「錯」作安置解。「苟」是苟且。不憤為苟，不苟為慎。若是苟且人，把一件東西安置地上，便以為妥當了。然如身坐於地，無席必傷；足履於地，無屨便害。可見置物於地，雖似妥當，而下邊無物趁墊，終嫌草率。今安置一物，而「藉用白茅」，如此謹慎，斷無過咎了。因茅物雖薄而性潔，能隔潮溼，用途關係很重。如此慎重將事，無論辦理何事，若均用此法辦去，那是無半點差失的。此聖人處在大過（䷛）「初六」的地位上，應有的擬議。

「勞謙君子，有終，吉。」子曰：「勞而不伐，有功而不德，厚之至也，語以其動下人者也。德言盛，禮言恭，謙也者，致恭以存其位者也。」

此謙卦（䷎）「九三」爻辭。將相建有極大功勞，不免下忌上疑，地位是很難保的。謙「九三」功勞雖大，而有妥善的擬議。「伐」，是自誇。「有功而不德」的「德」字，是自矜（自我感覺良好）。有勞最怕自誇，有功最怕自矜。有功勞而不自誇

自矜，其氣度識量，厚重極了。就有人談到他應功的事實上，也是謙恭下人。不肯稍自高傲，德愈可以稱盛；而對人禮貌，愈令人稱恭。如此致恭，下不忌，上不疑，他的地位，自然可以永久保持得住。

「亢龍有悔。」子曰：「貴而無位，高而無民，賢人在下位而無輔，是以動而有悔也。」

聖人既深讚謙卦「九三」，自當探戒乾卦「上九」。其義蓋正相反，本義謂當屬《文言》，此重出。

「不出戶庭，無咎。」子曰：「亂之所生也，則言語以為階。君不密則失臣，臣不密則失身，幾事不密則害成。是以君子慎密而不出也。」

此節卦（䷻）「初九」爻辭。人的言語，關係身家性命，聖人是更要擬議的。大凡亂事發生，全是因言語而起。臣為君盡忠言，君若不守秘密，如唐高宗告武后，謂上官儀教我廢汝，武后應即設法把上官儀害了。這便是「君不密則失臣」。臣不密，如陳蕃、竇武議誅宦官，先行宣佈，遂致殺身。這便是「臣不密則失身」。不但君臣為然，天下無論何事，凡是幾密的舉動，事先都不能隨便洩露，如韓琦欲逐任守忠，以空白公文，請同列署押，趙概不署。陽修曰：「韓公定有深意，無妨從權。」遂同署訖，一經填寫，立即將任逐去。是恐幾事不密，不但不能逐去，轉將深受其害，反至害成，後悔也就晚了。節卦「初九」「不出戶庭」，便是不輕言語的意思。大概人所宜節的，言行最關重要，而能節於言，便能節於行。言本是在行以前的，故此但就言語上擬議。

子曰：「作《易》者，其知盜乎」？《易》曰：『負且乘，致寇至』。負也者，小人之事也。乘也者，君子之器也。小人而乘君子之器，盜思奪之矣。上慢下暴，盜思伐之矣。慢藏誨盜，冶容誨淫。《易》曰：『負且乘，致寇至。』盜之招也。」

此解卦（䷧）「六三」爻辭。「作《易》者，其知盜乎」，就是作《易》的聖人，知道盜情罷，如《易》書所說的「負且乘，致寇至」。負是小人的鄙事，乘是君子的安車。小人負擔著若干東西，坐在君子的安車上。盜也有道，一看便知此人此物來路不正，所以就不免要打主意，搶奪他的。作官的要是德不稱位，也是如此。小人若居高位，有心人一看，便知在上的褻慢名器，如暴秦所用的將相，都是狐假虎威的小人。所以張耳、陳餘的那些一草澤英雄，都要聲言伐罪了。大凡人有應該蓋藏的東西，本應嚴密，若漫不經心，似深藏而又淺露，那便等於誨盜。「誨盜」，便是教人來盜。又如婦女，一面藏藏躲躲，一而又豔妝妖冶，賣弄風流，那便等於誨淫。「誨淫」，便是教人行淫。《易》解卦「六三」，簡直是招盜，聖人擬議小人竊據高位的結果如此。

上第八章。此章係以擬議用《易》大旨，不外乎慎其言動罷了，引此七爻，其餘三百七十七爻，都可類推。

第九章

天一，地二，天三，地四，天五，地六，天七，地八，天九，地十。

人但知有一至十的數，不知者就是天地的數。天地便是陰陽，陽輕清而位乎上，陰重濁而位乎下。陽數奇，故一、三、五、七、九皆屬天。陰數偶，故二、四、六、八、十皆屬地。

天數五，地數五。五位相得而各有合，天數二十有五，地數三十，凡天地之數五十有五，此所以成變化而行鬼神也。

天地既各有五數，如一對六、二對七、三對八、四對九、五對十，陽奇陰偶，配合停勻。是天地平均各得五位，而各有合。天數的二十五，是一、三、五、七、九所積而成；地數的三十，是二、四、六、八、十所積而成。凡天地的數，共為五十有五。所有二氣迭運，四時流行，千變萬化，皆由此數內所演出。而動靜互根，陰陽互藏，盈虛消息，吉凶，亦可由此而推，如有鬼神行於其間，《易》數的大本盡在於此。

大衍之數五十，其用四十有九。分而為二以象兩，掛一以象三，揲之以四以象四時，歸奇於扐以象閏；五歲再閏，故再扐而後掛。

上講天地各數，是從數學的本原上說起。此節便說到數學的作用上。「衍」作推衍解。「揲」作執物過數解。「奇」音基，作零數解。生數至五而備，參天兩地為五。十，是兩其五。五十，是十其五。小衍為十，大衍為五十。此數是從河圖、洛書兩個天地數上定出來的。河圖天奇數二十五，洛書大奇數二十五共五十。河圖地偶數三十，洛書地偶數二十，也共五十。故大衍數定為五十，而當占筮時捨一策不用，以象太極，實用四十九策。把這四十九策，信手分為二組，以象兩儀；隨把右手所持的蓍策取其一，掛於左手小指及第四指的中間，成為三組，以象三才；

更以四策，四策的數左手所持的蓍策，以象四時。數到末後，不夠四策，或剩了四策，便為餘數，就把者餘數夾於第四第三兩指的中間，以象潤；「扐」是將蓍草夾在兩指中間，再揲右手所持的蓍策，把餘數夾子第三第二兩指中間，以象再閏。按五歲再閏，是（一）為掛，（二）為揲左，（三）為扐左餘數，（四）為揲右，（五）為扐右餘數，是為一變。過此一掛，再扐，而後再掛；隨即再揲，再扐，至三變，便成一爻。至十八變便成一卦。

乾之策，二百一十有六，坤之策，百四十有四，凡三百六十，當期之日。

《易》爻用九六不用七八，乾九坤六，揲以四數，是乾過揲的策數。每爻四九三十六，六爻，共得數為二百十六。坤過揲的策數，每爻四六二十四。六爻，共得數為一百四十四。兩共三百六十，適當一周年的日數。「期」讀音基。

二篇之策，萬有一千五百二十，當萬物之數也。

「二篇」謂上下經。凡陽爻百九十二，每一爻三十六，得六千九百一十二策。陰爻百九十二，每一爻二十四，得四千六百八策。合得萬有一千五百二十數。如此其繁，故可以當萬物之數，而萬物的繁賾，也無不包括於其中。

是故四營而成易，十有八變而成卦。

「營」作營求解。「四營」謂以四營求，如老陽數九，以四求得其策為三十六；老陰數六，以四求得其策為二十四；少陽數七，以四求得其策為二十八；少陰數八，以四求得其策為三十

二。陰陽老少，為六爻的根本，故曰「四營而成易」。易是變易，就是由一變至三變而成一爻，由三變至十八變而成六爻，便為一卦。

八卦而小成。

九變而成八純卦，象天、地、雷、風、日、月、山、澤，於陰陽卦象略盡，故曰「小成」。

引而伸之，觸類而長之，天下之能事畢矣。

八卦小成，不足畢天下的能事。惟將此八卦引其端而伸張出去，既成方六十四卦，更觸其類而增長。如既成乾為天，便可說到為圜、為君、為父、為玉等類說；既成坤為地，便可推到為母、為布、為釜等類說。其引伸無窮，其類說也無窮，故可以畢天下的能事。

顯道神德行，是故可與酬酢，可與佑神矣。

天道雖隱，借著可以示人吉凶；人事雖顯，借著可以推求神德。明可以酬酢事物而得其宜，幽可以輔助神化而成其動。

子曰：「知變化之道者，其知神之所為乎。」

變化不易推測，惟鬼神能預測其機，而周知其故。從此即鬼神的行徑，一也可以推知而不能隱。可見《易》數的變化，便是鬼神，也逃不出他那盈虛消長的範圍去。

上第九章。此章以數學的大原出於天地，即由大原上說到以著求卦，將其原理及結果均著明於此。

《易》有聖人之道四焉：以言者尚其辭，以動者尚其變，以製器者尚其象，以卜筮者尚其占。

《易》書有聖道四種，此聖人之道作哲學哲理看。以，是用。尚，有尊重的意思。此言用意在言論的，便尊重其修辭的方法。用意在動作的，便尊重其變化的作用。用意在製作器具的，便尊重其象，如作網罟的取離象，舟楫的取渙象。用意在卜筮吉凶的，便尊重其占，如筮得乾「初九」「潛龍」，就取法「勿用」；如筮得坤「初六」「履霜」，便慮及「堅冰」。可見《易》書廣備，任憑人有何用途，無有不可於此取法的。

是以君子將有為也，將有行也，問焉而以言，其受命也如響。無有遠近幽深，遂知來物。非天下之至精，其孰能與於此？

此尚辭術占的事，君子將有力有行的時候。宜如何為，如何行，向易致辭詢問，立時便得明白指示，如與師精聖人所創尊對立相向受命一般。凡未來的吉凶事物，不論遠處、近處及幽暗深微的情事，無有不一同便知的。非天下研理極作的《易》書，哪能談到此種地步呢？

參伍以變，錯綜其數。通其變，遂成天下之文；極其數，遂定天下之象。非天下之至變，其孰能與於此？

此尚變尚象的事，一陰一陽相對為兩，如損卦（䷨）「六三」「三人行損一人，一人行得其友」，那便是一陰一陽相對生物固定的數。若一對一以外，加一為參；兩對兩以外，加一為伍，此為變化錯綜的數。無固定的數，不能致一而生物；無變化

錯綜的數，不能窮萬物而理繁賾。能通明此等變相，如日星的隱見，山川的動靜，天地自然的文章，人世沿革的文化，莫不由此變化而成就。又如製一器，也必究極《易》數，不究極《易》數，器象也無由定。觀其數或錯或綜，如乾策二百一十有六，坤策百四十有四。推極陰陽各數，以制鼎，必取離巽，便定鼎象；以製舟楫，必取巽坎，便定舟楫象。天下事物，萬象雜陳，非研究《易》書至極變化，哪能作到此等事業呢？

　　《易》無思也，無為也，寂然不動，感而遂通天下之故。非天下之至神，其孰能與於此？

　　《易》書平時看來，好像無有特別思慮，無有特別作為，與普通書類一般。然一有感動，無有遠近幽深，凡天下的事故，便無有不通的。如《禮記》云「善待問者如撞鐘」那一句似的。待問，如鐘懸而待撞，不撞便寂然不動，小撞便小鳴，大撞便大鳴。小鳴大鳴，便是「感而遂通天下之故」。《易》書的善答問如此，非神妙至極，哪能當此數語呢？

　　夫《易》，聖人之所以極深而研幾也。

　　「極深」是究極其幽深，知幽明死生鬼神的情狀便是。「研幾」是審研其幾微，如亢龍知有悔，履霜知堅冰至，便是。

　　唯深也，故能通天下之志；唯幾也，故能成天下之務；唯神也，故不疾而速，不行而至。

　　唯其深，故以吾先知，開彼後知；以吾先覺，啟彼後覺。自一心而能通徹天下人的情志。唯其幾，故未亂知亂，易亂為治；未亡知亡，轉亡為存。自一心而能成全天下一切的要務，既能究

深審幾，便由聖到了神妙不測的地步。唯能如此，所以看來好像寂然不動，而有感斯通。如銅山崩，洛鐘應，東西雖隔，而物理相通。故不期其疾而自然能速，又如母嚙指而子心動，身未往而氣息相通，故不必行而自然能至。非唯深也，故能通天下之志；唯幾也，故能成天下之務；唯神也，故不疾而速，不行而至。非《易》書哪有此大用呢？

子曰「《易》有聖人之道四焉」者，此之謂也。

《易》聖的聖道四種，其神妙具如以上所云。

　　上第十章。此章具言《易》書教人立身作事，無法不備，有同必答。即卜筮尚卜，也是極深研幾有感斯通，與拜神同卜那些迷信事，斷然不同。

第十一章

子曰：「夫《易》何為者也？夫《易》開物成務，冒天下之道如斯而已者也。」是故聖人以通天下之志，以定天下之業，以斷天下之疑。

　　古時人民樸厚，風氣未開，於天下事無所知識，故聖人立《易》成書，以開導當時人物的靈思，而使其成就人事的要務。舉凡天下所有的道理，無一不為《易》書所籠冒（就是天下之道，都不能出《易》書的範圍）。《易》書的大旨如此。《易》成務，故物理未明，用《易》便可以使其明，故曰「通天下之志」。《易》成務，故職未定，用《易》便可以使其定，故曰

「定天下之業」。《易》籠冒天下一切的道理，故志一通，而天下人心便斷乎不疑了；業一定，而天下人事便斷乎不疑了，故曰「斷大下之疑」。

是故蓍之德圓而神，卦之德方以知，六爻之義易以貢。聖人以此洗心，退藏於密，吉凶與民同患。神以知來，知以藏往，其孰能與於此哉？古之聰明睿知，神武而不殺者夫！

蓍數七七四十九，象陽、圓，其為用變通不定，可以預知未來的事物，故謂其德為「圓而神」。卦數八八六十四，象陰、方，其為體靜妙虛涵，可以包藏已往的事物，故謂其德為「方以知」。六爻數為九、六，變易無窮，吉凶存亡，辭無不備，貢獻於人，使知趨避，故謂其義為「易以貢」。聖人體以上蓍、卦、爻三項的意旨，洗心滌慮，雖退而潛藏於靜密幽獨，而其心實在於天下人民。凡天下人民的吉凶，聖人皆認為與自己的吉凶相同。樂以天下，憂以天下，運用神知，能知來以藏往。其他書類，斷然無此作用，無有能與《易》書相比的。若與《易》書相比，或者古時聰明睿知的聖人，但憑神武而不恃殺伐，便可以威天下的那種能為，還可以與《易》書相抗衡。

是以明於天之道，而察於民之故，是興神物以前民用。聖人以此齊戒，以神明其德夫！

聖人聰明睿知，是以能洞明天道，而更能審察人民事故。天道，是陰陽剛柔，盈虛消長。民故，是愛惡情偽，相攻相感，其中含有吉凶悔吝。聖人恐人不知趨避，於是乎興起蓍龜的神物，把人民應該趨避的事機，都指點於事前，教人民日用起居，常趨便趨，當避便避。因《易》書有此絕大預示的作用，故聖人於蓍

書時齋戒沐浴，鄭重其事，清明在躬，氣志如神。俾其德空靈無些微障礙，才能作成此書，使人民觀象玩辭，便能於事前知吉凶悔吝，而立身作事，可以無過。「齊」讀作齋。

是故，闔戶謂之坤，辟戶謂之乾。一闔一辟謂之變，往來不窮謂之通。見乃謂之象，形乃謂之器。製而用之謂之法，利用出入，民咸用之謂之神。

聖人著《易》，既如上節所云，極端鄭重；又恐人以為《易》書深遠而難知，故以一戶為譬：此段只說得一戶，易道靜屬陰，陰主闔，動屬陽，陽主辟。戶的辟闔，便是《易》的乾坤。戶的一半辟一半闔，在《易》便謂為變，辟闔相續，往來無窮，在《易》便謂為通。得見此戶的模型，在《易》便謂為象。此戶既已成形，可以執持，可以使用，在《易》便謂為器。既可執持使用，其製作必有一定的規矩方圓，在《易》便謂為法。即此一戶，有乾坤，有變通，有形象，有器，有法，有此許多利用，出入無人不由。後世雖視為平常，而當初非聖人遠用神思，不能創此萬世利用的製造。所以在《易》便謂為神，然雖有如此許多運用名稱，其實不過一戶，可見易理是並不難知的。

是故《易》有大極，是生兩儀。兩儀生四象。四象生八卦。

元氣渾沌，陰陽未分，是謂大極。「大」讀作泰，太極，就是整個的一點元氣。有太極以為主宰，《易》書才一步一步的生出來。生，是加一倍的法子。元氣既分，一陰一陽於是乎生，便為兩儀。「儀」，作儀式解。在兩儀的一陰上加一陰，便為太陰；一陰上加一陽，便為少陽，是為陰的二象。在兩儀的一陽上加一陽，便為太陽。一陽上加一陰，便為少陰，是為陽的二象，

合起來便為兩儀生四象。再於每一象上各加一陰一陽，如四象的二陽，加上兩儀的一陽，乾卦以生（☰）。四象的二陰，加上兩儀的一陰，坤卦以生（☷）動。兩儀的一陽，加在四象的二陰以下，震卦以生（☳）。兩儀的一陰，加在四象的二陽以下，巽卦以生（☴）。兩儀的一陽，在四象的二陰中間，坎卦以生（☵）。兩儀的一陰，加上象的二陽中間，離卦以生（☲）。兩儀的一陽，加於四象的二陰以上，艮卦以生（☶）。兩儀的一陰，加於四象的二陽以上，兌卦以生（☱）。以上便是「四象生八卦」。「兩儀」，是二氣表見而為儀。「四象」，是倍兩儀著而為象。一氣為二氣的祖，二氣為五行的母。二氣分而純的為乾、為坤。二氣散而雜的為震、巽、坎、離、艮、兌。乾天坤地，至尊在於上下。震木、巽木、坎水、離火、艮土、兌金，六子在於四方。故周子曰「五行一陰陽，陰陽一太極，太極本無極。」無極，是無聲無臭至於極處，此解務要認明。

八卦定吉凶，吉凶生大業。

八卦既立，爻象變化，剛柔迭用，九六相推，時有消息，位有當否，故吉凶相隨而定：此即所謂斷天下之疑，吉凶既定，趨避適當，變通盡利，鼓舞盡神。故大業由此而生，此即所謂成天下之務。

是故，法象莫大乎天地，變通莫大乎四時，縣象著明莫大乎日月：崇高莫大乎富貴。備物致用，立成器以為天下利，莫大乎聖人。探賾索隱，鉤深致遠，以定天下之吉凶，成天下之亹亹者，莫大乎蓍龜。

前文言「戶」，以易理比小物。此言天地間至大的功用，亦

莫不相同。天成象，地法天，故曰「法象」。萬物滋生，有顯有微，皆是法象，而莫有大過天地的。萬物代謝，終還有始，皆是變通，而莫有大過四時的。天文輝煌，皆懸象著明，而莫有大過日月的。「崇高」，以位言，富有四海，貴為天子，才能作大業，故崇高莫有大過富貴的。萬物天地所生，器用人下所成，備物致用，如服牛乘馬、舟楫網罟等事。天下器物，有智的創造，有能的仿造。「作者謂聖。」故備物致誅用，莫有大過聖人的。事物繁多為賾，事理幽僻為隱，幾微唯以測度曰深，理想難以驟至曰遠。「探」是探討。「索」是尋索。「鉤」是曲意以取。「致」是推求至極。此言對於賾隱探遠，而竭其力以探索鉤致。雖功用不同，而預定吉凶，示人以明力。人既知所趨避，自能勉勉進行不倦，才成大業，其有益於世人，斷然莫有大過著電的。「縣」讀作懸。「亹亹」作強勉不倦解。

是故，天生神物，聖人則之。天地變化，聖人效之。天垂象，見吉凶，聖人象之。河出圖，洛出書，聖人則之。

「神物」指蓍龜。蓍龜備具數理，確是天生的神物，故聖人便取以為則。天地的變化，聖人便效其法，為《易》中的變化。《易》中的吉凶從何而見，是天垂象以見的，聖人遂隨其象以為趨避。《易》中的圖書從何而出，是天使其於河水、洛水中出見的，聖人遂取此神物以為則。以上皆是聖人仰觀俯察，見機生情，觸動靈思，取為作《易》的資料，而《易》書由此以成。

《易》有四象，所以示也。繫辭焉，所以告也。定之以吉凶，所以斷也。

此四象，係指老陰、老陽、少陰、少陽四者而言，並非兩儀

所生的那四象。圖書中最適用於卜筮的，為「七、八、九、六」
四個數，故接上文而言此四象。有此陰陽老少的四象，為作
《易》的根據，以立卦而為卜筮以示天下，關係以辭於卦爻，舉
其義以告天下，更如何為吉，如何為凶。聖人皆因陰陽順逆，明
白規定，以為趨避決斷的根據。《易》書既成，誰求誰得，學
《易》的果於靜時觀象玩辭，動時觀變玩占，將見一切道理，不
在《易》，而全在學者身上了。

　　《易》曰：「自天佑之，吉無不利。」子曰：「佑者，助
也。天之所助者，順也；人之所助者，信也：履信思乎順，又以
尚賢也：是以自天佑之，吉無不利也。」
　　此引大有「上九」的爻辭以為證。大有「上九」雖言天，而
人同一理。天所助的是順，順便不悖理，是以天佑。人所助的是
信，信便不欺人，是以人助。其所以能順與信，皆是深明《易》
道。《易》四象的所以示，繫辭的所以告，是天與人早授以佑助
的根據，而居常觀象以玩其辭，動常觀變以玩其占。在大有「六
五」履信而思乎順，又自處卑下而崇尚大賢，如此探明於「天之
道」，而詳察於「民之故」，天人都合，哪能有不吉有不利呢？
《本義》謂「此節在此無所屬，恐是錯簡，宜在第八章之末」，
來子考定：「此節在八章勞謙君子下。」何氏楷：「取大有上九
爻辭，以結上文，居則觀象而玩辭，動則觀變而玩占，則孜孜尚
賢之意，是以自天佑之吉無不利也，與第二章自天佑之語遙應，
非錯簡。」折中案：「何氏說是，即是申釋第二章結語之意，非
謠應也。」故照舊將此節列於此。

　　上第十一章。此章正式說到聖人作《易》畫卦，及河圖洛書

等故事上。茲各具簡明圖說於下，俾讀者便於展覽。

《易》有太極

太極本是叵叵圇圇的一點無氣，無有形象。邵子所謂，畫前有易，便是太極。老子云「道生一」，「一」便是太極。此圖也是假定的。

是生兩儀

陽儀 ▬

陰儀 ▬▬

太極分判為一奇（單數）一偶（雙數），奇陽數，偶陰數。周子所謂，太極動而生陽，動極而靜，靜而生陰，分陰分陽，兩儀斯立。邵子所謂「一分為二」，正是謂此。

兩儀生四象

一含九　太陽一 ⚌

二含八　少陰二 ⚍

三含七　少陽三 ⚎

四含六　太陰四 ⚏

兩儀以上，各生一奇一偶，為四個兩畫，是為四象。其位為太陽一、少陰二、少陽三、太陰四，其數為太陽九、少陰八、少

陽七、太陰六。又，《易》七八九六的四個數，因四象的一二三四，便見六七八九。這陽位一便含九，少陰位二便含八，少陽洞位三便含七，老陰位四便含六，數不過十。即此也可明七八九六，《易》中四個要數的來歷。又，兩儀分，斯有天地。有天地、水、火、木、金，便相隨而有。土分旺於四季，土又就是地，所以但說四象。故周子謂「水火木金」，邵子謂「二分為四」。

四象生八卦

乾一 ☰

兌二 ☱

離三 ☲

震四 ☳

巽五 ☴

坎六 ☵

艮七 ☶

坤八 ☷

四象以上，各生一奇一偶，而為八個三畫，於是二才具。八卦成了，《繫辭傳》所謂八卦成列，邵子所謂「四分為八」，都是指此。

伏羲八卦平圖

八	七	六	五	四	三	二	一	八卦
坤	艮	坎	巽	震	離	兌	乾	八卦
太陰		少陽		少陰		太陽		四象
陰				陽				兩儀
太極								太極

天一地八，為天地自然之數。乾始於一，坤終於八。試看兌
二艮七，離三坎六，震四巽五，皆是一八。八卦皆本於乾坤，於
此可見。故曰「乾坤，其《易》之門」，又曰「乾坤毀無以見
《易》」。一部《易經》，乾坤概括盡了。《繫辭傳》所說「易
有太極，是生兩儀，兩儀生四象，四象生八卦」，此即其總圖。

伏羲八卦圓圖

伏羲八卦，概係對待。乾南、坤北，老父老母對待。坎西、

離東，中男中女對待。震東北、巽西南，長男長女對待。艮西北、兌東南，少男少女對待。因其對待，故皆相錯。《說卦傳》山澤通氣，雷風相薄，水火不相射，八卦相錯。」此即上列圓圖。

新補伏羲初畫的先天小圓圖

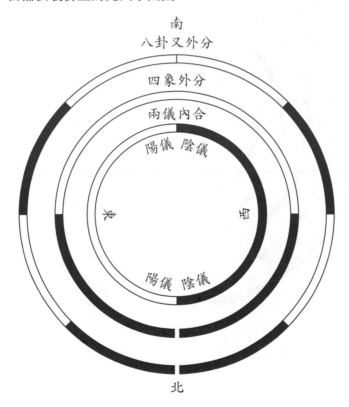

以伏羲初畫的本圖，以黑白二色分別陰陽，其面十四，久已失傳，今新補畫。

新補伏羲初畫的先天大圓圖

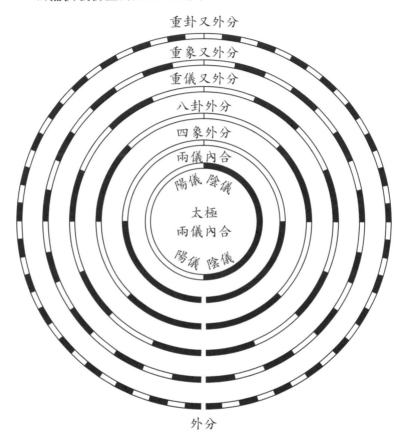

重卦又外分

重象又外分

重儀又外分

八卦外分

四象外分

兩儀內合

陽儀　陰儀

太極
兩儀內合

陽儀　陰儀

外分

　　此伏羲初畫兩圖，以黑白為文，其畫一百二十六，然久已失傳，今新補畫。

先天八卦次圖

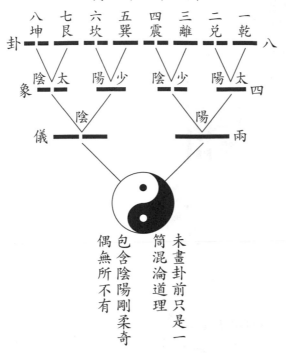

伏羲八卦次序之圖

上圖，由太極生生以至八卦，一線穿成，以便讀者。

文王八卦圓圖（一名文王八卦方位）

文王後天八卦

離火南

巽東南
風木

坤西南
地土

震木東

兌金西

艮東北

乾西北

坎水北

文王八卦次序圖

乾父				坤母			
艮少男	坎中男	震長男		兌少女	離中女	巽長女	
得乾上爻	得乾中爻	得乾初爻		得坤上爻	得坤中爻	得坤初爻	

後天八卦，播五行於四時，震巽皆屬木，故震居正東、主

春。巽次居東南，木生火，故離繼居正南，主夏。火生土，故坤繼居西南，土生金，故兌繼居正西，主秋。乾次居西北，金生水，故坎繼居正北，主冬。然水非土不能生木，故艮繼居東北，水與土合併生木，而震又出見了，五行又復遞生。八卦循環為用，流行造化，秩序井然。《說卦傳》謂：「帝出乎震，齊乎巽，相見乎離，致役乎乾，說言乎兌，戰乎乾，勞乎坎，成言乎艮。」觀此即可明文王八卦的佈置。邵子曰：「乾統三男於東北，坤統三女於西南。」

河圖

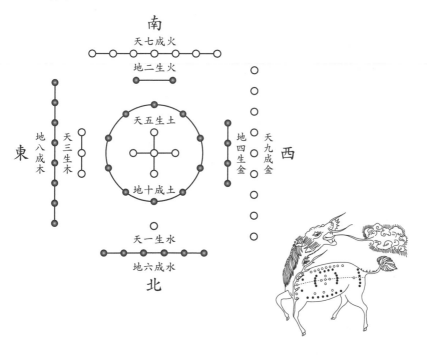

河圖，是伏羲王天下的時候，有一馬自河中出，其形如龍，其周身旋毛，有黑有白。白的通是單數，黑的通是雙數。點點斑

斑，支配得儼如圖畫，故曰河圖。

　　《繫辭傳》曰：「河出圖，聖人則之。」又，所謂天一、地二、天三、地四、天五、地六、天七、地八、天九、地十，天數五、地數五，五位相得而各有合。天數二十有五，地數三十，凡天地之數五十有五。此皆為河圖之數，其斑點的次序，一六在下，二七在上，三八在左，四九在右，五十居中。單數陽，故一三五七九皆屬乎天，所謂天數五。雙數陰，故二四六八十皆屬乎地，所謂地數五。然一二三四五為五個生數，若陽無匹，陰無偶，但能生是不能成的。所以天一生水，必須地六與之配合，才能成（一陽生於冬，冬水位，故一生水）。地二生火，必須天七與之配合。才能成（二陰生於夏，夏火位，故二生火）。天三生木，必須地八與之配合，才能成（三陽生於春，春木位，故三生木）。地四生金，必須天九與之配合，才能成（四陰生於秋，秋金位，故四生金）。五居中，而十緊相包圍，五行惟土寄旺於四時，位也居五行之中，是土以天五生，而以地十配合，總其大成。此即所謂五位相得而各有合，河圖的概略如此。

洛書

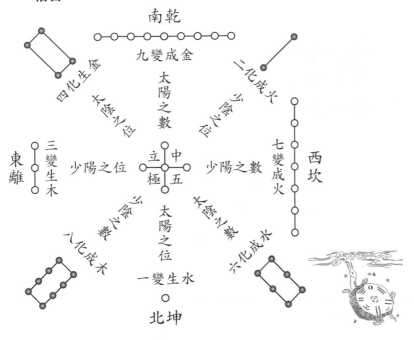

洛書，是大禹治水時，有大龜負文於背，從洛水中出。其數
為戴九履一、左三右七、二四為肩、六八為足、五居其中。聖人
嘗言：「以卜筮者尚其占。」又言：「河出圖，洛出書。」是言
筮每及於卜，言河圖每及於洛書。蓋以河圖一六為水，二七為
火，三八為木，四九為金，五十為土，與《周書・洪範篇》所言
五行正相符合。是洛書河圖，雖發見時有先後，數有多寡，而其
理確乎能一致而相通。又如虛其中，不連中五而言，縱橫相對，
均是十數。便是一含九，二含八，三含七，四含六，更與四象相
同。所以聖人對於圖書卜筮，每相提而並論。

子曰：「書不盡言，言不盡意。」然則聖人之意，其不可見乎？子曰：「聖人立象以盡意，設卦以盡情偽，繫辭焉以盡其言。變而通之以盡利，鼓之舞之以盡神。」

書所以載言，然書有時不能盡無窮的言；言所以達意，然言有時不能盡無窮的意。若這麼說來，聖人的意思，不是終久不能見了麼？蓋聖人仰觀俯察，見天地陰陽，不外乎奇偶的法象，於是乎「立象以盡意」，如按一卦說，天地交為泰（䷊）象，不交為否（䷋）象，通塞象立，而治亂意盡。按一爻說，乾初為潛龍、勿用象，五為飛龍、利見象，上下象立，而隱顯意盡。此在我既能盡意，而觀人也當有方，其方就在於設卦。卦成，不但天地萬物的情狀可見，即鬼神的情狀也可以知。何況世人的真情或假意呢？故曰「設卦以盡情偽」。又如乾卦的「元亨利貞」是彖辭，「潛龍勿用」是爻辭，著為辭說，教人趨避。這便是書能盡言了。故曰「繫辭焉以盡其言」。《易》窮必變，變才能通，通才能久，如剝而復，由否而泰。不知變通，哪能有此良好的轉機？故曰「變而通之以盡利」。古聖人以易道利天下，其神妙無一事不教人心滿意足，如人民窮於巢穴，而聖人為製宮室；人民窮於車馬，而聖人為製舟楫。是巢穴病，而給以宮室的便利；車馬阻，而給以舟楫的便利。通變宜民，誰能不歡欣鼓舞，以樂其利而驚其神呢？聖人作《易》教民到此地步，也當心滿意足了。

乾坤，其《易》之縕邪？乾坤成列，而《易》立乎其中矣。乾坤毀，則以見《易》。《易》不一可見，則乾坤或幾乎息矣。

縕，為衣服內所裝的綿絮。乾坤，是六十四卦所包蓄的內囊。坤成列，《易》立其中，是言既有乾坤，而易道就與並立。假定著說，乾坤立，《易》便立；乾坤毀，《易》便毀。有乾坤《易》便可見，《易》若不見，乾坤也就息了。可見《易》與乾坤，是永遠並立，而不能偏廢的。

是故，形而上者謂之道，形而下者謂之器。化而裁之謂之變，推而行之謂之通，舉而錯之天下之民謂之事業。

道器不相高，無道不能製器。道是製器的計劃及方法。器成可以見道，所以聖人分為形上形下。形而上，是在製器以先，知為人所必需，假定一方一體，研理設計，運用神思，故謂為道。形而下，是器成以後，有色有象，如鼎利烹飪，益利未耨，所以為器。然道不宜固守成見，器也須隨時改良。故就舊式，因物理斟酌裁度，由陳腐變為神奇。是道與器愈演愈善，故曰「化而裁之謂之變」。然舊器改進，設計日精，造成新器，推廣行銷，由一隅而通行各處；於是此設分廠，彼設分局，將所有出品，推行四海，不脛而走，毫無阻滯，故曰「推而行之謂之通」。如此形上道立，形下器成，化裁推行，變通盡利，舉此措置施布於天下，以供給人民日用所需，那還不是絕大的事業麼？中國工室製造，聖人早就以形上形下的意義，備發明於《易》書，只因墨守成規，不肯研究改良，轉落人後，可為浩嘆。

是故，夫象，聖人有以見天下之賾，而擬諸其形容，象其物宜，是故謂之象。聖人有以見天下之動，而觀其會通，以行其典禮，繫辭焉，以斷其吉凶，是故謂之爻。

此引前文第八章以起下文，也是說陰立象盡意，設卦盡情偽

的意思。

極天下之賾者存乎卦，鼓天下之動者存乎辭。

卦就是象，賾以象著，把天下至雜至亂的事物，無不盡數包羅於卦中，故曰「極天下之賾者存乎卦」。辭，就是爻，動玩其當，經爻辭指示明白，人明知前途無有危險，才能合眼放步，鼓起興子來去作事，故曰「鼓天下之動者存乎辭」。「極」是窮究。「鼓」是起發。

化而裁之存乎變，推而行之存乎通，神而明之，存乎其人。默而成之，不言而信，存乎德行。

「化而裁之、推而行之」，結上「變而通之以盡利」一句。「神而明之」以下，結上「鼓之舞之以盡神」一句。上文化裁推行，是泛說天地間的道理，故曰謂之變、謂之通。此化裁推行，是說《易》書中所具有的，故曰「存乎變、存乎通」。言就易道的變處，見得聖人化裁盡妙；就易道的通處，見得聖人推行盡善。「神而明之」的神字，是根據鼓舞盡神來。《易》辭能以鼓舞人的，固足以盡神，然必以人心的神，契合乎《易》書的神，然後歡欣鼓舞而不自知。這正是「神而明之存乎其人」。然如有所作為而後成，有所言說而後信，那還不得謂為神明？蓋《易》有三，有關於造化的，有關於經傳的，有關於吾人的，如「天尊地卑，乾坤定矣」，那是關於造化的。「書不盡言，言不盡意」，那是關於經傳的。「神而明之，存乎其人」，那是關於吾人的，吾人能神明其德行。凡《易》書關係造化，關係經傳的那些跡象，一概化除。其所謂顯道神德行，將全與吾人的德行打成一片了。「德行」，指「易簡」的精理言。

繫辭下傳

第一章

八卦成列，象在其中矣。因而重之，爻在其中矣。

伏羲畫成八卦，以乾一、兌二、離三、震四，下皆陽畫的列於左；巽五、坎六、艮七、坤八，下皆陰畫的列於右。卦既成列，凡天下物象，如說卦中所列的舉在其中了。又卦始三畫，無所謂爻，因重為六畫，體遂有上下，位遂有內外，時遂有初終序，遂有先後。六爻也就秩然在其中了。

剛柔相推，變在其中矣。繫辭焉而命之，動在其中矣。

三百八十四爻，不過一剛一柔，如乾初爻，一推移而變為巽，是柔推剛。坤初爻，一推移而變為震，是剛推柔。故曰「剛柔相推，變在其中矣」。乾「初九」曰「潛龍勿用」，是聖人觀其位不宜動，繫以辭命其勿動。乾「九五」曰「飛龍在天，利見大人」，這是聖人觀其位宜動，便繫以辭命其動。故曰「繫辭焉而命之，動在其中矣」。

吉凶悔吝者，生乎動者也。

可以動而動，吉隨以生，不可以動而動，凶悔吝隨以生，故曰「吉凶悔吝者，生乎動者也」。

四
一
一

剛柔者，立本者也。變通者，趣時者也。

本，是天地的常經，其要在乎剛柔。剛柔得正，立場便卓然有本。時，是隨在的裁度，其要貴乎變通，變通適宜，趣向便無不合時。

吉凶者，貞勝者也。

貞，是正。勝，是勝敗的勝。貞勝，是言以正為勝。吉凶，是無一定的。富貴可謂吉了，而如季氏陽貨的富貴，便非吉而凶。貧賤可謂凶了，而如顏回、原憲的貧賤，便非凶而吉。凡殺身成仁，捨生取義，皆是貞勝。

天地之道，貞觀者也。日月之道，貞明者也。天下之動，貞夫一者也。

天地無私覆，無私載，以此正道，永示觀瞻。日月無私照，以此正道，萬古常明。天地日月且如此，何配於人？故天下人凡有所動，皆當以一為正，無論千頭方緒，此心誠一不二，自能與天地日月，貞觀貞明，大道同揆，千載不易。

夫乾，確然示人易矣。夫坤，隤然示人簡矣。

此又提出乾坤來，天地既以正道示人觀瞻，而乾坤就是天地。所以乾便赤裸裸的確然示人以易，坤便赤裸裸的隤然示人以簡。無艱阻，無繁勞，乾坤易簡，就是天地貞觀。「確然」是剛健。「隤然」是柔順。

爻也者，效此者也。象也者，像此者也。

此是指上文乾坤所示的，爻的奇偶，象的消息，都是效乾

坤、像乾坤而立的。

爻象動乎內，吉凶見乎外，功業見乎變，聖人之情見乎辭。

爻象一動，見乎其外的，或吉或凶；見乎其變的，或建功或立業。聖人立此爻象，其教人趨吉避凶，建功立業的情志，無不盡見乎繫辭。

天地之大德曰生，聖人之大寶曰位。何以守位曰仁，何以聚人曰財。理財正辭，禁民為非曰義。

聖人推行易道，天地簡易的大德，便是聖人簡易的大德。天地好生，聖人大德也只是一個生，然聖人大德雖在於生，若無位以為根據，也是空有此大德。故聖人所寶在位，此位可與天地並立而為參。故聖人也甚重此位，視為大寶。聖人既甚重此位視為大寶，必須要保守此位，永久不失，才能有權以常施其大德。然保守此位，只要存仁心、有仁聞，便可以守。然仁心仁聞，不可徒尚空談，必使人民皆被其澤。財散民聚，是當然的道理，然財非理不能有。理財必須先為人民謀生計，其法在定九式（用財名稱），以節財用；定九賦（斂財名稱），以斂財用。這是理財正當的亦法。如用財揮霍無度，斂財苛徵捐稅，辭既不正，不為理財。然理財固為要務，而壞事也多從財上起，是必明定號令，凡對於財貨有非分不法的，一概嚴禁。除暴安良，這便是義。似此等大仁大義，非有天德，居天位的聖人，不能作到，而其源皆出於天地之大德好生。

古者包犧氏之王天下也，仰則觀象於天，俯則觀法於地，觀鳥獸之文與地之宜。近取諸身，遠取諸物，於是始作八卦，以通神明之德，以類萬物之情。

包犧氏，包讀作庖，即伏羲氏。在先《易》尚未作，聖人取天地人物以作（易），及（易）既作，聖人又取諸《易》以制器，此是本章的大義。昔伏羲氏王天下的時候始作八卦，其作八卦，通是因自然的法象而得。蓋在天有象，在地有法，在鳥獸有其文，在地質有所宜。如為雷、為風，是觀象於天，仰而得的。如為山、為澤，是觀法於地，俯而得的。如鳥獸，是飛走一類，根天而生，也由仰觀而得。地宜，是草木一類，根地而長，也由俯觀而得。又近取諸身，如股肱、心腹是；遠取諸物，如金、玉、釜、布是。八卦既畫，德幽如神明，情顯如萬物，於是乎具見於《易》而不能逃遁。故在未作《易》時，聖人取天地人物以作《易》，如上所云。以下各節，皆是《易》既作，聖人又取諸《易》以製器的事。

作結繩而為網罟，以佃以漁，蓋取諸禽。

離（☲），上下互卦，為顛倒二巽，象結繩。離為目，兩目連接，象網罟。獵獸為佃，取魚為漁，凡獵取鳥獸魚鱉，非用網罟不可。聖人製器尚象，此蓋取《易》離象而為的，教民肉食，自包犧氏始。

包犧氏沒，神農氏作。斲木為耜，揉木為耒，耒耨之利，以教天下，蓋取諸益。

耒耜，是耕地的犁。耒，是犁頭，入地活土的，故須將木削斫，使其尖銳，才能適用。耜，是犁柄，人手所推的，故須將木矯揉，使其彎曲，才能適用。耨，是鋤地。益卦（䷩），上卦巽，二陽在上，下一陰，為木、為入，象耒耜從地上而下入；下卦震，一陽在下，上二陽，為木、為動，象耒耜再地下而動。天下的利益，莫大於耕耨，教民粒食。以神農始，聖人以此教人，蓋取風雷益的卦象。

日中為市，致天下之民，聚天下之貨，交易而退，各得其所，蓋取諸噬嗑。

十三卦，把離、益、噬嗑（䷔）列於前，是聖人以食貨為民生的大本，故看得最重。離為日中，震為出動，為大涂。互艮，為徑路，露天場合，四路紛扮出動而來集，致民象。坎水艮山我，山海，眾貨所出，聚貨象。震動，交易象。艮止，得所象。此為噬嗑的卦象。天下人民，業務不同；天下貨物，用途不同。今把所不同的，都集合於市中，以所有易所無，一經交易，有無盡通。此彷彿有物在尺頰間作梗，一嚙必合，立時通順了似的。此為噬嗑的卦象。聖人製為市政，以交易舉動於日中萬物相見的時候，蓋取火雷噬嗑的卦象，兼及其義。

神農氏沒，黃帝、堯、舜氏作，通其變，使民不倦，神而化之，使民宜之。《易》窮則變，變則通，通則久。是以自天佑之，吉無不利。黃帝、堯、舜，垂衣裳而天下治，蓋取諸乾坤。

時會所趨，漸升風氣，當變而變，人情才通。若不思變法，

一味守舊，已到火食及治麻絲的時代，依然教人茹毛飲血披樹葉，欲使人不厭倦，那是不能的。此時聖人竭盡神思，化陳腐為新奇，使民衣食居住，無有不宜，自然都能相安了。易道本來陽極變陰，陰極變陽，隨時變化，循環無端。因窮而變而通而久，如此天人相合，自能得天佑助，吉無不利。然當犧農時代，人害雖消，而儀文未講；衣食雖足，而禮教未興。故黃帝、堯、舜創垂上衣下裳的制度，定出貴賤的等級來。上下有序，名分秩然，天下從此大治，而神化民宜。上衣下裳，其義其象，具於乾坤。聖人以此治天下，是即於乾尊坤卑取象。

刳木為舟，剡木為楫，舟楫之利，以濟不通，致遠以利天下，蓋取諸渙。

「刳」是剖。「剡」是削。「刳木」使其中虛而為舟。「剡木」使其下尖而為楫。水本可以阻隔，雖近處也常不通，而製作舟楫，阻隔的便可以濟了。如在遠處，有此舟楫，也可裝運而來了。如此無論遠近，均可便利。此「蓋取諸渙」。渙（☴），下坎水，上巽木，又為風。互艮、震，以手持木，乘風動於水上，故象舟楫。

服牛乘馬，引重致遠以利天下，蓋取諸隨。

用鐵器繫繩，穿於牛鼻，為「服牛」。牛有劣性，動觸人，必須制服了他才能用，故曰「服牛」。隨（☱）三陰三陽，三陰就是坤為牛，下互艮為鼻，上互巽為繩；兌為金，鐵器，在牛前以鐵物穿入鼻內；又加以繩，是服牛象。三陽是乾為馬，艮為背，巽為股，乾馬的腰間，以股加於其上，乘馬象。服牛引重，乘馬致遠。有此發明，天下遂便利極了。下動上悅，益取澤雷隨

的卦象。

重門擊柝，以待暴客，蓋取諸豫。

艮為門闕，在卦內，故曰「重門」。震為有聲的木器，互艮手，故曰「擊柝」。坎為盜，暴客象。艮為閽寺，待客的。此因上文水陸俱通，就要有搶劫的暴客了，於是設重門以防禦，擊柝以警戒，有備無患。是蓋取雷地豫（䷏）的卦象，兼以其義。

斷木為杵，掘地為臼，臼杵之利，萬民以濟，蓋取諸小過。

上震木，又為動。下艮土，又為石、為手、為止。中互兌、巽，兌毀折，手持木而毀折，斷木象，手持金物入土，掘地象。震木動於上，杵象。艮石止於下，臼象。震出巽入，一起一落，杵臼治米象。前此民得粒食，就很好了，哪管稃殼去不去呢？聖人又製為杵臼以精其米，研究日求進化，其心在利濟萬民，而萬民便賴以濟，此蓋取雷山小過（䷽）的卦象。

弦木為弧，剡木為矢，弧矢之利，以威天下，蓋取諸睽。

知未耜而不知杵臼，雖粒食而未能精，知重門擊柝而不知弧矢，雖有備而無製人的利器，於是聖人製為弧矢，以示威於天下。此其象與義，「蓋取諸睽」。睽（䷥），互坎木堅，離木槁，兌毀折。木直，用水濕，或用火烤，便曲了。木堅，以削齒，加以鏃，便鋒利了。此弦木、剡木象。坎弓矢，離戈兵，有征伐意。故聖人取以製弧矢而成天下。「弦木」，是直木使曲。「剡木」，是削木使利。

上古穴居而野處，後世聖人易之以宮室，上棟下宇，以待風雨，蓋取諸大壯。

棟，是屋脊的大木。宇，是木椽。棟在上，故曰「上棟」。宇在下，故曰「下宇」。雷動於上，其聲甚大。有雷必有風，而水澤相隨而來。然屋上棟宇（指震木說），極為壯健，雖風雨動於上，而棟宇蔽於下，此蓋取象於雷天大壯（䷡）一卦。此下三節，皆變通神化的事項，以後製變更前製，是後聖趣時的作用。

古之葬者，厚衣之以薪，葬之中野，不封不樹，喪期無數。後世聖人易之以棺槨，蓋取諸大過。

古葬的古字，也在穴居野處結繩而治以後，故但言古，不言上古。「厚衣」二句，「以薪」葬於野中。「不封」是不積土起墳。「不樹」是不種樹標記。喪期無有年月的限數，後聖特為變通，易以棺槨。蓋取澤風大過（䷛）一卦。大過陰木在於澤下，木上有口，乾為骨，巽為入，骨入其中，入而後悅。是死者以土為安，故象棺槨。

上古結繩而治，後世聖人易之以書契，百官以治，萬民以察，蓋取諸夬。

上古官民都結繩以治事，然事愈積愈多，但恃結繩以為征驗，必有錯誤的時候。後世變通趣時，改用書契。書，是文言。契，是字據。自有書契，百官以此治事，上下無欺，交易以此約信，人民無欺。此蓋取諸澤天夬一卦。夬（䷪），上卦兌言語，下卦乾堅固，乾兌皆屬金，古時簡策皆用鉛刀刻畫，記言堅信，備極明決，故象書契。

第三章

是故易者，象也。象也者，像也。

凡章首不用「是故」字。此著「是故」二字，是總結上文以起下文。「易」，便是物象；「象」，便是像似。

彖者，材也。

「材」，是建築宮室的材木；「彖」，是聚眾義以立辭。如建築聚眾材而成室，故謂為材。

爻也者，效天下之動者也。

「效」，是仿效。爻有變動，位有得失。變而合於道為得，動而乖於理為失。人事的真情偽意，物理的此是彼非，備載於六爻，六爻所以象天下一切的動作。

是故吉凶生而悔吝著也。

「生」，是從此而生出。「著」，是自幾微而著見。吉凶在事，本顯露，故曰「生」。悔吝在心，極隱微，故曰「著」。悔有改過的心，吉根乎悔，悔著，吉便生。吝有文過的心，凶根乎吝，吝著，凶便生。吉凶為悔吝的結果，悔吝為吉凶的原起。

第四章

陽卦多陰，陰卦多陽。

震、坎、艮，為陽卦，皆一陽二陰。巽、離、兌，為陰卦，皆一陰二陽。

其故何也？陽卦奇，陰卦偶。

二偶一奇，奇便為主，是為陽卦。二奇一偶，偶便為主，是為陰卦。故曰「陽卦多陰，陰卦多陽」。

其德行何也？陽一君而二民，君子之道也。陰二君而一民，小人之道也。

若按陽卦陰卦的德行說陽有常尊，陽卦固以陽為君，陰為民。陽卦也以陽為君，陰為民。陽卦一陽二陰，為一君二民，二民共事一君。主權不紛，令出惟行，莠言不起，是君子道行。陰卦二陽一陰，為二君一民，二君爭使一民，主權不一，政出多門，號令雜亂，是小人道行。陰陽卦的德行如此。

第五章

《易》曰：「憧憧往來，朋從爾思。」子曰：「天下何思何慮？天下同歸而殊涂，一致而百慮。天下何思何慮？」

天下事物的感應，理本同歸，但事物千形萬狀，其途徑是各殊的。天下人心的感應，理本一致，但所接的事務不一，而中心

也不免發生百慮。然慮量有百，而其致本一。雖殊，而其歸卻同。是此感彼應的道理，皆出於自然而然，其中同，斷不容有半點勉強。吾人應事接物，也只好順其自然了，天下又何思慮？

「日往則月來，月往則日來，日月相推而明生焉。寒往則暑來，暑往則寒來，寒暑相推而歲成焉。往者屈也，來者信也，屈信相感而利生焉。」

從天地上說，日月往來相推，由暗而生明，為一晝一夜。寒暑往來相推，積時而成歲，為一寒一暑。功成後退為屈，邁往前進為信（讀音伸），往來屈信，循環不已，自然相感而利以生。利，便是功。日月功在照臨，歲序功在生成。時而當往，自然就往。時而當來，自然就來。往來相感，全是自然的常理，不是思慮所能操縱的，又何必百慮憧憧往來呢？

「尺蠖之屈，以求信也。龍蛇之蟄，以存身也。精義入神，以致用也；利用安身，以崇德也。」

尺蠖，蟲名。首尾相就，其行必先屈而復信，此申明上文往來相感、屈信相循的道理。往來屈信，皆是動靜的關係。如尺蠖雖屬微蟲，其初行必靜以屈，而後才動以信，是其屈正是求信的地步。龍蛇蟄藏，是靜而安全以存身，以備到了時候，安然而動。再從人身上說，精研義理，至於入神，並非專心在致用上，而自然就可以為出而致用的根本。以此自然而然的作用，為利益吾人安身的工具，並非認為如此便能增崇德行，而自然就可以為內而崇德的厚資。「致」，是自然而致。「崇」，是自然而崇。此為吾身內外相感一定的道理。故天下的途徑，雖有萬殊，而「精義入神」，自能致用。「利用安身」，自能崇德。其同歸是

自然而然的，又何必論其殊涂（途），而憧憧往來呢？

「過此以往，未之或知也；窮神知化，德之盛也。」

「此」字，指「精義入神」四句說。「精義入神」，用力於內，即所以致用乎外。「利用安身」，求利於外，即所以崇德乎內。「過此以往」，推而愈上，皆勢如破竹，聖人也不自知其然，便到了此神妙境。至於此窮極陰陽的神秘，用知造化的深微，德盛實無以復加，又有何思何慮呢？

《易》曰：「困于石，據于蒺藜，入于其宮，不見其妻，凶。」子曰：「非所困而困焉，名必辱。非所據而據焉，身必危。既辱且危，死期將至，妻其可得見耶？」

釋困（☵）「六三」爻義，此爻陰柔不中不正，因無正應，對上下兩陽，時作非分想，以致名辱身危，作孽難活，死在目前，還能望得見其妻麼？

《易》曰：「公用射隼于高墉之上，獲之無不利。」子曰：「隼者，禽也，弓矢者，器也，射之者，人也。君子藏器于身，待時而動，何不利之有？動而不括，是以出而有獲，語成器而動者也。」

「括」作閉結拘滯解。此言濟世的工具。君子早備於一身，更審察時宜，必待有相當的機會，可動才動。靜若處女，出若脫兔，毫無拘滯，左右逢源，蓋成竹在胸。深造自得，收穫既多，自無不利。

《易》解（☳）「上六」「公用射隼於高墉之上，獲之無不利」，正是說利器在握，因時出動，動而必得。

子曰：「小人不恥不仁，不畏不義，不見利不動，不威不懲。小懲而大誡，此小人之福也。《易》曰：『屨校滅趾，無咎。』此之謂也。」

釋噬嗑（☲☳）「初九」爻義。可恥的莫如不仁，而小人偏不恥。可畏的莫如不義，而小人偏不畏。不教他見利，不能勸他為善。不施嚴屬的聲威，不能懲他為惡。對於小人，小有懲於前，使其大有誡於後。這正是保全其生命，為小人的福氣，「屨校滅趾，無咎」，正如以上所云。懲是懲治。誡是警誡。

「善不積，不足以成名；惡不積不足以滅身。小人以小善為益而弗為也，以小惡為傷而弗去也，故惡積而不可掩，罪大而不可解。《易》曰：「何校滅耳，『凶』。」

善，是仁義。不善，是不仁不義。上節是言懲惡在初，此節是言改過在小。「上九」「何校滅耳，凶」，便是積惡所致。

子曰：「危者，安其位者也；亡者，保其存者也；亂者，有其治者也。是故君子安而不忘危，存而不忘亡，治而不忘亂；是以身安而國家可保也。《易》曰：『其亡其亡，繫于苞桑。』」

危的，是因前安樂於其位，故致有今日的傾危。亡的，是因自恃可以常保其存，故致有今日的滅亡。亂的，是因自恃已治，可以常有，故致有今日的禍亂。三者皆是以驕盈敗。所以君子目前位雖安，心常慮及傾危；國雖存，心常慮及滅亡；政雖治，心常慮及禍亂。此三者，皆是以憂患昌，為國的能一再憂國將亡。如否卦（☲☰）「九五」，「其亡其亡」，其堅固便如「系於苞桑」了。前三者，如明皇的晚年；後三者，如堯舜的儆戒。

子曰：「德薄而位尊，知小而謀大，為小而任重，鮮不及矣。《易》曰：『鼎折足，覆公餗，其形渥，凶。』言不勝其任也。」

釋鼎（☲☴）「九四」爻義。古昔明君，必量力度德而後授官。為臣的也必量為度德而後任事。若官不勝任，必至亡身誤國，鮮有不及於禍事的。鼎四所言，正是此意。「鮮」作少解。

子曰：「知幾其神乎！君子上交不諂，下交不瀆，其知幾乎？幾者，動之微，吉之先見者也。君子見幾而作，不俟終日。《易》曰：『介于石，不終日，貞吉。』介如石焉，寧用終日？斷可識矣。君子知微知彰，知柔知剛，萬夫之望。」

「幾」，人所難知。能知人所難知，故曰神。君子與人交際，對上恭遜而不諂諛，對下和易而不瀆慢，如此便絕無因交遊連累致禍的情事。這是有先見而知幾的。「幾者，動之微，吉之先見」，是何說呢？天下之動，其微莫微於初一動念的時候，然欲念一起，大患隨至。如李斯被誅，在諂二世以取容；張湯敗事，在瀆入使而私托。是李斯、張湯以為借此可以得吉，卒至取容反不得容，自托乃正自敗。然吉莫吉於不失身，若能於此至微而察明，知為諂瀆而痛絕。

「見幾而作，不俟終日」。如《易》豫（☳☷）「六二」，「介於石，不終目，貞吉」。如此守正，安得不吉？蓋石至靜而無欲，至重而不動。今君子介然如石，更有何物能動他呢？若見幾待至終日，還不算真能見幾的。推「六二」的心志，對於天下事，見微便知其彰，見柔便知其剛。有此等人，天下都要與他相依為命，又何止萬夫仰望呢？

子曰：「顏氏之子，其殆庶幾乎？有不善未嘗不知，知之未嘗復行也。《易》曰：『不遠夏，無祗悔，元吉。』」

「顏氏之子」，是顏淵。顏為大賢，聖人是從心所欲不逾矩的，顏子略差一魚。所以孔子說，顏子其將與知幾其神的君子，庶幾近似了罷。雖然未至無有毫厘過錯的時候，而幾微一動，略有不善，心中便已了然，就立時幡然而改，斷不能再教他見於行為。《易》復（䷗）「初九」，「不遠復，無祗悔，元吉」，顏氏之子，足以當此無愧。

天地絪縕，萬物化醇。男女構精，萬物化生。《易》曰：「『三人行則損一人，一人行則得其友。』言致一也。」

「絪縕」是纏綿交密的意思。「醇」作凝厚解。「大地絪縕」，是以氣相交，而萬物都感其氣，化育醞釀，如飲醇酒，圓滿極了。而「男女構精」，是以形相交，雌雄牝牡，萬物皆有男女，即萬物皆由構精所化生。然天地男女，氣交形交，皆是專一而不二，以一合一，是為不易的道理。《易》損（䷨）「六三」，「三人行則損一人，一人行則得其友。」正以三人而損一，只有兩；一人而得友，也只有兩。兩相遇便專一，若有第三者，便雜亂了。損三爻辭，言損一得友的以此。

子曰：「君子安其身而後動，易其心而後語，定其交而後求。君子修此三者，故全也。危以動，則民不與也；懼以嬌，則民不應也；無交而求，則民不與也；莫之與，則傷之者至矣。《易》曰：『莫益之，或擊之，立心勿恒，凶。』」

釋益（䷩）「上九」爻義。「安其身」，是身無愧怍。危，便行險了。「易其心」，是坦蕩蕩。拘，便長戚戚了。以道義

交，斯淡以成，故定。以勢利交，斯甘以壞，故等於無交。君子勤修以上三事，如安、易定、期得其全，便是立心有恒。力戒以下三事，如危以動、懼以語、勿交而求，不但人莫與，且恐有傷害立至。此皆因「立心勿恒」所取。益「上九」爻辭，求益被擊，其凶莫甚，正是謂此。上「與」字，是黨與的與。「莫之與」的與字，是取與的與。「莫之與」，是指「不與、不應、不與」究句。「傷」就是擊。

第六章

　　子曰：「乾坤，其《易》之門邪？」乾，陽物也；坤，陰物也。陰陽合德，而剛柔有體。以體天地之撰，以通神明之德。

　　物所由出入的為門，乾坤兩卦。凡《周易》上的卦爻，皆所從出，故謂為門。有形質曰物，一奇象陽，一偶象陰，以有此形質，故謂為陽物、陰物。按物德說，陽與陰合，陰與陽合，而其情相得。按物體說，剛自剛，柔自柔，而其質不同。「撰」作志事解。「天地之撰」，指雷風日月言。「神明之德」，指健順動止言。「以體天地之撰」，是言天地的情事，必須根據陰陽，才可以體察。「以通神明之德」，是言神明的理性，必須根據陰陽，才可以會通。全部《周易》，以乾坤為總樞，離開乾坤研《易》，便等於出不由戶了。

　　其稱名也，雜而不越。於稽其類，其衰世之意邪？

　　《易》書稱名，如乾，或為龍，或為馬，或為金玉，其所稱雖雜，而總不越乎陽物。如坤，或為牛，或為牝馬，或為釜布，

其所稱雖雜，而總不越乎陽物。但於卦辭爻辭，稽考那些類說，如「孚號有厲」，如「立心勿恒」等語意，似非上古民情淳厚、不識不知的那種光景，大約世衰情偽，聖人著作出這些名物來，似乎也有些不得已的意思。

夫《易》，彰往而察來，而微顯闡幽。升而當名辨物，正言斷辭則備矣。

「往」，是天道已經發見的，如陰陽消息，全於卦爻的變象上彰明出來。「來」，是人事尚未顯露的，如吉凶悔吝，全於卦爻的占辭上考察出來。「微顯」，是日用作為、人事最顯明的，而悉本于天道，由顯便可以推求到幽深的地方上去，使人敬慎而不敢慢。「闡幽」，是道理深默、天道最幽深的，而能征於人事，由幽便可以闡發到顯明的地方上來，使人洞曉而無所疑。此二句是承首節伏羲乾坤陰陽卦畫來。「當名」，就是稱名雜而不越。「辨物」，是於命名後，復辨陰卦中所具的物理。「正言」，是挨卦系以正當的語言。「斷辭」，是於立言後即借其辭而為判斷。當伏羲時，有畫無文，易道未開；至文王以後，遂開明而大備。

其稱名也小，其取類也大。其旨遠，其辭文，其言曲而中，其事肆而隱。因貳以濟民行，以明失得之報。

牝馬虎尾，是卦辭稱名甚小的。貧乘曳輪，是爻辭稱名甚小的。然稱名雖小，其中備具陰陽剛柔的道理，取類卻是極大。凡一切道德性命，散見於各卦各爻。其旨甚遠，而其辭順理成章，很是明顯。又其言雖委曲婉轉，卻無不中理的一句。又其事雖極閎肆而鋪張，似似乎毫無含蓄，而淺者見淺，深者見深。又極有

隱奧的義味，可令人百讀而不厭。《易》原不過乾坤二畫，而其卦爻稱名取類，及其中旨、辭、言、事，大要都不能把這乾坤貳卦越過去，而所以繫辭的意思，便是為世道衰微，與民同患，設為吉凶悔吝各辭，以救濟人民立身行事，教他知道為善便得而吉，不善便失而凶。善、不善，為得失的原因。吉、凶、悔、吝，便為得失的果報。

第七章

《易》之興也，其于中古乎？作《易》者，其有憂患乎？

夏商末世，易道中微，文王被拘於羑里而繫彖辭，易道復興。且在伏羲時，理尚質素，但觀爻象，足可垂教。時到中古，事漸繁賾，人漸浮薄，但以卦象為教，是不成了。故卦爻等辭，起於此時，也就於此時名為《周易》。蓋文王被囚，周公東征，均是飽經憂患，情見乎辭。下文九卦，都是示人免憂患之理。

是故「履，德之基也。謙，德之柄也。復，德之本也。恒，德之固也。損，德之修也。益，德之裕也。困，德之辨也。井，德之地也；巽，德之制也。」

此章言聖人取易道以成己德，學《易》不以《易》成己，《易》自是《易》，我自是我。《易》何補於我，我何必學《易》，德如何可成呢？譬如牆基不堅，牆必頹。故以踐履實在，腳根立定，為立德的基礎。德雖立，若驕矜起來，其基必搖而不固，所以貴乎謙。如持物堅持其柄，使確有把握，不至動搖。然謙最戒乎偽。一有虛偽，如王莽謙恭下士，大本便失，所

以又貴復其初性，為成德的根木。然本既立，若不能持久，如孟子所云，一曝十寒，不恒其德，等於未成，故又必守以恒心。然日久倘有所蔽，非加以修治，恐不免於德有累，故又取諸損，損是損其過，便為修德。然德雖常修，猶恐未能盡善，有過惟恐其損吾德，所以見善必取以益吾德，吾德日益，便日有進，故益為「德之裕」。然此皆為平居所有的事，若一旦臨變而遽失，其德仍不能成，故遇困而不失其亨，然後吾德知所辨而益陰，故困為「德之辨」。井是永在一地不能改的，成德如井而永不改易，是腳踏實地，至此可謂大成了，然聖人猶以為未已已，必卑巽以自制，其德方日進而無所蔽。此如大禹不矜不伐，周公不驕不吝，仲尼對於於仁聖曰吾豈敢，聖人學《易》以成德，始持以謙，終制以巽，德備一身，無在非易。

「履，和而至。謙，尊而光。復，小而辨於物。恒，雜而不厭。損，先難而後易。益，長裕而不設。困，窮而通。井，居其所而遷。巽，稱而隱。」

履，兌以柔悅承乾健，天極上，澤極下，名分顯然，至理不可易，君子體履行事，故「和而至」。謙必自卑自晦，然自卑，人必尊；自晦，德益顯，故「尊而光」。復，陽微陰眾，然陽有獨立自強的能力，勢雖小而絕不為群陰所亂，故曰「小而辨於物」。恒，是恒常的事情，舉動酬酢，變化不一，人情於此，多以複雜為可厭，必恒其德，才遠恥辱，故曰「雜而不厭」。損，是損去不良的習慣，曰「先難而後易」。易，是聚集眾善以益己德，故其德日有長進而寬裕，設是張大，擺空架子，如此便不合益道，故曰「長裕而不設」。困窮時，不修德的，便要身敗名裂了，君子遇窮困而德益進，道益亨，故曰「窮而通」。井雖不

動，而其利益無有不及，故曰「居其所而遷」。遷，是活動不拘一處。巽順於理，以發號施令，稱物所宜，萬家安樂，不知所由，故曰「稱而隱」。

「履以和行，謙以制禮，復以自知，恒以一德，損以遠害，益以興利，困以寡怨，井以辨義，巽以行權。」

「履以和行」，行有不和，是不由禮，能由禮便無不和。「謙以制禮」，如好尊大，是不能由禮，若自卑尊人，是能以禮自制。「復以自知」，自治才能復善，於他人是無關係的，然有不善自己能知，能不復行，如此是顏子的自知，人所不能及的。「恒以一德」，不常便是二二其德，常便一，終始惟一，德才日新。「損以遠害」，如忿怒私欲，都足以害，德懲忿窒欲，是損去其害，德便無害了。「益以興利」，興利便是遷善改過，既能遷善改過，德便日進無疆，漸至聖神的地步，甚麼利能比得上呢？「困以寡怨」，君子身困道亨，守分安命，他無甚麼怨的。「井以辨義」，君子行義，在於利物，於井的養人，可以大明君子濟眾的志願。「巽以行權」，於不得已的時候，如湯武革命，巽順乎理，便是順乎天而應乎人，然若不巽順，於天理人心，格格不入，君子也是不能行的。

第八章

《易》之為書也不可遠。為道也屢遷。變動不居，周流六虛，上下無常，剛柔相易，不可為典要，唯變所適。

一部《易》書，凡人崇德廣業，居宜觀象玩辭，動宜觀變玩

占，是一時不可遠離的。《易》書為道時有遷移，其變動多方，不居於一定的處所。六爻的位次，本無一物，故謂「六虛」，而陰陽剛柔，周流其間，如六位本虛。而以六陽又實於其間，便為乾。以六陰爻實於其間，便為坤。六十四卦的周流，上下無有常如此而不改的，剛柔無有不變易而固定的，不可認定一時一處的理解，便為典要而不可更易，必須隨其變遷的大義以觀玩。而廣大悉備，無不該括，都是有益於人，無適不宜的。「典」是典常。「要」是體要。「典要」作不可更易解。

其出入以度，外內使知懼。

《易》書雖「不可為典要」，而其出往入來，卦爻所指示的，無不以度。「度」，是事理當然的法則。有此指示的法則，使人人出而在外，人而在內，都不敢妄為，而時時知懼。

又明於憂患與故，無有師保，如臨父母。

守度知懼，既能如上所云，以此應世。即遇憂患與一切的世故，無有不能明達而坦然可以應付的，以此謹獨。無師保，而自可束身。違父母，而也如父母在前，必須致其敬畏。

初率其辭而揆其方，既有典常。苟非其人，道不虛行。

「揆」是揆度。「方」是道的方向。《易》書「上下無常，剛柔相易，不可為典要」，似乎無從捉摸了。幸有聖人的系辭在，始率循乎易辭而不敢違，揆度乎易道的方向而不敢離。於變動不居中，探索其典常不變的要義。既得此典常要義，便執守而躬行。易道自可以為實用，若非其人，自不知典常所在。不知易道，徒托空言，易道便不為其所有。蓋易道是不虛行的。

第九章

《易》之為書也，原始要終，以為質也。六爻相雜，唯其時物也。

「原」是推原。「要」是要會。「質」是體質。「初」為卦始，原其始，二三便在其中。上，為卦終，要其終，四五便在其中。「原始要終」，是為一卦全體。故文王「原始要終」，以為彖辭。何以說「六爻相餘，唯其時物」呢？如乾（☰）言龍，是物，而因其時異，故潛、見、飛、躍，也不同。漸（☶）言鴻，是物，而因其時異，故幹、磐、陸、陵，也不同。六爻相雜，唯是時物，略舉二卦，餘仿此。

其初難知，其上易知，本末也。初辭擬之，卒成之終。

此言初、上二爻，初為六爻的本始，才有一爻，而一卦的形體未成，是其質未明，其義未露，所以難知。上居六爻的末後，卦至上爻，其質已著，其義全露，所以易知。因初難知，故聖人對於初爻繫辭，必仔細擬議，當取何象何占，不敢輕率。因上易知，故聖人對於上爻繫辭，不過因下數爻取義，以成其終。如細玩乾「初九」的「潛龍勿用」，對於「上九」的「亢龍有悔」，便可知其概要了。

若夫雜物撰德，辨是與非，則非其中爻不備。

若雜聚各物，撰述其意義，分辨意義的是非。非卦內的中爻，不能備具其理。一卦六爻，二為下卦的中爻，五為上卦的中爻，其他各爻，各主一物，各有其德。然欲辨定六爻的是非，須

總注意於中爻，中爻多能該括全卦的意義，如乾「九二」「見龍在田，利見人人」，「九五」「飛龍在天，利見大人」，是二與五兩中爻，能總攝乾卦全德，他卦亦多類此。讀《易》的也非觀玩中爻，不能備知其義。

噫！亦要存亡吉凶，則居可知矣。知者觀其彖辭，則思過半矣。

「噫」是贊嘆辭。「要」作會集解。此言不但辨定是非，所以存亡吉凶的道理，也總會集於中爻以內。觀卦於此注意，按時按位，應居何等，大概可知。若在讀《易》很聰明的人，既觀中爻，再觀彖辭。彖辭，是文王統觀六爻以立義。如蒙卦（䷃）以「二」為師尊，師卦（䷆）以「二」為將師，此卦以「五」為君王，其義皆先定於彖辭。仔細揣摩彖辭，於《易》書卦爻的道理，便能明瞭近半了。

二與四同功而異位，其善不同。二多譽，四多懼，近也。柔之為道，不利遠者。其要無咎，其用柔中也。

二與四兩爻，皆是陰位，故曰同功。然其地位遠近各異，故曰異位。遠近的標準，以距離第五爻而定，五為一卦的尊位，故以五為標準。以遠近異位，而其善也不同。二的地位，如從前的督撫，現在的各省主席，專主一省，指揮如意，故多譽。四近在君側，責任既重，不得自主，又恐君上喜怒不常，故多懼。以近的關係，四似乎不如二，然二、四位皆陰梁，柔的常道，往往不能自立，距有勢為的尊位，遠了似乎就要不利，而其歸結多能無咎，此是柔而得中的好處。

三與五同功而異位，三多凶，五多功，貴賤之等也。其柔
危，其剛勝邪。

三、五同陽位，故同功。然三多凶，五多功，是因三居下
卦，五居尊位，地位各異，貴賤分等。三賤居下，剛而不中，是
以多凶。五貴居尊，剛而得中，是以多功。然更有一說，三、五
皆陽，若以柔爻處於其上，便不得正，或危而不安。若以剛居剛
位，或者便能勝任而愉快。「邪」（就是耶字），是不定的語
意，彷彿說，或者剛居剛位就須不危而略好一點，也未可知，辭
很活動。

第十章

《易》之為書也，廣大悉備。有天道焉，有人道焉，有地道
焉。與兼三才而兩之，故六。六者非它也，三才之道也。

此言重卦的本旨。重卦而後，無論何等廣大的事物，無有不
備的。其在三畫卦的時候，雖也有天道、人道、地道，成為三
才，然三才一而不兩，便孤得而無對。於是兩其三才，使成為
六。六，也無有他說，三才的正道，本應該是有兩的。天道兩，
便陰陽成象。人道兩，便男女盡性。地道兩，便剛柔合質。道本
如是，本其道兼而為兩，從此一切事物，才能廣大而悉備。

道有變動，故曰爻。爻有等，故曰物。物相雜，故曰文。文
不當，故吉凶生焉。

體分上中下，既有三才的區別，而合為一卦，便有變動了。
如陰或居上，陽或居下，斯天為地，地為天了。五為君，二為

臣，斯天道地道，又為人道了。因此變動，便分六爻。爻有尊卑，便有等級。既有等級，便各有物象。物象復餘，便錯綜而成文。文物若不當其處，或剛居柔，或柔居剛，從此就發生出吉凶的問題來了。

第十一章

《易》之興也，其當殷之末世，周之盛德邪？當文王與紂之事邪？是故其辭危。危者使平，易者使傾。其道甚大，百物不廢。懼以終始，其要無咎，此之謂《易》之道也。

《易》興於殷末世，周盛德。當文王與紂之事，即指文王被紂囚於羑里，文王於此飽經憂患的時候演《易》。是欲以自己一身所經歷，為天下萬世開坦途。以其所言，都出於實踐，其身危故，其辭也危。其出辭的大意，大約欲使人皆平而無傾。何以使人能平呢？必其人謹慎小心，日以所事存心，危而不安，時常慮或傾覆，便能平安而無傾覆，如孟子云「生於憂患」。若其人安逸自滿，可恃為永能平安，就必至於傾而不能平，如孟子云「死於安樂」。平由於自危，傾山於自易。其道該括的甚大，不但有天下國家的不能廢此例，即一禽一獸，無論何物，也不能廢此例。且雖知自危而不自易，也不能偶然一為，便可以得平安的收獲，而無傾覆的失敗。必須一心始終敬懼，永無懈怠，其歸結才能吉而無咎。在文王被囚時，既以此易道免一己的憂患，復欲以此易道免天下後世的憂患，易道淵源，蓋出於此。

　　夫乾，天下之至健也，德行恆易以知顯。夫坤，天下之至順也，德行恆簡以知阻。

　　「至健」，行事便極爽利，故易。「至順」，行事便無曲折，故簡。乾的德行，既常平易近人，其性自不能險，而天下險巇（作不平解）的情事，也能周知。坤的德行，既常簡捷了當，其性自無疑阻，而天下壅阻的動機，也能周知。乾雖易而能知險，而便不至陷於險。坤雖簡而能知阻，便不至困於阻。人能如乾坤，自然能危而平，斷不至易而傾了。

　　能說諸心，能研諸侯之慮，定天下之吉凶，成天下之亹亹者。

　　聖人於事未臨頭，能以易簡無私的道理，常怡然而說諸心。事既臨頭，能以易簡的道理自幡然而研諸慮。「定天下之吉凶」，是把這事的吉凶，判斷明白；「成天下之亹亹」，是把吉凶業已明定，教人之所趨避。無險無阻，成全的天下人，都能勉力作事。

　　是故變化云為，吉事有樣。象事知器，占事知來。

　　「變化云為」，是或漸變，或急化，或口所云，或身所為。若是吉事，便有嘉祥的現象，是可以頂定的。或觀其所象的事，便知制器的方法；或觀其所當的事，便可知未來的情形，是無可逃遁的。

天地設位，聖人成能。人謀鬼謀，百姓與能。

「天地設位」，有易簡的道理，聖人就用易簡的道理。說心研慮，不用卜筮而知險知阻，把乾坤的能事，便成為聖人的能事了。所以天下事，雖是險阻無窮，先陰而謀於人，如吉凶未決，再幽而謀於鬼。「幽」是暗處。「鬼」指卜筮。如此謀定後動，不但聖人以次的賢人能與其事，就是尋常百處也可與能了。

八卦以象告，爻彖以情言，剛柔雜居，而吉凶可見矣！

百姓不能說心研慮，謀於人未決，復謀於卜筮，而卜筮不辜負其謀：於是八卦以象告險，爻彖以情言險阻，剛柔相雜而陳列，以吉凶見險阻。無論何人得此所告、所言、所見，自能知險知阻。學《易》可以無過，於此頗有關係。

變動以利言，吉凶以情遷。是故愛惡相攻而吉凶生；遠近相取而悔吝生，情偽相感而利害生。凡《易》之情，近而不相得則凶，或害之，悔且吝。

卦以變為主。言吉，教人知所趨，固為利。言凶，教人知所避，也為利，故謂「變動以利言」。何以說「吉凶以情遷」呢？就是禍福惟己所召，合於情理便吉，違於情理便凶。先合後違，先違後合。情無定，吉凶也相隨而遷。此二句總一卦言。

無情便不識不知，無有吉凶。有情就有愛惡，交相攻擊。從此多事吉凶便相因而生。六爻上下相應的便遠，兩爻乘承相比的便近，遠近兩相借光，而各取便利，其中有得有失，悔吝也就從此而生。情，是真情。偽，是假意。處世接物既有情偽，自有好感惡感。感情不一，利害自然也就相隨而生。總而言之，吉凶、悔吝、利害，這三種說辭，都是從相攻、相取、相感三種情欲上

發生的。易道以乾坤為主，乾坤以易簡為主，若一有以上三種情欲，便是險阻。險阻能遠，爻與爻自能相得，而吉。若與險阻切近，爻與爻自然不能相得，而凶。並或至於受害，悔且吝，更是免不掉的。

將叛者其辭慚，中心疑者其辭枝。吉人之辭寡，躁人之辭多。誣善之人其辭游，失其守者其辭屈。

此言學《易》有得的人，可以知言。如見一人發言，若有一種慚愧的模樣，其人便將有背叛的行為，故曰「將叛者其辭慚」。如見一人發言，若或支支吾吾，二三其說，其人的中心必多疑，而無一定的主張，故曰「中心疑者其辭枝」。吉人，是最良善吉祥的人，此等人心平氣和，非合理的話，一句不說，其情無私曲，其發言一定簡當而無枝節，故曰「吉人之辭寡」。躁人，是浮躁暴躁的人，此等人專任意氣，認理不能真切，其情不沉著，其發言無一定的主義，當然是多的，故曰「躁人之辭多」。誣善之人，是欲把善人誣陷到惡道上去，此等人其情極不良善，但看人的形色，能如何引誘，便如何引誘，或拉正入邪，或以邪混正，其發言惟在其行事便利，游移而不能一定，故曰「誣善之人其辭游」。失其守者，是毫無操持枉己徇人的，其情委靡不振，其發言一定屈而不伸，不能揚眉吐氣，故曰「失其守者其辭屈」。總而言之，吉人，是合於易簡的；叛、疑、躁、誣、失守，皆違乎易簡的。人情險阻不同，情見乎辭，自然各異了。

說卦傳

第一章

昔者聖人之作《易》也，幽贊於神明而生蓍。

以聖人的神智，著為《易》書。探知神明的道理，若有相當的方法，足可示人以趨避的途徑。於是竭盡智慮，發生用蓍求卦的方法，以蓍為神明的贊助，故曰「幽贊於神明而生蓍」。「幽贊」是暗中贊助，大意謂，蓍為天人間的介紹，使人能知未來的事。這也是聖人作《易》，既成以後，感召的上天特生此靈草，使《易》書愈顯其作用。

參天兩地而倚數。

「倚」，是憑依。用蓍求卦，概依乎數。最初為一、二、三、四、五五生數，五生數中一、三、五是三個天數，三個天數加起來，共得九數，為老陽。五生數中二、四是兩個地數，兩個地數加起來，共得六數，為老陰。老陽老陰，易生變化，用蓍求卦，非依此數不可，故曰「參天兩地而倚數」。

觀變於陰陽而立卦，發揮於剛柔而生爻，和順于道德而理於義，窮理盡性以至于命。

數既顯出，九、七便為陽，六、八便為陰，觀陰陽變化而卦

遂立。卦既立，由陰陽便分出剛柔來，從剛柔更一發揮而爻遂生。聖人悉心逐爻系辭，其要皆「和順於道德而理於義」，其辭盡與道德不乖不悖，且所整理治理的都合時宜，所以讀《易》便可無有大過。還不但此，再往深處研求，並可「窮理盡性以至於命」。上既說義，此何以又說理呢？此如有二物於此，一為樽，一為簋，樽酒器，簋肴器，不能相混，此便為理。如有人以樽裝肴，以簋裝酒，那便非義。必酒歸樽，肴歸簋，如此合乎時宜，就是義。這便是義、理二字的界說。然此理、性、命三項，如何說呢？此等理學的解釋，非淺近設譬，不能顯明。理，譬如足；性，譬如路；命，譬如家。如人從外歸家，必先窮極其足力，走盡其路程，自然就可以至家了。此便是「窮理厚性以至於命」的解釋。《周易》理數並重，以蓍求卦，一步深一步，便可推究到根本上如此。「理於義」的「理」，作整理、治理解，與「窮理」的「理」字不同。

第二章

　　昔者聖人之作《易》也，將以順性命之理，是以立天之道曰陰與陽，立地之道曰柔與剛，立人之道曰仁與義。兼三才而兩之，故《易》六畫而成卦。分陰分陽，迭用柔剛，故《易》六位而成章。

　　性，是人所受於天的。命，是天所投於人的。陰陽，以氣言，如寒暑往來是。剛柔，以質言，如山峙水流是。仁義，以德言，如事親從兄是。天無陰陽，天機便息。地無剛柔，地質便墜。人無仁義，人性便近於禽獸。故天道非陰陽不立，地道非剛

柔不立，人道非仁義不立。

「兼三才而兩之」，是分三才為上中下三段，而各得其兩。初、二為地，初剛而二柔。三、四為人，三仁而四義。五、上為天，五陽而上陰。六畫成卦，分陰分陽，是以位言。凡卦初、三、五三位為陽，二、四、上三位為陰，自初至上，陰陽各半，故曰分。「迭用柔剛」，是以爻言。柔，謂六。剛，謂九。柔位柔居，剛位剛居，為當位。柔位剛居，剛位柔居，為不當位。三百八十四爻，剛柔雜居，故曰迭。此雖只言陰陽剛柔，而人屬於陽剛，義屬於陰柔。言六位，而仁義自在其中。天地人，名為三才，實為一理。爻位陰陽相間，而分佈一定，為經。爻畫剛柔不同，而居止迭相為用，為緯。經緯錯綜，《系辭傳》曰：「物相雜謂之文。」聖人順著天地人性命自然之理，設卦系辭，著為一部大文章，都是本著這六畫六位而成的。

第三章

天地定位，山澤通氣，雷風相薄，水火不相射，八卦相錯。

「薄」作迫激解。「射」作厭惡解。此伏羲八卦圓圖的位次。「天地定位」，是乾南、坤北，定位而合德。「山澤通氣」，是兌東南、艮西北，異體而通氣。「通氣」，如泉水發源於山中是。「雷風相薄」、是巽西南、震東北，雷風各動而相薄。「相薄」，是同相激迫，互助成聲。「水火不相射」，是離東、坎西，不相入而相資。水火若分離開，都失效力，所以兩性雖異，不相厭而較相賴。「八卦相錯」，便能陰陽對待。故一與八錯（乾坤），二與七錯（兌艮），三與六錯（離坎），四與五

錯（震巽）。八卦不相錯，陰陽便不相對待，那就非《易》了。

數往者順，知來者逆。是故《易》，逆數也。

八卦既因對待而相錯，配於圓圖，非分兩截不可。既分兩截，便有了往來順逆等說。如乾一、兌二、離三、震四，此前半截的四卦，因乾父在前，三子在後，是已生的，故為「數往者順」。巽五、坎六、艮七、坤八，此後半截的四卦，因坤母在後，三子在前，是未生的。未生先列，好像是前知一般，故為「知來者逆」。易卦逆數的緣故，是因八卦必須相錯，不相錯，便不成對待。然非逆數，是不能相錯的。此所以圖上的巽五，不與震四相接，而提列於乾右一位（圓圖在繫辭上傳第十一章）。又，易道當事可以知來，其於已往的得失吉凶，既旋現而順數，故其於方來的得失吉凶，也逆觀而前知。如見履霜，便知冰堅必至。是以已往的微細，便知方來的著明。見離明，而知日昃必凶，是以已往的興盛，便知方來的衰微。且就已往以測將來，未有不可逆料而知的。如膰肉不至，孔子行；醴酒不設，穆生去。何況易道？故曰「《易》逆數也」。此說較簡而易解。

第四章

雷以動之，風以散之，雨以潤之，日以晅之，艮以止之，兌以悅之，乾以君之，坤以藏之。

此章卦位相對，與上章同。「雷以動之」以下四句，取象義多，故以象言。「艮以止之」以下四句，取卦義多，故以卦言。乾坤始交而為震巽，震巽相錯，動生萌芽，散皆甲拆。此言物始

生。中交而為坎離，坎離相錯，物經潤便滋，經晅便舒。「晅」是曬。此言物漸長。終交而為艮兌，艮兌相錯，成便止，物熟便說。此言物生成。乾為造物的主宰，於物無所不統，故曰「乾以君之」。坤為養物的總府，於物無所不容，故曰「坤以藏之」。六子是各分一職，以聽命於父母的。上章以天地居首，是序尊卑；此章以乾坤居後，是總大成。上以體質言，此以功用言。

第五章

　　帝出乎震，齊乎巽，相見乎離，致役乎坤，說言乎兌，戰乎乾，勞乎坎，成言乎艮。

　　此文王八卦圓圖。帝，是生物的主宰。「帝出乎震」，指震一陽發動而言，一陽發動，為東作的時候。「齊乎巽」，巽在東南方，為春末復初，萬物此時萌芽齊生齊長，故言齊。離在南方，正在夏天，炎日郁蒸，萬物生機盡情發見，無稍穩藏，故云「相見乎禽」。坤是成物的，萬物經受地氣滋養，才能成形，好像給造物服役似的，故曰「致役乎坤」。兌在正西，主秋，萬物西成，無不圓滿而秀實，能不喜說？故曰「說言乎兌」。至西北群陰便要剝陽，陽受剝，自然要與陰戰，陰陽相戰於乾地，而得碩果僅存，從此便保存此一線生機於隱伏之處。正為坎所居的北方，坎生冬，為水，水性勞而不倦，萬物所歸，冬氣閉藏，一年告終，慰勞休息，正在此時，故曰「勞乎坎」。然冬氣閉藏，是潛伏於土內，艮居東北，此時全年的工作，概行終結停止，而次年的工作，又將預備開始，生機既歸於地，而仍於地內發生，成終成始，為艮卦的作用。故曰「成言乎艮」。「言」，助辭。

萬物出乎震，震東方也。齊乎巽，巽東南也；齊也者，言萬物之絜齊也。離也者，明也；萬物皆相見，南方之卦也；聖人南面而聽天下，向明而治，蓋取諸此也。坤也者，地也，萬物皆致養焉，故曰致役乎坤。兌，正秋也；萬物之所說也，故曰說言乎兌。戰乎乾，乾，西北之卦也，言陰陽相薄也。坎者，水也，正北方之卦也，勞卦也，萬物之所歸也，故曰勞乎坎。艮，東北之卦也，萬物之所成終而所成始也，故曰成言乎艮。

帝，是萬物的首領。萬物與帝，作同樣看。「絜齊」，是萬物發生在春末夏初的時候，油油然如洗沐一過，齊齊整整，如一刀裁的一般。後天八卦，在太極既分以後，分播五行於四時，秩序甚明。震、巽二木，主春，故震在東，巽次在東南。離火，主夏，故在南。兌、乾二金，主秋，故兌為正秋，乾次在西北。坎水，主冬，故在北。土旺四季，故坤土在夏秋間，居西南方；艮土在冬春間，居東北方。木、金、土各二，是以形旺的。水、火各一，是以氣旺的。坤陰土，故在陰地。艮陽土，故在陽地。震陽木，故正東。巽陰木，故近南而接乎陰。兌陰金，故正西。乾陽金，故近北而接乎陽。又震、巽、離、坤、兌、乾、坎、艮的位次，震居首，屬木，巽也屬木，故相連。木生火，故離居次。火生土，故坤居次。土生金，故兌乾居次。金生水，故坎居次。到此水應生木，而艮土偏居其次，因水非土也不能生木，故艮居次。水土又生木，五行四時，終始八卦，循環無窮，斯為造化流行的妙用。

第六章

神也者，妙萬物而為言者也。動萬物者莫疾乎雷，撓萬物者莫疾乎風，燥萬物者莫熯乎火，說萬物者莫說乎澤，潤萬物者莫潤乎水，終萬物始萬物者莫盛乎艮。故水火不相逮，雷風不相悖，山澤通氣，然後能變化，既成萬物也。

「妙萬物」，是妙運萬物的生機。此妙運，便是乾坤的主宰，即所謂神。萬物有跡可見，神便在其中。無跡可見，神也不禽乎物。雷所以動，風所以撓，火所以燥，澤所以說，水所以潤，艮所以終始，皆是神所以妙萬物。此雖不言乾坤，而中皆為乾坤所主宰，六子不過分職罷了。「動」是鼓動。「撓」是散。「燥」是曝蒸。「熯」，是乾燥。此以文王八卦圓圖而言。雷動、風撓、火燥、澤說、水潤、艮終始，其流行萬物，固極盛了，然必有伏羲的對待。水火既濟，雷風相助，山澤通氣，然後才能陽變陰化，運其神妙，而萬物皆生成而無缺欠。若止於言流行，而無對待，男女不相配，剛柔不相摩，獨陰不生，孤陽不長，安能運神妙、成變化而動萬物、撓萬物、燥萬物、說萬物、潤萬物，並終始萬物呢？

第七章

乾，健也；坤，順也；震，動也；巽，入也；坎，陷也；離，麗也；艮，止也；兌，說也。

此言八卦的性情。乾純陽，故健。坤純陰，故順。震、坎、

艮，皆陽卦，故從健。巽、離、兌，皆陰卦，故從順。健便能動，順便能入。此震、巽所以為動、為人，健遇上下皆是順的，便要溺而陷，順遇上下皆是健的，便要附而麗（如火非靠薪柴不能燃燒，故離為附麗），此坎、離所以為陷、為麗。健極於上，前無所往，必止。順見乎外，情有所發，必說。此艮、兌所以為止、為說。

第八章

乾為馬，坤為牛，震為龍，巽為雞，坎為豕，離為雉，艮為狗，兌為羊。

乾健故為馬。坤順故為牛。震一陽在下，奮動於春間，故為龍。巽一陰在下，善伏，按時發布號令，故為雞。坎內陽外陰，溝瀆中動物，剛躁而穢，故為豕。離內陰外陽，很有文彩，故為雉。艮一陽在前，前剛剛而能止物，且善守，故為狗。兌一陰在外，內很外柔，故為羊。此是「遠取諸物」。

第九章

乾為首，坤為腹，震為足，巽為股，坎為耳，離為目，艮為手，兌為口。

乾陽在上而圓，故為首。坤陰中寬，能包藏含容，故為腹。震陽動於下，故為足。巽陰在下，上統一而下分為兩，故為股。坎陽氣在內而聰，外陰作圍，故為耳。離中虛而黑，外實而白，

明在外，有眼形，故為目。艮一陽在上而尖，下陰而寬，有手形，故為手。兌上一陰，上竅現於外，故為口。

第十章

乾，天也，故稱乎父；坤，地也，故稱乎母。震一索而得男，故謂之長男。巽一索而得女，故謂之長女。坎再索而得男，故謂之中男。離再索而得女，故謂之中女。艮三索而得男，故謂之少男。兌三索而得女，故謂之少女。

六子皆從乾坤而生，故稱父母。索，作求解。陽先求陰，陽便入陰中而為男。陰先求陽，陰便入陽中而為女。震、坎、艮，皆坤體。乾陽來交於坤初，得震，斯為長男。交於坤中，得坎，斯為中男。交於坤上，得艮，斯為少男。巽、離、兌，皆乾體。坤陰來交於乾初，得巽，斯為長女。來交於乾中，得離，斯為中女。來交於乾上，得兌，斯為少女。三男本坤體，各得乾一陽而成男，此為陽根於陰。三女本乾體，各得坤一陰而成女，此為陰根於陽。一索、二索、三索，是按三畫從下而上的次序說。

第十一章

乾為天，為圜，為君，為父，為玉，為金，為寒，為冰，為大赤，為良馬，為老馬，為瘠馬，為駁馬，為木果。

乾居亥位，故為寒為冰。大赤，盛陽的顏色。寒冰，在子，從陽氣始生時說。大赤，在午，從陽氣將終時說。良馬，是純健

的馬。老馬，是健而過時的。瘠馬，是健而體變的。駁馬，是健而色變的。漢荀爽集《九名家易傳》增「為龍、為直、為衣、為言」四項。來知德又增「為郊、為帶、為旋、為知、為富、為大、為項、為戎、為武」九項。

　　坤為地，為母，為布，為釜，為吝嗇，為均，為子母牛，為大輿，為文，為眾，為柄，其于地也為黑。

　　以坤性陰柔，南北東西，且分經緯，故為布。陰虛，故為釜。儉而不肯多費一錢，不肯輕棄一物，此為老婦常情，故為吝嗇。無物不容，故為均。三畫成章，物眾色雜，故為文。偶畫成群，無物不載，故為眾。地有軸，坤有成物的權，故為柄。陰色暗，故為黑。荀《九家》增「為牝、為迷、為囊、為裳、為黃、為帛」六項。來子又增「為末、為小、為能、為朋、為戶、為敦厚」六項。

　　震為雷，為龍，為玄黃，為旉，為大塗，為長子，為決躁，為蒼筤竹，為萑葦。其于馬也，為善鳴，為馵足，為作足，為的顙。其于稼也，為反生。其究為健，為蕃鮮。

　　震是春天的卦，春天陽氣動於下，故為雷。春天動物出蟄，自下而動於上，故為龍，此擇其最大的說。乾坤始交而成震，兼有天地兩色，故為玄黃。旉（通專字），是由一本而分佈若干枝時，如卦象，故為旉，旉作分佈解。一奇數行動於後，二偶數開張於前，四通八達，故為大涂。剛而好動，故為決躁。下本實而上乾虛，如卦象，故為蒼筤竹，也為萑葦。雷聲遠聞，故乾馬為善鳴。馬左足白，曰馵，震居左，故為馵足。作足，是馬於困時常以蹄搗地，因震好動，故為作足。的顙，是白腦門的馬，最健

最好動的，震性如此，故為的顙。禾稼初生，根在上而芽在下，將出土才能反過來，一根兩葉，正是卦象，故於稼為反生。禾稼既生，因其本根甚，健由一本發生繁盛而且鮮明，正是萬物出乎震的樣子，故其究為健為蕃鮮。荀《九家》增「為玉、為鵠、為鼓」三項，來子又增「為青、為升躋、為奮、為官園、為春耕、為竹筐」六項。（今再補「為孟、為屬、為瓮」。）

巽為木，為風，為長女，為繩直，為工，為白，為長，為高，為進退，為不果，為臭。其于人也，為寡髮，為廣顙，為多白眼，為近利市三倍。其究為躁卦。

惟木從繩則正，繩是合股而成的，故為繩直。為工，是為引繩取直，是工人事。為白，取木生極潔。為長，取風行甚遠。為高，取兩陽在上，木生直上。為進退，取風有周旋象。為不果，也與為進退彷彿。為臭，取為風吹來的氣味。為寡髮，是因髮屬血，血屬陰，在極下：以進退不果，未能按時上行，所以髮便寡了。為廣顙，是因上有二陽，顙額既長，髮又稀少，更顯得廣闊了。為多白眼，是因陽白陰黑，本卦陽多陰少，且為躁人的眼，故白眼便多了。為近利市三倍，取種樹木，利益極多。其究為躁卦，是因風主氣，故究竟近於急躁。荀《九家》增「為楊、為鸛」二項。來子又增「為浚、為負、為草茅、為宮人、為老婦」五項。

坎為水，為溝瀆，為隱伏，為矯輮，為弓輪。其于人也，為加憂，為心病，為耳痛，為血卦，為赤。其于馬也，為美脊，為亟心，為下首，為薄蹄，為曳。其于輿也，為多眚，為通。為月，為盜。其于木也，為堅多心。

為溝瀆，是取水可以通行。為隱伏，是取水藏地中。曲的使直為矯，直的使曲為輮，為矯輮，是因水流曲直，好像故意矯輮的。為弓輪，取彎弓放箭，如水激射，車輪行地，如水流動似的。為加憂，是因險誰可憂。為心病，是因憂險難，故為心病。為耳痛，是因坎為勞卦，聽勞耳便痛了。為血卦，取人有血如地有水；為赤，取赤為血色。其於馬也為美脊，是因坎得乾卦中爻，乾為良馬，坎陽在中，故脊美。為亟心，取剛在內而躁。為下首，取柔在上，故首垂而不昂。為薄蹄，取柔在下，故蹄薄而不厚。為曳，也因下柔好似陷住一般。其於輿也，為多眚，取其表裡皆陰，為弱不勝重載。為通，取其孔穴多。為月，取月為水的精華。為盜，取水行隱伏的意思。其於木也，為堅多心，取其內為純陽的意思。荀《九家》增「為宮、為律、為可、為棟、為叢棘、為狐、為蒺藜、為桎梏」八項，來子又增「為沫、為泥涂、為孕、為酒、為臀、為淫、為幽、為浮、為河」九項。

離為火，為日，為電，為中女，為甲冑，為戈兵。其于人也，為大腹。為乾卦，為鱉，為蟹，為蠃，為蚌，為龜。其于木也，為科上槁。

日是火精，故為日。電、火類，故為電。甲冑，取其剛在外。戈兵，取其以剛自衛。大腹，取中寬象。乾卦，取為日所曬。鱉蟹等物，皆是硬介在外，外剛內。其於木也，為科上槁，木中空為科，木既空中，上必枯槁，也是因離中效，外乾燥，故與坎堅多心相反。荀《九家》增為「牝羊」，來子又增「為苦、為朱、為焚、為泣、為歌、為墉、為城、為不育、為害」九項。

艮為山，為徑路，為小石，為門闕，為果蓏，為閽寺，為指，為狗，為鼠，為黔喙之屬。其于木也，為堅多節

山同無平坦的大涂，故為徑路。艮為陽卦中最小的，故為小石。一陽在上，二陰分立於左右，有門闕象，故為門闕。木實為果，草實為蓏，出於山中，故為果蓏。閽寺，是守口的人役，能阻止人，故為閽。一陽在上而尖，群陰在下而寬，有手指象，故為指。剛銳在前，能止物不使前進，狗恃其牙有此能為，故為狗。又鼠類，以及凡有黔喙的，也是此屬。坎陽在中，故於木為堅多心；此艮陽在上，故於木為堅多節。荀《九家》增「為鼻、為虎、為狐」三項，來子又增「為床、為握、為終、為宅、為廬、為丘、為篤、為章、為尾」九項。

兌為澤，為少女，為巫，為口舌，為毀折，為附決。其于地也，為剛鹵。為妾，為羊。

兌是陰卦中最小的，澤是卑下的地方，女人於幽陰各界，無不以言詞取悅，幽暗處以言詞悅神，故為巫。明顯處以言詞悅人，故為口舌。兌西方卦，入秋，萬物成熟，風吹搖落，故為毀折。其餘疆場果蓏那些附屬品，也就捎代著收割解決了，故為附決。西方多咸地，故為剛鹵。姊嫁以少女陪從，故為妾。內狠外悅，故為羊。荀《九家》增「為常、為輔頰」二項，來子又增「為笑、為食」二項。

序卦傳

上篇

　　有天地，然後萬物生焉，盈天地之間者唯萬物，故受之以屯，屯者盈也，屯者物之始生也。物生必蒙，故受之以蒙，蒙者物之稚也。物稚不可不養也，故受之以需，需者飲食之道也。飲食必有訟，故受之以訟。訟必有眾起，故受之以師，師者眾也。眾必有所比，故受之以比，比者比也。比必有所畜，故受之以小畜。物畜然後有禮，故受之以履。履而泰，然後安，故受之以泰，泰者通也。物不可以終通，故受之以否。物不可以終否，故受之以同人。與人同者物必歸焉，故受之以大有。有大者不可以盈，故受之以謙。有大而能謙必豫，故受之以豫。豫必有隨，故受之以隨。以喜隨人者必有事，故受之以蠱，蠱者事也。有事而後可大，故受之以臨，臨者大也。物大然後可觀，故受之以觀。可觀而後有所合，故受之以噬嗑，嗑者合也。物不可以苟合而已，故受之以賁，賁者飾也。至飾然後亨則盡矣，故受之以剝，剝者剝也。物不可以終盡剝，窮上反下，故受之以復。復則不妄矣，故受之以無妄。有無妄然後可畜，故受之以大畜。物畜然後可養，故受之以頤，頤者養也。不養則不可動，故受之以大過。物不可以終過，故受之以坎，坎者陷也。陷必有所麗，故受之以離，離者麗也。

下篇

　　有天地然後有萬物，有萬物，然後有男女，有男女，然後有夫婦，有夫婦，然後有父子，有父子，然後有君臣，有君臣，然後有上下，有上下然，後禮義有所錯。夫婦之道，不可以不久也，故受之以恒，恒者久也。物不可以久居其所，故受之以遯，遯者退也。物不可以終遯，故受之以大壯。物不可以終壯，故受之以晉，晉者進也。進必有所傷，故受之以陰夷，夷者傷也。傷於外者必反其家，故受之以家人。家道窮必乖，故受之以睽，睽者乖也。乖必有難，故受之以蹇，蹇者難也。物不可以終難，故受之以解，解者緩也。緩必有所失，故受之以損。損而不已必益，故受之以益。益而不已必決，故受之以夬，夬者決也。決必有所遇，故受之以姤，姤者遇也。物相遇而後聚，故受之以萃，萃者聚也。聚而上者謂之升，故受之以升。升而不已必困，故受之以困。困乎上者必反下，故受之以井。井道不可不革，故受之以革。革物者莫若鼎，故受之以鼎。主器者莫若長子，故受之以震，震者動也。物不可以終動，止之，故受之以艮，艮者止也。物不可以終止，故受之以漸，漸者進也。進必有所歸，故受之以歸妹。得其所歸者必大，故受之以豐，豐者大也。窮大者必失其居，故受之以旅。旅而無所容，故受之以巽，巽者入也。入而後說之，故受之以兌，兌者說也。說而後散之，故受之以渙，渙者離也。物不可以終離，故受之以節。節而信之，故受之以中孚。有其信者必行之，故受之以小過。有過物者必濟，故受之以既濟。物不可窮也，故受之以未濟終焉。

雜卦傳

乾剛，坤柔。

《雜卦傳》均以兩卦或錯或綜並說，此兩卦是相錯的。剛柔是乾坤的性情。

比樂，師憂。

此兩卦相綜。綜如織布機上的挣。挣是兩片，此上彼下，如比（☷），上卦下去，下卦上來，便成了師（☷），以下仿此。比，有親便樂；師，動眾便憂。

臨觀之義，或與或求。

此兩卦相綜。君上臨民，發政施仁，故言「與」。小民觀光，引領望治，故言求。然臨也有求意，觀也有取義，故曰「或」。

屯，見而不失其居；蒙，雜而著。

此兩卦相綜。屯（☵），主爻為「九五」，雜於二陰中間，而剛健中正，雖當屯而已有表現，且居當其位，故曰「屯」，見而不失其居」。蒙（☶），主爻為「九二」，也雜於二陰中問，專主發蒙，其於全體中更為著明，故曰「蒙，雜而著」。

震，起也；艮，止也。

此兩卦相綜。震（☳）陽動於初，故起。艮（☶）陽終於上，故止。

損、益，盛衰之始也。

此兩卦相綜。損（☶）已必盛，為盛始。益（☴）已必衰，為衰始。

大畜，時也；無妄，災也。

此兩卦相綜。止所不能止的，不過一時的事。得所不當得的，定為意外的災。

萃聚，而升不來也。

此兩卦相綜。升（☷）上卦的三陰，下而為萃的下卦，三陰同聚，故曰萃。萃（☷）下卦的三陰，上而為升的上卦，三陰齊上，故曰升。萃有聚而尚往的意思，升有往而不思反的意思。

謙輕，而豫怠也。

二此兩卦相綜。謙（☷）心虛，故自輕。豫（☷）志滿，故意怠。

噬嗑，食也；賁，無色也。

此兩卦相綜：食取充腹，衣取遮體，若專嗜肥甘，恐骨鯁難合。飲食失正，竟尚華美，恐目迷五色，厚屬虛偽。

兌見，而巽伏也。

此兩卦相綜。兌（☱）陰外見，巽（☴）陰內伏。

隨，無故也；蠱，則飭也。

此兩卦相綜。「故」作舊見解，人舊有主見，便不隨人，所以曰「無故」。如堯、舜捨己從人，便是無故。蠱是於世事大壞以後，重新整頓，故曰飭。「飭」是整飭。

剝，爛也；復，反也。

此兩卦相綜。剝（☶）爛陽已窮於上，復（☳）反陽又生於下。陽窮，生意漸盡，而歸於尤。陽生，生意復萌，而反於有。

晉，晝也；明夷，誅也。

此兩卦相綜。晉（☲）是明出地上，明夷（☷）是明入地中。出地上而明著，入地中而明傷。「誅」作傷解。

井通，而困相遇也。

此兩卦相綜。養而不窮井道通，剛遇柔揜所以困。

咸，速也；恒，久也。

此兩卦相綜。相感便速，速便婚姻及時。有恒則久，久便夫婦偕老。

渙，離也；節，止也。

此兩卦相綜。風散水，故渙（☴），渙便離披而不止。澤防水，故節（☱），節便斂止而不離。

解，緩也；蹇，難也。

此兩卦相綜。動免乎險，故已得寬緩。見險而止，是正遇患難。

睽，外也；家人，內也。

此兩卦相綜。睽於外而不相親，親於內而不相睽。

否、泰，反其類也。

此兩卦相綜。大往小來，小往大來，故「反其類」。

大壯，則止；遯，則退也。

此兩卦相綜。壯不知止，小人行為。君子當止便止，當退便退，大壯而不躁進。遯而能與時行，斯為君子。後學宜留意於此。

大有，眾也；同人，親也。

此兩卦相綜。大有（☰）「六五」柔得尊位而有其眾，有其眾而眾也歸心，故曰「大有，眾也」。同人（☰）「六二」得中得位而同乎人，同乎人而人盡相親，故曰「同人，親也」。

革，去故也；鼎，取新也。

此兩卦相綜。水火相息，有去故義。水火相烹，有從新義。

小過，過也；中孚，信也。

此兩卦相錯。小過略逾其常，中孚克存其誠。

豐，多故；親寡，旅也。

此兩卦相綜。人處盛時，必多故舊。人在窮途，定寡親識。

離上，而坎下也。

此兩卦相錯。炎上潤下。

小畜，寡也；履，不處也。

此兩卦相綜。小畜（☴）一陽雖得位而畜眾陽，未免太孤，故曰寡。履（☱）一陰不得位而在眾陽隊中，哪能安處呢？故曰不處。

需，不進也；訟，不親也。

此兩卦相綜。天水相上下，安分待時，故不進。越理求勝，故不親。

大過，顛也。姤，遇也，柔遇剛也。漸，女歸待男行也。頤，養正也。既濟，定也。歸妹，女之終也。未濟，男之窮也。夬，決也，剛決柔也，君子道長，小人道憂也。

此八卦內，惟大過（☱）與頤（☶）相錯，餘皆相綜。大本末弱，故顛。歸妹（☳），是女終而歸始，故曰「女終」。未濟（☲），剛柔失位，故曰「男窮」，以重陽輕陰，故不言女。此篇係孔聖人因序卦一連串下去，恐後學就不知其中有錯綜及互卦，與各項復雜的體例了，故著為此傳。從乾坤起，各卦或錯或綜，既經注明，而更有互卦。如比、師、臨、觀、屯、蒙、損、益八卦，互休皆為剝、復。

因震、艮為陽卦的主卦，且為剝、復的主體，故也序於此

間。大畜、无妄、萃、升、隨、蠱六卦，互體皆為漸、歸妹。謙、豫、噬嗑、賁、晉、明夷六卦，互體皆為解、蹇：井、困、小、畜、履、需、訟六卦，互體皆為睽、家人。咸、恒、大壯、遯、大有、同人、革、鼎八卦，互體皆為姤、夬。渙、節、小過、中孚、豐、旅、離、坎八卦，互體皆為大過、頤。解、蹇、睽、家人、否、泰六卦，互體皆為既濟、未濟。以上連同乾坤，互體也與本卦相同：剝復，但取義，也不取互，總共五十六卦，或錯或綜，皆系兩卦相對。獨大過以下八卦，另開一局，以見不獨中四爻可互，六爻循環皆可以互，也因中四爻皆陽，上下皆陰的只此一卦，故並創為一圖（見下頁），以示後學。且自初爻起，而正卦左旋，互卦右旋，恰始於姤，終於夬，而乾。適得易道抑陰尊陽的大義，更有易解的方從。按圖自初至四為姤，自上至三為漸，自五至二為頤，自四至初為歸妹，自三至上為夬，自二至五為乾。然傳文卻未言乾，是因乾已著於篇首，夬卦決去其上一陰，也便為乾，首尾便一致純陽了。既未濟的中爻相互，仍此二卦，所以列在此處，是重在取義。自姤遇以後，如漸合禮，頤養正，便是既濟而定。如歸妹越禮失正，便是未濟而窮，故必決陽邪以伸陽道，然後君子道才能長，小人道才可憂。《雜卦傳》也算以既濟、未濟終篇，與《序卦》等。

大過循環互卦圖

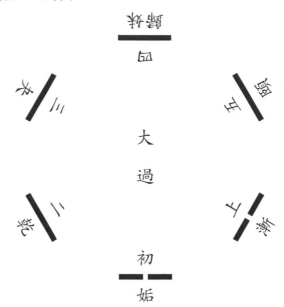

這也是四爻兩互法，前注言自初至四為姤五句，仍太囫圇，茲再逐句剖解如下。

一、自初至四為姤，係初至三為下互，初，陽爻在下；二、三，皆陽爻在上，為巽。二至四為上互，二、三、四，皆陽爻，為乾。上乾下巽，故為姤。

二、自上至三為漸，係上至二為下互，上、初，皆陰爻在下；二，陽爻在上，為艮。初至三為上互，初，陰爻在下；二、三，皆陽爻在上，為巽。上巽下艮，故為漸。

三、自五至二為頤。係五至初為下互，五，陽爻在下；上、初，皆陰爻在上，為震。上至二為上互，上、初，皆陰爻在下；二，陽爻在上，為艮。上艮下震，故為頤。

四、自四至初為歸妹。係四至上為下互，四、五，皆陽爻在下；陰爻在上，為兌。五至初為上互，五，陽爻在下；上、初，

皆陰爻在上，為震。上震下兌，故為歸妹。

　　五、自三至上為夬。係三至五為下互，三、四、五，皆陽爻，為乾。四至上為上互，四、五，皆陽爻在下；上、陰爻在上，為兌。上兌下乾，故為夬。